全网营销

网络营销推广布局、运营与实战

夏雪峰 著

電子工業出版社
Publishing House of Electronics Industry
北京·BEIJING

内 容 简 介

本书相对全面地介绍了互联网的运营思路和实操方法，深度分析了大环境下的三网合一流量循环系统，将传统营销、网络营销、移动营销“串联”顶层布局，并且对每一个体系拆分关键营销因素，以实现从思维迭代到落地实操的虚实结合。传统营销主要从电话营销、会议营销、产品营销等方式进行多维度分析，既保留了原有的优势，又能快速和互联网结合；网络营销针对传统企业转型提升销售额，以及深耕行业搭建细分垂直电商平台两个方面进行分析，并提前做好顶层设计预案和执行方案；移动营销主要通过微信、微博、APP 等平台“引爆”流量，利用“三七理论”重点引流，辅点以品宣模式进行，做到循环数据稳定增量。

图书在版编目（CIP）数据

全网营销：网络营销推广布局、运营与实战 / 夏雪峰著. —北京：电子工业出版社，2017.1
ISBN 978-7-121-30520-7

Ⅰ. ①全… Ⅱ. ①夏… Ⅲ. ①网络营销 Ⅳ.①F713.36

中国版本图书馆 CIP 数据核字（2016）第 289287 号

策划编辑：张彦红
责任编辑：徐津平
印　　刷：三河市双峰印刷装订有限公司
装　　订：三河市双峰印刷装订有限公司
出版发行：电子工业出版社
　　　　　北京市海淀区万寿路 173 信箱　邮编：100036
开　　本：720×1000　1/16　印张：14.75　字数：277 千字
版　　次：2017 年 1 月第 1 版
印　　次：2018 年 3 月第 6 次印刷
印　　数：6301～7300 册　定价：59.00 元

凡所购买电子工业出版社图书有缺损问题，请向购买书店调换。若书店售缺，请与本社发行部联系，联系及邮购电话：（010）88254888，88258888。

质量投诉请发邮件至 zlts@phei.com.cn，盗版侵权举报请发邮件至 dbqq@phei.com.cn。

本书咨询联系方式：（010）51260888-819，faq@phei.com.cn。

前　言

全网营销包括传统营销、网络营销、移动营销三大体系。这三大体系应该是三点成面的互通循环系统，但是我接触过很多传统企业，它们的转型期是“逆向”发展的。看到搜索引擎市场火爆就搭建网站进行推广，当微信迅速占领互联网市场时就盲目地建立公众平台来转型移动端；然而企业的发展速度远远不及互联网的更新速度，这么做会导致在传统渠道经营不改变的情况下，互联网的经营一塌糊涂。

2014 年我带领团队开始进行全国巡讲，以北京、济南、杭州、上海、深圳、昆明、沈阳这几个城市为中心点，开始巡讲以“全网营销运营大系统”为主题的课程。主要目的是帮助企业家和创业者梳理全网架构，以从系统到面，再到点的方式“把控”互联网，包括顶层设计、PC 互联网架构、移动互联网运营、三网闭环循环系统、实操细节及打造流量池。

互联网顶层设计基于深度洞察的市场，清晰了解用户的“痛点”，围绕需求梳理商业模式。本书以 B2B 和 B2C 两条通路来布局运营系统，不同行业的结构属性有所差异。无论从资产运作还是流量裂变，围绕的核心点都是质的差别。

我从 2012 年开始为传统企业的转型做服务，深深体会到近 5 年来互联网的快速发展给企业带来的变化和影响。如果是在 5 年前找我内训或咨询的朋友，对于现在的大环境应该可以应付。当时从线下传统业务转型无非主打两点，第一点是搭建营销型和品牌型官网，投百度推广和组建 SEO 团队；第二点是深耕行业产业链，打造细分市场垂直电商平台。对于传统企业家来说，在思维实操上都能快速掌握。网络营销这步转型完，就会马上迎接 2013 年和 2014 年的“移动互联网”。这是顺应时代发展，把传统地面业务和 PC 网络营销服务有效地融合，将移动端作为电脑的衍生品，或者单独找出移动端和传统业务的结合点。相反，那时没有做快速转型的企业，现在面临的问题是要同时针对网络和移动两方面进行转型，这就很难把控孰轻孰重。而且今年又兴起直播和网红，这么多渠道该如何选择和融合搭配，就成了最大的问题。所以在现在的环境下做互联网，必须要掌握全网营销和里面的层层联系。

本书在完稿的同时，我也启动了一个（大健康）产业项目。当然，这是以移动端为流量入口，结合真正的产品为链接，最终要完成的一个 O2O 城市分单系统。在项目初期是用微商模式做普通的用户市场，虽然还有很多人不看好这个行业，但是如果用正规理性模式和超高性价比产品来运作，绝对会再度挖金。项目的发展中期就是城市合伙人和异业联盟，即中期就是实现移动端开始走入线下的过程，从地理位置布局和传统企业合作两个点切入。最后是 PC 电商介入，完成 O2O 分单系统，用产品把销售、代理、快递连成一个环形，真正让流量循环起来，并且每个点都在引入外来流量。其实这个就是三网循环系统，只不过我主要是在移动端做流量，把流量沉淀到线下做布局，从线下转移到 PC 端做系统。从三个方面做成系统，这样就可以让用户不断地在系统里循环。然后移动端和电商平台再加大注入流量，全网体系就完整了。

本书不只是讲全网体系串联，更多的是讲我的实操方式和方法。希望大家在读过本书后能获得两个方面的价值：第一个是掌握系统布局，并且知道每个体系的轻重点；第二个是可以结合书中的案例直接进行实操。

本书可能会有不足之处，请大家多多谅解。希望读过本书的每一位朋友都能获得想要的思路和知识点，吸取对自己有帮助的信息，并传递给身边同样有需要的人，在互联网的浪潮中打拼出属于自己的一份事业。

本书能够快速而且顺利的出版，离不开一些人的默默付出。首先感谢电子工业出版社策划编辑张彦红老师耐心、细心的指导，其次感谢我的妻子叶超女士对我的理解与帮助，还要感谢原公司国联股份给予的成长平台和国联全网 CEO 王挺先生的大力支持；同时感谢飞猪侠的 8 位联合创始人，让我有了一次不同寻常的创业经历。当然，最需要感谢的是每一位读者朋友，你们是我最坚实的后盾！

夏雪峰

目　　录

第 1 章

“互联网+”时代的传统营销解析

1.1 企业传统营销经济体的两种模式分析

2015 年 11 月 18 日上午 9 点，北京梅地亚中心举行了“央视 2016 年黄金资源广告招标会”，历时 9 个小时，不公布“标王”、不公布“招标总额”。即使这样，央视广告的下滑基本已经成为一种共识，2012 年 11 月 18 日，预售 2013 年的广告费用为 158.8 亿元人民币。新闻联播成“吸金王”，揽金 53.78 亿元人民币，如今大家都有获取新闻信息的 APP。新闻联播和天气预报不再能吸引主流的消费者观看。据悉，在 2016 年的招标会上，“卖”的最贵的是一档央视综艺节目《挑战不可能》，长安福特汽车有限公司以 3 亿元人民币拍下了它的冠名权，比标底价高了 172.7%，比第一季翻了一倍多。即使这不是一档热门度排在第一梯队的综艺节目，这个数字也比“新闻联播标版组合”的 9650 万元人民币的中标价高了大约两倍。受到网络和移动两大媒体渠道的冲击，目前传统营销的央视广告已不如前几年辉煌，“标王”也在“现时代”里面慢慢地褪去色彩。

无独有偶，除了央视广告，最近几年大家讨论较多的还是传统媒体行业，从出版社到报社，再到广播。新媒体不断地推陈出新，带来传媒行业格局的转变，新型媒介形式和传播方式的变革，通过对媒介传播模式的影响改变着广告商的广告投放策略，并直接对媒体自身的广告收益水平和广告业务结构起着作用。毫无疑问，以网络为代表的新媒体如今已形成了完善的新媒体格局，并与传统媒体形成两极分化又互有交织的新格局。网络技术带来的传媒格局的调整，对传统媒体的影响是深刻的，尤其是传统媒体中的纸媒行业，纸媒行业至少还要经历两年的转型期。盘点 2014 年我们“告别”的纸媒，《新闻晚报》、《程序员》休刊；《数字通讯》、《中国包装报》停刊。

越来越多的人开始网购，近两年对实体店的打击着实不小，关闭实体店似乎已经成为大众认可的一种“潮流”。百盛集团，继北京东四环店宣布停业后，2015 年 3 月 31 日，天津唯一一家实体店也直接关闭；玛莎百货（M&S），同年 8 月之前就关闭了在中国的 5 家店，虽然在 2015 年年初到 3 月的这段时间，玛莎百货实现销售额首次增长，但还是选择关闭了在中国 15 家店当中的 5 家；沃尔玛，将关闭 30% 的中国门店；佐丹奴，2014 年关闭 190 家实体店，净利润大幅下降 38%。

综合：传统营销经济体在整个环境中处于萎缩状态，抵挡不住互联网的冲击，后期一定会是一种被动选择式辅助营销渠道，目前它主要也是起到营销铺垫的作用。

1.1.1 B2B模式企业基础营销分析

B2B模式企业经历了互联网的第一轮冲击，现在几乎还处于转型中期，移动互联网迅速崛起，原本对于网络营销还没有运营明白时，又纠结于是否开始着手转型手机端的营销，下面给大家介绍这类企业目前的营销现状。

1. 传统营销

不管如何高喊转型，传统企业大部分的业务来源还是传统营销：协会资源、商会资源、老客户的推荐、在行业内的知名度，笔者见过很多这类企业还是穿梭于不同的行业会议、产业链商会议、上下游相关的展会。一边巩固原有客户和行业内朋友的关系，另一方面还在发动现有资源来对接出更多的来源，有时和会议本身主题的相关性不大。当然，除了这些还有最关键的，就是各地经销商和业务员都是"真枪实弹"地和客户谈单。

2. 网络营销

基于官方网站和百度推广为主的网络营销，成为支撑B2B模式传统企业互联网转型的开端时期，所以有近八成的传统企业老板，每当聊到网络营销时，心里的第一反应就是网站加推广的模式，而不是整个网络营销框架。

在B2B模式的传统企业中，推动了一批特色的企业，就是行业内的"精小微"企业，他们本身的厂房非常小，或者根本就没有厂房，但是依靠大力的百度推广，把百度的客户流量吸引过来，然后开始大批量生产，或者找到生产企业赚取差价。也有许多老板咨询笔者的时候经常问："为什么搜索他们产品的关键词，排名在搜索引擎首页的都是没听过的企业，即使知道的也是规模特别小的行业里不知名的企业？"

3. 移动营销

真正开始做移动营销，是微信火了以后，传统企业开始申请自己的微信公众平台，部分企业开始使用微信群进行内部沟通，还有开始通过微信作为自己客户的联系方式。同时，企业因为经历过建设官网的时期，认为做移动营销了，先要做好自己的移动官方网站，然后投向移动的搜索引擎，但是都没有想到，企业客户的习惯不是在手机上面搜索，还是停留在电脑端，最终也没有达到预想的效果。

1.1.2 B2C 模式企业营销趋势把控

B2C 模式的企业分为两种：第一种是有实体店直接销售给终端用户；第二种是针对大众消费品的生产厂家。

第一种：有实体店直接销售给终端用户的企业

笔者在通化和辽源接触很多线下手机行业的经销商，最大的问题不是解决生存问题，因为依靠线下的流量，目前还能支持一个店面的存活，更重要的是要如何解决线上运营和实体店同步的问题。此类同步一定是先要做好店面营销，包括从企业的宣传手册、店面布置、装修风格、店员的人格魅力等方面，甚至还会做一些大型的活动，邀请一些明星、知名人士来店里做宣传。做好店面营销后，再让互联网营销搭配店面营销做好同步。

1. 同步活动

店面销售时不乏会制造很多优惠活动，通常是以易拉宝等方式在本店进行，要做的第一个同步就是活动同步，线下活动和线上活动一起做，客户流量只要接触店面，都可以通过这两大渠道把用户数据吸引过来，还可以二次营销。

2. 同步数据

数据是营销的根本，实体店同步数据应该从两种思路运作，第一种是数据量，也就是说要保证所有的流量都能转化成数据库里面的量值；第二种是路径量，这种在线下是很难实现的，但是通过互联网的工具就可以轻松完成，把第一种的数据量通过平台记录下来，即将所有用户的路径记录，包括用户成交时间、成交金额、成交次数，用户的复购次数、复购频率、复购品类等，如果做得精细，还包括用户访问线上平台的时间点、次数、页面、时长等。

3. 同步产品

同步产品应该是有实体店的企业老板第一个想到的一点，但是却有很多人没有做好这一点，真正地同步产品，是让用户感受到线下体验和线上浏览都是非常全面的。企业没有做好这一点的原因，是因为感觉把所有产品上传和运营太辛苦和烦琐了，因为此类企业有个特点，就是产品更新速度快，旧产品的迭代也快，因为怕麻烦或者时间的问题，所以没有持续对线上平台进行有效地维护，但是最后线上效果不明显的原因却不认为于此。

第二种：针对于大众消费品的生产厂家

这类厂家的体量比实体店面大很多，经营多年也有自己的销售渠道，目标也应该和实体店有所不同。自从2015年提出"互联网+"的概念，也是目前转型的白热期，更适合从品牌突出的角度来思考整体的营销布局。在真正实现品牌化转型时，有以下3点需要注意。

1. 定位一条线

根据对自己的行业、产品、用户的了解，在线上单独开展一个渠道，做一体化品牌塑造和产品销售模式，这个定位线要和传统企业分开，不影响目前传统的所有销售模式和用户。

2. 团队重建

在整体转型互联网的运营结构里，团队架构尤为重要，企业很难培养自己的现有人员成长为经验丰富的互联网从业者，培养的过程也会浪费大量的时间和金钱。真正组建一支互联网精英，和传统的方法是不一样的，互联网运营不需要大量的人员，而是需要精，要中高层的经营者，但是最高的决策者，建议是传统企业的老板或者传统企业的高层，然后放权到团队，真正实现结果把控。

3. 物联网概念

我们即将进入智能时代，需要实际的产品和互联网通过技术结合的时代，一定要用物联网的理念去发展。B2C类的生产型企业有先天优势，本身已经有多年实体产品的经营经验，而且很多企业已经开始把自己的产品升级为智能或半智能的状态，只需要通过互联网的工具做到宣传造势、产品销售、数据运营、内容营销这几个方面。需要重视的是品牌效应，这是在整个营销里面最难打造的。

1.2 传统营销方式汇总

电话营销

通过电话进行销售的方式，实现自己企业的KPI考核目标，只要不是初期创业的企业，都经历过这样的过程，相比于其他营销方法，电话营销还是相对比较好管理，而且员工不用出门就可以把订单谈成。

考验员工仅仅从"听"的层面来判断如何和客户做好沟通，相比于面谈会加大难度。并且要求短时间内让客户产生兴趣，前20秒内不能让客户反感。下面是电话营销需要掌握的10个基础要点。

第一，在拿起电话前，一定要充分了解自己的产品。如果对自己的产品不清晰，在电话营销上面就很难成单，有的企业为了让员工能早点工作，忽略公司介绍、产品介绍等环节，导致员工在后期工作出现更多的问题。

第二，有一套属于自己的交谈模式。每个人在人际沟通中都会呈现不一样的感觉，符合自己性格的交谈模式在电话营销里面很重要。也就是说，从电话接通第一秒开始说的话，到最后挂断电话都要有模式。第一句问候语应该说什么，在与客户沟通中有可能提出的问题该如何去回答。这些要在电话拨通前就做好准备，在交谈过程中，要把所有的精力放在思考和交流上，不要让对方等待太长时间，一个潜在的客户，很容易就会因为自己的分心和反应慢而“跑掉”。

第三，对客户要用尊称。电话销售人员还是很注意这一点的，只是有些人因为个人因素，把不愉快的心情带到工作当中，导致在和客户沟通时表现得很不耐烦，尤其是没有成单意向的客户。还有甚者，当客户表明不合作时，用不好的言语辱骂对方，这样不仅这次不能成交，这个客户在以后也几乎没有成交的可能了。

第四，养成随时记录的习惯。电话销售人员开始接通电话，就应该做好记录的准备，每个销售人员每天的电话量都是有考核的，有的企业按照电话量存储兆数考核，接通电话即开始录音，每天录音最低要达到50MB；有的企业按照电话数量考核，也就是说，电话销售人员每天都要打通有效电话100个才能完成考核。电话销售人员每天要完成考核量，就需要不断地打电话与客户交流，如果不随时做记录，一天下来就会忘记与这些客户沟通的内容了。

第五，学会自我介绍很关键。电话销售人员每天要面对海量的陌生客户，通过漏斗方式不断地筛选，把最后重点的客户留存下来，筛选就要对同一个客户进行多次联系，做好客户回访，如果第一次自我介绍成功，那么第二次再回访就会事半功倍。在自我介绍时需要注意几点，第一点就是自报家门尽量简洁。例如我是某某，我来自哪里，是做什么的；第二点就是要有吸引力。例如想让客户来听课程，在自我介绍时突出课程主讲老师，因为他们知名度会大于销售员，客户会更容易记住；第三点就是语速语调适中。例如每天晚上如果都做几次深蹲，经常游泳，这些都是提升肺活量的好办法，不至于当介绍时换气不足。练习语速语气有一个小诀窍：每次和客户沟通都面带笑容，虽然客户看不见，但是相信客户能从语速语气中感受到。

第六，主题明确，快速切入。在做完自我介绍后，就需要快速切入正题，电话销售针对的客户大多数是企业家或个体经营户，普通群众占比很少，这些客户多数每天都很忙，尽量少占用他们的宝贵时间就需要快速切入正题，直接表明自己供给需求和亮点。在这个问题上，电话销售人员首先要学会换角度思考，站在客户的角度来评估产品或服务对于客户的重要性。

第七，学会反问对方。当和客户聊到主题时，如果客户没有挂断电话的意图，说明客户还是相对感兴趣的，这时要针对主题深入挖掘对方的需求，根据对方需求来阐述自己产品服务的差异化，反问的问题最好是选择题，杜绝询问对方大而空的问题，反问是要带有答案性质的反问。例如要办一场网络营销会议，亮点是能帮助企业转型升级并带来更多的效益，这时电话销售人员就可以问，“您企业是否需要转型？您觉得互联网能快速，还是慢速地为企业带来效果？”如果这两个问题换成大而空的时候，有的电话销售人员就会这样问，“您企业转型需要哪些帮助？您觉得互联网帮助企业带来多少销售额？”

第八，掌握交流的优先权。俗话说：“知己知彼，百战不殆”。优先权是指我们能够在思路和语言上引导客户跟着我们走。当然，这一方面是考验电话销售人员的经验，另一方面是要求电话销售人员在打通电话前，是否有清晰的思路来引导用户跟着自己的思路走，这个环节最好的办法是把有可能问到的问题，在电话中可能需要提到的问题都罗列在纸上，交流过程中按照提示进行。

第九，控制交流时间。和潜在的客户沟通，通话时间往往是由电话销售人员来控制，如果客户不感兴趣，那么就会直接结束通话；如果客户有兴趣，但是还没有转化到成交，这时需要电话销售人员引导结束通话，通过语音沟通来心理判断客户的意向程度，如果意向不大可以提前找机会结束通话；如果意向强烈，但是不清楚产品或服务，可适当地把时间调到最久。要记住真正地转化客户，不是交流的时间越久就成功率越大。

第十，该出手时就出手，不出手时留一手。在电话沟通的后期，如果客户能够转化那是最好不过，需要见面再谈时确定好时间、地点，不需要见面洽谈就约定好线上签合同的时间。如果客户还是不能决定，就给下次回访留机会，可以在最后快结束时约定好下次回访的时间，以客户为中心，让客户自己来确定下次交流的时间。

综合：电话营销策略，基础就是普通话一定要好，如果遇到老乡可以说方言。电话营销精神是行业标准，一家好的电话营销公司，办公室里面应该是吵吵嚷嚷，每个销售人员的姿势也是千奇百怪，有站着的、坐着的，更有甚者是躲在桌子底下的，防止其他人声音打扰到自己和客户沟通。

1.3 高效解决企业转型痛点

1.3.1 难熬的转型过程

“转型是死，不转型也是死，等死不如找死。”这是在目前全球的经济情况和互联网的现状下，比较流行的一句话，当然也引起大家的深思。

2015 年 11 月 11 日，“双十一”的交易额达到 912.17 亿元人民币，相比去年同期的 571 亿元人民币，同比增长将近 60%。其中移动端交易额达到 626.42 亿元人民币，占到了总交易额的 68%。这是阿里集团一天的交易额。传统企业大部分望而却步，转型就成了企业老板心里难解的一个疙瘩。

对于传统企业老板来说，2011 年似乎已经经历了一场互联网的转型，主要基于 PC 端官方网站的建设和搜索引擎的推广做试水，由于对互联网的不了解或者说是片面的理解，导致当时投入和回报的性价比没有达到自己预想的效果，从而发现互联网不是简单地做个网站、投个推广就可以解决的。

未来不论以何种方式转型，都离不开互联网的两大渠道，即 PC 端网络营销和移动端微营销，利用这两个渠道来实现真正的升级和拥抱互联网。

从“双十一”的数据来看，越来越多的线上交易转向移动端，2013 年微信开始火了以后，无论从 eMarketer 提供的美国移动搜索广告支出发展趋势的情况来看，还是从国内人民的生活习惯来看，移动端确实发生了翻天覆地的变化，此次数据也证实了这一点。但是不同类型的企业要认清自己适合的道路，盲目地走移动端不仅得不到效果和价值，相反还会给自己的企业互联网化造成无法挽回的错误。

企业做互联网的转型，有以下 3 点一定要重视。

1. 内容的重要性会愈发突出

根据《B2B 内容营销衡量基准》报告显示，有 93%的 B2B 营销人员都表示，他们在 2014 年采用了内容营销，还有 42%的 B2B 营销人员表示，他们认为这种策略营销是有效果的。这种内容营销我们能经常接触的分为两大类，一类就是企业呈现给潜在客户的内容，其中包含我们自有平台上面的架构布局、文章、图片、视频等信息，早些年企业可以选择以自己的角度去部署平台内容，通过平台简单地宣传自己的信息和品牌。但是随着互联网环境的完善，现在更多的是要以潜在客户为中心，发现他们想要的内容，根据他们的喜爱去部署自有平台。另一类是企业会借助一些第三方平台做宣传，这种宣传以文字为主，图片和视频为辅，这些内容就需要完全地根据潜在客户的喜好去做，如果是硬生生的广告性质，肯定要被淘汰掉。

2. 各种手段体现的品牌意识更浓

企业对于互联网营销的方法在不断创新，口碑营销、病毒营销创意层出不穷，主体营销慢慢从原有的点击营销、联盟营销移步新营销模式，其实本质的转变就是把原有的潜在客户获取资源的方式，慢慢演变成了让潜在客户快乐地接受广告的过程。如果以网页投放广告举例，老方法是利用各种联盟的方法，在各大平台肆意地投放赤裸裸的宣传信息，改而用新的方法，就是开始调查用户的情况，根据用户的不同情况、不同属性，精准地去做品牌营销投放。2014 年的“窄告”也火了一把，窄告的意思很容易理解，就是“窄而告之”、“专而告之”。指客户投放的“窄告”直接投放到与之内容相关的网络媒体上的文章周围，同时“窄告”还会根据浏览者的偏好、使用习性、地理位置、访问历史等信息，有针对性地投放到真正感兴趣的浏览者面前。投放广告的针对性增强，无非就是在无形中增强自己的品牌意识。假设自己是卖建筑材料的企业，那么工程商就会需要我的产品，如果我推送给学生，几乎是没有效果的事情。通过“窄告”的方式给那些经常浏览建筑材料的人群，他们是我潜在客户的可能性就会增大很多，这时广告就会变成他们的需求，正是他们想看的内容，从而把广告直接转变成客户需求的信息，品牌效应就会隐性地提升。

3. 互联网砸钱也需要技巧

笔者在 2013 年做网络营销培训时经常会遇到一件事情，许多听课的企业人员和笔者说，刚开始听说笔者要讲网络营销时，都会认为网络营销是骗人的，因为他们投入过大量的资金，但是最后却没有丝毫的效果，那时候的“砸钱”是不懂又好奇的砸钱，完全是糊里糊涂地就把钱砸了进去，连点响声都没有听到。现在这样的环境，做互联网有些时候确实需要砸钱在里面，但是我们要有目的、有计划地砸。2016 年的新闻发布会上，滴滴 CEO 程维表示，5 月 25 日~6 月 15 日，滴滴要“烧”钱 10 亿元人民币，每逢周一，用户在使用滴滴快车功能时，每单减免 15 元。微盟今年新推出萌店，实施了一个“大 V 计划”，笔者有幸成为他们计划的一员，可以把自己的团队和朋友一起拉进来开萌店，短短一天的时间将免费发放 1 亿元人民币的红包。这些“数以亿计”地投入可以说是传统企业想都没有想过的事情，但是今天在互联网上实现了，但是这些企业大部分是以互联网创业或者有投资的公司来发展和宣传自己。作为传统企业转型，既然已经接触互联网，那么未来可能也会不可避免地再一次走大资金投入的道路，需要杜绝的就是，不要再去花 10 万元人民币的费用做一个普通的模板网站，“砸钱亦有道。”

1.3.2 如何走近互联网

● 靠近用户

建立与用户的沟通渠道；搜集用户的意见建议；通过移动互联网工具让用户时刻保持与企业的交流，并设有针对用户的实时反馈统计系统。

● 建立大数据体系

1．数据采集。企业转型初期都会面临互联网用户的数据问题，体现最明显的是微信公众平台，面对每天十位数的阅读量和百位数的粉丝量让企业老板头疼，所以第一步需要做数据采集，通过微信、老客户、微博等各种可以接触用户的渠道收集数据。

2．数据整理。通过数据管理平台先对收集到的数据汇总，按照不同用户属性进行分类，可以按照已成交用户、意向客户、陌生客户等属性；也可以按照性别、地区、行业等属性。

3．数据分析。不同数据的整理类别不同，深入地对数据进行分析，包括用户行为、用户喜好、用户可裂变数量值等方面。

4．数据应用。有效地分析数据并储存，从而形成可视化系统，分配到一线销售人员，并对数据进行深入挖掘或二次营销，作为企业裂变数据的基础。

● 快速、高效、开放、共享

1．品牌建设效率。2016 年 6 月 10 日，网易科技讯报道，在联想 Tech World 大会上，联想高级副总裁、移动业务联席总裁陈旭东在接受媒体采访时表示，受 PC 经营方式的影响，联想移动在品牌建设方面这几年做得不够好，内部的效率也有待提高。陈旭东称在未来联想会加大品牌建设投入，加大用户对于联想和 Moto 品牌的认知教育。这是企业内部品牌建设效率。先确定内部品牌战略，然后进行外部品牌建设，分为品牌策划、品牌推广、品牌营销 3 条主线。

2．产品开发效率。同样适用于初创企业，如果是自主研发、生产相比还算稳定的，如果全部选择外包或者和其他厂商合作，那就要做好提前量，产品研发过程会面临很多问题，一定要在工程机测试没有问题的情况下再重点营销。

3．市场营销效率。有一位刚创立公司的朋友咨询过笔者一个问题，是优先做产品研发，还是优先做粉丝积累。笔者的建议是把重心放到产品研发上，同时让专业的少数人负责市场营销，因为能够最后赢得消费者的一定是产品，这样市场营销配合产品进度，才能保证真正的效率。只有少数企业或者个人，能够先积攒大量的粉丝，再去投放一个产业链的各种单品进行销售。

4. “众包方案+用户参与+用户分享”。互联网相比传统经营模式是开放式的，需要一改过去的“闭门造车”，让用户参与企业经营，未来拿着自己认为好的产品推销给消费者，而大量消费者提出需要的产品，作为生产厂家生产来填补需求。当然，在这个过程中用户根据节点情况进行参与，最后进行分享。

1.4 “互联网+”VS“+互联网”

1.4.1 “互联网+”

1.4.1.1 “互联网+”什么

在 2015 年 3 月 5 日的十二届全国人大三次会议上，李克强总理在政府工作报告中首次提出“互联网+”行动计划。李克强总理在政府工作报告中提出，制定“互联网+”行动计划，推动移动互联网、云计算、大数据、物联网等与现代制造业结合，促进电子商务、工业互联网和互联网金融健康发展，引导互联网企业拓展国际市场。可以说一些企业重新认识了互联网，当然也引起了各地政府的重视，为今后企业发展互联网插上了一条有利的翅膀。

“互联网+”实业

1. 互联网+美容

（1）客户来源

美容店在没有接触互联网时，客户来源主要是线下店面的流量，业绩的好坏更关乎于店面的选址。现在通过百度搜索、微信的搜索等细分的渠道，都能为一家美容院带来不少的客户量。

（2）用户数据跟踪

当一个客户在店面消费后，很少会再有更多的接触，所以我们更应该用现在的互联网平台做好用户的回访和数据监控工作。比如用户在美容店里做过服务后，一周内的变化或者有哪些反馈，都应该及时收集在美容店平台的数据库中。

（3）到店体验

舒服的享受一次服务，是每一个客户想要的，美容行业不仅要在本身的技术上服务好客户，用户在消费过程中产生的其他服务也会给客户带来不同的感受。比如当用户在享受服务的过程中，可以让用户扫二维码来参与大转盘活动或者小游戏，奖品就以这次消费金额或者相关的赠品为主，客户在享受服务中又有不一样的收获。

（4）二次营销

各地美容院都会有相同的特征，就是区域化严重，能想到如果一家美容院开在秦皇岛，生活在北京的人几乎很少会定期过去，只要服务好本地的客户就完全可以支撑一家店面的存活，那么就需要让这些客户产生二次消费或者更多次数的消费。现在的工具代替传统的会员卡模式，并利用网站或微信上的优惠券，带动消费者的二次消费。

2. 互联网+医疗

2016 年 5 月 19 日，新京报“寻找中国创客”5 月论坛在北京举行，会议上熊晓鸽说，“互联网医疗发展空间广阔。”据统计，2014 年全球移动医疗市场规模为 70 亿美金，中国为 30 亿元人民币。中国的移动医疗领域发展程度还处于早期，但将保持高速发展。

“互联网+医疗”的主流平台包括以下几个。

（1）挂号网。以“就医不难、健康有道”为使命，致力于以信息技术改造中国医疗健康产业，致力于通过互联网连接医院、医生、患者，促进三者间信息的高效共享，并提供最领先、最受信任的移动医疗服务，构建新型的中国医患关系和全新的移动互联网医疗服务模式，打造公众就医以及健康生活第一平台和良性互动的医疗服务与健康产业生态圈。

（2）好大夫。“好大夫在线”一直秉承“诚信社会价值优先”的理念，为医患之间传递实用、权威、最可信赖、最高效的医疗信息和服务。“提高医疗效率跨越医患鸿沟”是好大夫在线的美好愿景。

（3）111 医药馆。“要健康，要美丽，要时尚”是 111 医药馆全新的服务理念；“商品质量第一，快捷配送第一，专业服务第一”是 111 医药馆全新的服务标准；而“为患者服务，为大众的健康服务，为广大市民的安全用药服务，倡导健康文明的生活方式”，是 111 医药馆始终不渝的服务宗旨！

“互联网+医疗”解决了用户挂号难的问题，用户现在可以通过线上提前预约；解决排队等待时间长的问题，可以通过预约时间和医生高效就诊；区域医疗不均匀、不发达的城市也可以通过平台找到高质量的医疗资源。

“互联网+医疗”发展方向一个是多点执业，这样做有利于均衡各地医疗资源，将大大缓解“看病难”的问题；有利于提升医生收入；有利于社区、基础医疗机构、欠发达地区的医生水平的提高；缓解基础医疗卫生需求；有利于公立医院改善管理机制；有利于调动绝大部分医生对医改的大力支持。另一个是分级诊疗，就是要按照疾病的轻、重、缓、急，以及治疗的难易程度进行分级，不同级别的医疗机构承担不同疾病的治疗，实现基层首诊和双向转诊。

3. 互联网+玩具

在网络环境快速发展下，玩具产业遇到的问题是国内缺乏自主品牌，盈利模式过于简单，信息相对闭塞。“互联网+”的兴起对于玩具产业是机遇又是挑战，一方面“互联网+玩具”可以解决玩具厂家营销的问题，通过互联网可以增加销售渠道，有效提升玩具企业品牌的知名度，覆盖人群数量增加的同时与用户沟通也方便很多。但是在整个行业中成长为龙头企业还是比较大的考验；另一方面，互联网也对玩具进行“整体升级”，从传统玩具演变成智能玩具。

智能玩具代表企业有以下几家。

（1）小苗苗。小苗苗是一款能玩亲子游戏的故事机，是由腾讯无线大连研发中心倾心打造的专业儿童早教工具，隶属宝贝听听旗下产品，是0~6岁婴童的良师益友，使用小苗苗故事机，将利于宝宝心理、智力的成长及个性的塑造。它头顶上的小叶子，代表着孩子会像小苗苗一样茁壮成长。

（2）火火兔。火火兔是0~7岁婴童启蒙教育的好伙伴，结合婴幼儿成长时期的特性，系列产品不断创新并严格追求产品质量，强调童年的趣味性，注重互动能力与动手能力的开发，软硬件结合，以科技点亮宝宝的七彩童年。

（3）飞猪侠。飞猪侠是一家以“关注儿童快乐成长”为理念的互联网公司，专注研发生产儿童智能语音陪伴机器人，其产品主要解决与孩子异地的语音沟通问题，目前是智能玩具行业的一匹黑马。

“互联网+玩具”使整个产业升级，不仅把玩具变身成一个管家和知识宝库，还解决了家长因为各种原因不能陪伴在孩子身边的问题，家长可以随时、实时通过视频语音等方式与孩子沟通。

云智能玩具和陪伴玩具成为“互联网+玩具”产业发展的两大方向，0~10岁孩子在成长过程中心里都有“十万个为什么”，通过玩具硬件作为载体的云智能方式，每个孩子都可以通过玩具提出自己的问题，玩具连接Wi-Fi，把语音转换成文字，通过云系统进行检索和添加记录等流程，再返回到玩具，然后通过语音回答问题，整个过程只需要持续3~6秒。云智能的优势在于可以整合千万个孩子的问题到数据库，使用用户越多，数据量级就会越大。陪伴玩具分为智能语音陪伴和动作视频陪伴两种，玩具形象早教故事机是智能语音陪伴的代表，主要通过为孩子播放故事、儿歌、歌曲、英语等；动作视频类的陪伴玩具可以跟随孩子并且与孩子远程实时视频。

4. 互联网+酒店

以互联网为载体，线上线下互动消费，将传统酒店行业推向智能化发展道路，开始进入转型升级改革时代，优化用户预订流程、提升用户体验、服务细节化、增加二次黏性消费等几个过程，使不同酒店之间竞争差距越来越明显。下面介绍5家传统酒店品牌“互联网+”转型情况。

（1）如家连锁酒店：用互联网工具开拓新型业务和商业模式

如家积极利用互联网工具开拓新型业务和商业模式，发力中端酒店市场，品牌定位逐渐上移。其在2014年上线了如家优选平台，为线下品牌商、线上电商企业导流，致力于建设围绕酒店和旅行的商业生态圈。其在2014年10月推出“家盟”平台，聚焦市场上闲散的单体酒店以及整合资源，增加产品丰富度，联合同业壮大实力。

除此之外，如家还利用空置物业的目的，筹划推出主打“小微空间”的新式产品，而工具和移动办公将是其中的主要内容。

（2）华住酒店：完善的互联网基础设施，加大直销渠道重视力度

华住坚持完善互联网基础设施，加大直销渠道重视力度，其对线上基础设施和直销渠道一向比较重视，其CRS系统、门店PMS系统均由华住自己的技术人员统一运营、维护。据公开资料显示，截止到2015年3月31日，华住在中国的314个城市共拥有2177家门店，其中包括617家直营店，1533家加盟店以及27家特许店。华住通过加盟模式多品牌组合，旨在实现酒店网络的快速扩张。

（3）尚客优快捷酒店：定位于“连锁”综合服务运营商“试水”O2O模式

尚客优定位于“连锁”综合服务运营商“试水”O2O模式，其聚焦于二三线城市连锁服务市场，专做中小城市中的小规模的连锁酒店，截止到2015年1月，旗下所有门店达到1100家。尚客优为消费者营造线上线下全方位的酒店社交生活圈，其“购物免费住”打造生活分享平台。其中优悦的SPA精品酒店面向一二线城市繁华区域小物业，为精英商旅人群提供更高品质的住宿体验；橙客公寓针对闲散的家庭式物业，引入O2O模式和酒店式标准化管理，打造互联网化的公寓酒店品牌，推广“住宿、社交、管家式生活服务”的酒店模式等。

（4）花间堂：用移动互联网创新主体酒店经营模式

花间堂运用移动互联网创新主体酒店经营模式。修缮古民居进行单店设计，将精品酒店与当地古建筑文化相结合。其连锁施行不复制模式，各个门店的店名、风格、配套设施各不相同。其分公司对各个门店的营销、采购、工程、人力、财务进行集中管理。此外，花间堂还发展以住宿为核心的其他衍生服务（餐饮、门票、接机等）。其线上拥有会员体系（花粉世界、花粉惠）、线上社区（花粉世界、花讯、花间美学）、线上微店（花间拾零，其客房内的所有商品均可以扫码下单）。其线下目前拥有 15 家门店，近 400 间客房。其还开发一些住宿产品、旅游套餐产品以及西餐厅和面包坊，除此之外花间堂还会配合其线上社区积极开展线下活动，注重线上线下产业融合。

（5）铂涛酒店：跨界便利店，线上线下同时销售

关于铂涛的“互联网+”战略，据铂涛集团高级副总裁 7 天品牌 CEO 苏同民表示，所谓互联网就是粉丝就是忠实会员，目前铂涛拥有 8000 万名会员，从会员规模来说，无论是在互联网行业还是在电商行业内都是相当大的量级。在这样的优势基础下，目前立足于消费者入住的过程来推出销售场景，以及实现在自己酒店的平台上，包括线下酒店就能购买到住宿相关的产品。

目前铂涛运营的店近 3000 家，基本上覆盖了城市的核心街道，因此在未来消费者可以非常方便地在铂涛酒店购买当地的特产。在未来铂涛也会实现一些便利店等跨界想法，致力于使酒店的消费者以及周围的居民都可以在铂涛的酒店进行购物。

1.4.1.2 “+互联网”的打法

“+互联网”一词现在并不陌生，转型痛、转型难的企业不妨试试，以单渠道突破，选择一种适合自身模式、产品的互联网工具，做到小而美、小而精。

1. +微信

选择微信渠道的企业自我分析。

（1）产品多样化。微信渠道的特点是社交营销，如果只有一款单品，很容易造成用户心理疲惫，如果单渠道切入会快速接触瓶颈期。例如主营童鞋，通过微信聚集客户，用户第一次接触其产品非常感兴趣，运营了快 3 个月，发现活跃度大不如开始，后来又加入了儿童毛毯、儿童玩具、儿童衣服，每加入一款产品用户关注度明显提高，选择微信渠道产品多样化可以不断地吸引用户的眼球和提升用户的购买欲望。

2．品牌人格化。硬生生的品牌很难引起用户裂变和品牌裂变，微信是人与人连接的平台，如果企业可以把品牌打造为一个活生生的可以和用户对话的“人”，对于品牌传播非常关键。

3．服务黏性化。如果我们去买一双运动鞋，那么需要企业的服务是什么呢？答案很简单，就是当鞋出现质量问题时可以及时解决；如果我们买一部无线游戏手柄，和企业再度沟通不仅仅是质量售后问题，还会有使用技巧、保养方法、游戏更新等，用户在使用过程中能自愿并高黏性的和企业互动。

4．价格平民化。按照交易价格排序一定是传统线下最高，其次是 PC 平台，移动互联网偏低，相对于微信单渠道在移动互联网里面再低一个层次。同样一款 5000 元的手机，线下和线上都可以销售，但是细分到微信平台就很难销售出去，无论通过微商方式还是微信公众平台商城。如果控制产品单价在几百元或者几十元，在微信渠道就很容易畅销。

2．+搜索引擎

这是需求导向型推广，笔者把这种方式定义为“简单粗暴”，引流客户多数属于有购买意向，并且属于直接消费层用户，适合企业类型非常广。其中有两种企业适合度较大，第一种是大型产品的传统企业。这类企业最适合先“+搜索引擎”，然后再慢慢全面地转型升级，此类企业首先都是很难通过线上直接成交的，属于线上收集资源，然后客服跟踪，线下成交的过程，所以这类企业选择搜索引擎推广，难点要放到如何脱颖而出，也就是在搜索引擎整个体系里，用户会主动联系我们，而不是联系同行的其他企业；第二种是初期创业公司。在创业初期因为品牌知名度不高、资金投入偏小、产品或平台迭代较快等问题，这类企业需要有用户直接合作，当然这种方式也是解决资金流比较好的方式。

3．+广告联盟

广告联盟的 3 要素，即广告主、联盟主、联盟平台（图 1-1）。如果我们选择通过“+广告联盟”方式打开互联网转型大门，首先要明白，作为广告主，和联盟平台的合作要分清，主要分为以下 3 种形式。

（1）CPM 弹窗形式广告。根据独立 IP 用户访问广告联盟旗下合作媒体的网站时，弹出广告商的目标页面来计费，相同 IP 用户 24 小时内反复弹出只计费一次，如果弹窗被浏览器拦截，将不会计费。

这种广告形式对于用户群较大的广告商来说是一种性价比很高的推广形式，在迅速提升网站访问量的同时，会沉淀很多用户，对于初期创业的网站来说无疑是很好的推广选择。这种广告的展现形式是直接全屏弹出要宣传的页面。

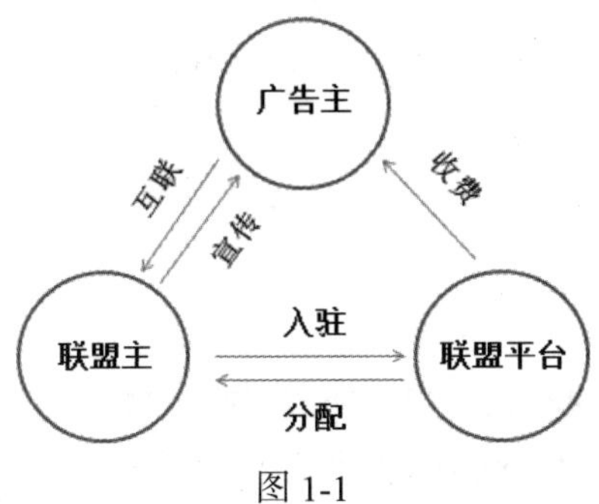

图 1-1

（2）CPC 点击形式广告。在用户访问广告联盟旗下合作媒体的网站时，点击页面上用户所感兴趣的广告商的广告条根，到达相应的广告页面来计费，相同 IP 用户 24 小时内反复点击相同广告商的广告条只计费一次。

这种广告形式可以比较精准地获取对广告主广告内容感兴趣的用户，对宣传效果非常有帮助，一般对于做品牌宣传的广告主非常适用。这种广告的展现形式是网页固定或漂浮广告条以及文字链。

（3）CPA 注册形式广告。在用户访问广告联盟旗下合作媒体的网站时，点击页面用户所感兴趣的广告商的广告条根，到达相应的广告页面后，根据完成相应的注册或者信息提交要求来计费，相同 IP 用户 24 小时内反复注册或提交信息只计费一次。

这种广告形式可以最直接地让广告主获取用户或者想要用户提供的信息，一般适合阶段性的活动或者需要累积注册用户的广告商。这种广告的展现形式是网页固定或漂浮广告条以及文字链。当然，这种方式适合的产品同样是大众消费品，广告主也可以成为联盟主，联盟主在推广过程中也可以是广告主的角色。

4. +微博

和前 3 种方式不同的地方，微博的重点是品牌宣传和产品宣传，和搜索引擎推广有本质的区别。前面提到过 B2C 类型的企业转型，太多这类的企业从 OEM 模式开始通过互联网打造品牌，首先从“+微博”入手是最佳选择。

定位准确是微博营销的入门要求，企业初始做微博营销，第一个思路是建立自己企业的官方微博，然后进行官方蓝 V 认证，但是真正在运营过程中会发现不知道微博该发什么内容。这里给大家分几步来分析，如果定位是官方蓝 V 认证账号，要分不同阶段选择不同运营方式。首先在刚刚建立微博时，因为是新账号，还没有博文和粉丝，这时就需要想办法先把微博的内容丰富起来，丰富微博的内容有两点：第一点是基础建设；第二点是大量的博文基础和互粉方式。然后在运营一周后或者粉丝在 1000 以下时，相比第一阶段有了粉丝基础，但是量级还不够大，可以通过转发有奖等简单的方式增加粉丝。第三步是在运营一个月左右或者粉丝在一万以上时，粉丝力量较为明显，可以开始和产品或者品牌相关联，通过产品宣传预售，品牌植入方式进行。

如果定位是行业微博，例如笔者在 2014 年运营一个品牌是巴西进口蜂胶，以行业角度切入，那么可以起名为"我是蜂胶侠"、"蜂胶大全"等，主要从整个蜂胶行业方向运营，然后在运营过程中出现自己的品牌和产品，当然这个定位的前提是，运营人员能够有大量的行业知识。

1.4.2 思维先行

1.4.2.1 互联网思维落地技巧

在刚开始，笔者相对比较排斥互联网思维，但是服务过上百家传统企业后，笔者开始纠正自己的错误想法。互联网思维看似空，实则是战略决策必备因素，对于现在我国互联网环境和现状，首先要有这种思维。其次，要把互联网思维真正地落地实操。没有互联网固然不好，有了只会空谈则更加可怕。

1. 用户思维

用户第一

以用户为中心去做互联网营销，首先是找到精准用户集中的平台，如果按照不同平台来划分：PC 平台第一营销梯队是搜索引擎营销、广告联盟、第三方平台品牌漏出；移动平台第一营销梯队是微信营销、微博营销、APP 营销（自建 APP 和主流 APP 平台）。其次是做用户喜欢的内容，上述所有营销平台最好少输出官方的话语，用户还是喜欢平易接触，比如好多平台把用户称作"主人"。

用户角度

每当我们建立一个平台，都要站在用户的角度来进行升级改错。如果你的网站刚上线会找谁来看？大部分的答案是找自己的员工们先来审核，这时你要知道，自己员工多少会带有一些私心，不会提出太多问题，或者有些问题基于对企业和产品的了解，不能完全站在用户的角度。这时我们就需要找到精准用户，或者陌生用户，100%地站在用户的角度提出建议。

用户体验

飞猪侠科技很早的网站（图 1-2），这是通过手机直接访问的页面。出现这样方式的企业不占少数，使用移动设备访问的还是 PC 端的页面，这样用户的体验很差，必须要放大图片才能看清某一处的文字。想要用户体验得更好，就需要当用户使用移动设备登录时，一定是符合移动屏幕的布局。

图 1-2

当然，网站只是其中的一个点，还要强调的是微信公众平台，还有许多公众平台。当第一次关注公众平台以后，自动回复的内容太多，甚者超过手机屏幕，这样用户体验也会很差，不仅阅读时间长，还需要下滑才能全部看完。

2. 大数据思维

收集数据

这个思维其实并不陌生，即使是传统企业在经营过程中也是必备的，因为很少有人会嫌客户数量多。这里需要了解的是，如何把这种思维放到互联网平台上，通过互联网平台收集大量的客户数据，还是以网站举例，给大家分享两个细节：第一个是网站有没有在线下载的功能。即使我们不是资源型网站，在线下载功能也是必须要做的，因为我们都知道，用户如果浏览网站不主动留下信息，是不知道谁来访问的，如果不配置在线下载功能，用户不可能下载；如果配置了，用户就有可能下载，在下载过程中，我们可以让用户留下信息。比如网站有一篇文章为“XX 行业分析数据”，这样的文章也可以让用户下载来查看，下载一半弹出窗口，留下简单的用户姓名、手机号等信息。第二个是在线购买功能。无论任何产品都可以设置在线购买功能，价钱不高但可以直接交易的产品，可以直接进行电商的流程。如果是几十万的机器，可以把“在线购买”按钮链接至“在线客服”，这样也可以无形中收集很多用户数据。

整理数据

通过两个部分清晰地了解如何整理数据，第一个部分是程序员对于字段的设定，用户数据信息一定是企业占有主动性，我们需要电话就会设置电话字段；需要公司名称就会设置名称字段。通过笔者的运营经验，姓名、电话、邮箱是必选字段，公司、地址、性别等可以不加，或者可以设置成选填字段。第二个部分是后台整理人员，要根据不同平台来源的用户分别做成 Excel 表格，包含平台、时间、用户详细信息、回访信息等。

营销数据

通过前台展示，后台会积攒很多用户数据，这些数据要真正地利用起来才是重点，营销数据需要配置专一员工负责，把所有通过线上平台吸收的数据做整合，根据不同平台的特点进行不同用户营销。例如官方网站引流的用户，对产品了解比较多，交流比较少，可以多交流转化到线下成交；微博来源的用户，对产品了解还不是很详细，可以先从产品介绍开始。

裂变数据

移动互联网兴起，企业老板和负责运营人员要有裂变数据的思维理念。数据从 1 到 10 是我们平台吸引、留存的，从 10 到 100 就可以通过裂变带来，可以通过微信、微博等工具实现，对现有客户制定一套切实可行的营销方案，可以是介绍客户返利、宣传立减等。

3. 迭代思维

让用户说话

迭代就是不断更新的过程，每一次更新对于企业都是重要的转折点，企业家不仅要有迭代思维，更应该根据用户的需要或者对于用户创意点来操作。飞猪侠 APP 在每次更新都有一个操作，就是把要更新的主要几点内容做成问卷的形式，通过微信平台发送给使用频率高的用户，大部分用户认可的话就会更新。当然，如果不认可也要写明原因，会根据原因商量处理办法。用户创意点的更新，笔者印象最深的是微信 5.0 的上线，打开界面就是“打飞机”游戏，一时造成效果非常好的全民“打飞机”状态。

让数据说话

站在用户的角度进行问卷调查是其中一点，除了这点还要根据数据调整更新。不同产品、不同平台的数据量展现不同，如果是网站，迭代以后主要查看用户的停留时间，PV 和 UV 主要体现在 SEO 方面，当用户到达平台本身时，主要通过停留时间和各级页面访问的次数进行对比，如果明显减少，可自我检查是否适合更新。如果是产品就可以通过销量来解决了。

让市场说话

市场表现是在前两点的基础上更全面地反馈。按照顺序可以理解为在迭代前做好用户需求点，根据用户需求点进行方向性改动，然后通过数据表现判断迭代效果，最后是市场表现。以网站为例，数据即为用户停留时间，扩大到市场还要涉及搜索引擎收录表现、转化率、用户分享率、二次访问频率等。

4. 平台思维

聚人

平台思维一方面是指打造开放、共享、共赢理念的大平台；另一方面是指中国互联网发展到现在，除了百度、阿里巴巴、腾讯、京东等巨头公司，创业公司很难发展到规模如此大，所以在 2015 年开始兴起建立垂直领域聚合平台，无论传统企业还是初期创业公司以一个方向深度垂直。同样，以某一个行业切入，把行业内相关人士聚在一起，也属于平台思维，例如中国讲师网，聚合了企业管理、网络营销等领域的讲师。

聚物

既然谈到平台思维，少不了产品聚合。如果是深度垂直平台，一定是单品聚合到产业链聚合，再到生态圈聚合。例如生产卫生纸的厂家，首先整合所有生产这种单品的企业和供应商，一定规模以后扩大到生活用纸，再度发展做到卫生用品整个行业的平台。

聚量

同样，聚量不仅包含人和物，还包括技术、资金、数据等。笔者的朋友自建了森达信实汽车网站，主要服务当地新车交易、车贷、二手车交易等。其实还有重要的一点是，所有产生交易的资金会在平台流转，这是典型的为平台打造强大的资金流。当然，其他行业采用这种方式的企业也有很多。

5. 社会化思维

思想社会化

2014 年罗振宇的一句“自由人的自由联合”点通了多少企业家。社会化思维就是在现在这样的环境下，通过各种工具达到为了一件事的自由联合。当然，有这种思维的企业家还是要有“中心化”的思维，一个中心是事情本身，是企业本身。思想社会化是利用大众的思想服务自己，当然也要讲究策略，例如在笔者研发飞猪侠产品时，产品中心一个图案拖了很久也确定不下来，通过微博找了几个“大号”征集，如果选中送一台，问题很容易就解决了。这只是最简单的一种方式，还有一家笔者认识的企业，公司需要决定的问题都会发公众号征集一次，每次收获都很多。

劳动力社会化

自从微信慢慢融入日常工作后，不知道从什么时候开始，员工开始“24 小时在线”，不是员工的朋友也可以参与企业战略决策、产品销售、利益分配环节。这种方式企业也要有，有一次笔者想收集所有市面的童话故事，如果让员工去查找属于资源浪费，而且技术含量过低，员工的积极性也较差，所以通过微信管理很多大学生，这样就以成本很低的方法解决了这个问题。当然，这也是反映了信息对称的过程，未来还会有很多工作是不需要上班就可以解决的，也就是企业的劳动力社会化。

系统社会化

结合思想社会化和劳动力社会化这两点，利用社会资源完成共同的事情，系统社会化有个前提——思想一致。如果把社会劳动力整合起来，并且以企业为中心统一管理，除了有效地逻辑利益分配，还应该是思想高度一致，也就是我们常说的情怀。

6. 流量思维

流量源

对于传统企业都已经清楚认清流量源，从线下店面转移到线上，有没有流量思维的企业很容易判断，只需要根据他们营销平台重点分配的比例就可以看出。新兴平台不一定适合，例如 2016 年直播非常火，流量源也非常大，但是工业企业还不太适合来做，起码目前还没有成功的案例。

流量体

根据全网流量入口分析，传统的会议营销人流量也属于流量体，但是重要的还是以互联网平台进行分析，通过推广引进的流量，主要以各种营销方式分类，例如搜索引擎流量、广告联盟流量、短信推广流量、邮件群发流量、软文流量等，无论通过哪些方式都要有平台接受，按照平台分为网站流量、APP 流量、公众平台流量。

流量循环

通过所有引流方式，把流量引入到传统平台、PC 平台、移动平台这三大平台（图 1-3），这三大平台要互通，线下可以通过二维码引入，线上可以通过线下实际产品或者参观等引入，可以理解为流量 O2O 模式。需要注意的是，尽量不要把移动平台流量引到 PC 平台，例如用户访问我们的 APP，就不要推荐他再去浏览网站。

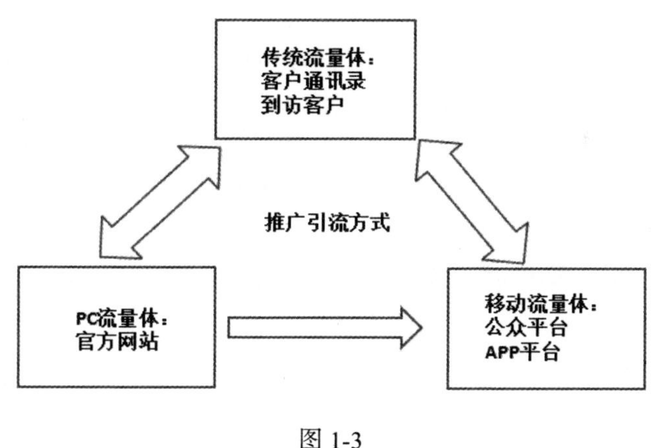

图 1-3

7. *跨界思维*

思维跨界

先有思想跨界才有行为跨界，当然不是让我们盲目地进入不熟悉的行业，而是自我升级至更高的角度来看问题，借助其他行业资源和人才，扩大思维层。

产业跨界

我国互联网经济高速发展，慢慢地形成以互联网为中心的产业跨界和产业融合，“互联网+”的兴起带动传统企业开始积极拥护互联网，其中以传统产业母体的企业创立互联网公司，本身就是跨界思维，再通过互联网回链带动传统产业，互融互通。

8. 极致思维

产品极致

把极致思维落地要经过两个过程。第一个过程是极致的方向，超出用户想象的产品才能让用户尖叫，极致产品先要选择一个方向，例如笔者的团队在研发飞猪侠智能机器人时，让用户拿着方便是其中的目标。第二个过程是极致的方法，这是确定目标以后进行落地操作。例如笔者的团队在研发飞猪侠智能机器人时，寻找了不同年龄、不同手型的 1000 个人进行调查和试验，通过数据进行改进，把耳朵做成了可以随时拎起来的小把手。

服务极致

能够体现差异化的因素简单地讲包含 3 点，即产品差异化、价格差异化、服务差异化。

在产品同质化严重的环境下，如果仅仅通过产品来提升差异化，效果明显不会太好，除非有资深领先行业的技术人员，而这种人才大部分为行业领先企业所用。价格差异化也已经落伍，并且通过价格战方式也很难获得用户的持续认可。唯有通过服务差异化能够在互联网行业发展得更远，海底捞、三只松鼠这样的极致服务企业是值得我们学习的。当然，一定要根据自己的行业、产品、用户来确定服务差异化的点，笔者服务过一家用薏米做早餐冲泡的企业，在包装袋中多放一个小勺，方便冲泡时使用，这就是和同行的服务差异化。服务极致追求细节，每一个点都要让用户超出他的想象。

9. 简约思维

简约不是简单

化繁为简，化简为专。产品简约和平台简约两条路并行，1997 年苹果公司接近破产，砍掉 70%的生产线后重点研发 4 款产品，通过简约产品线方式主推核心产品。当然，苹果手机从设计到使用也是简约到极致。平台简约到专注，企业无论是自建平台还是营销平台，一定要专注几个重点，或者专注几种方式、方法。大而全除了分散注意力，还会导致各个平台变成“鸡肋”。笔者接触宝宝树 APP 时发现，几乎关于怀孕和宝宝的问题，在百度搜索都有宝宝树的回答，通过问答平台把用户吸引到自己的 APP 上，所以专注一个方式、方法也很重要。

美

产品设计方面要做“减法”，外观简洁、功能简化。2016 年小米推出电饭煲，外形设计为纯白色，简约大气（图 1-4）。当然，平台简约也是美，互联网运营不是把产品和服务全部都告诉用户才最好，要抓住用户的需求点，根据用户需求来推送。

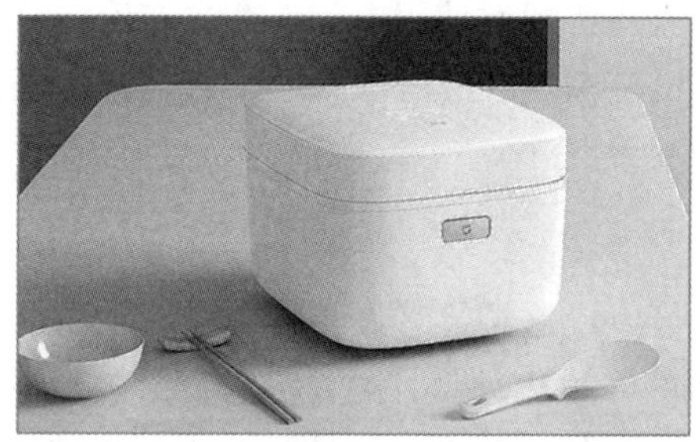

图 1-4

1.4.2.2 移动互联网 5F 营销理论

1. First——第一思维

在竞争越来越激烈的移动互联网时代，我们要勇于做第一个吃螃蟹的人，要有大胆的思路创意加移动营销平台，因为大家只对第一印象最深刻。笔者讲课的老搭档陈晖老师，在讲课时经常会举一个案例，第一高峰是珠穆朗玛峰，第二高峰呢？是乔戈里峰！现场很少有人知道，那么第三、第四高峰知道的就更少了。同样，在移动互联网以 H5 平台举例，一炮而红的案例当属腾讯《全民突击》的广告，瞬间刷爆朋友圈（图 1-5）。

图 1-5

2. Fans——粉丝思维

不同于互联网思维的用户思维，移动互联网粉丝思维重在经营，引流用户是基础，经营用户才是王道。PC 平台吸收用户大部分是为了数据，是和大数据思维搭配运营，移动平台有天然的互动优势，翻倍增加用户的黏性。小米论坛的成功有一定原因是在早几年，大家还都习惯使用电脑，喜欢泡论坛时，就抓住了程序员这些精准人群，现在通过移动互联网，最简单的操作方式就是以社群为依托，微信群为载体，建立属于自己的企业圈子。

3. Focus——焦点思维

聚焦聚焦再聚焦，可以说这是笔者做移动互联网运营时讲得最多的一句话。找到符合移动互联网传播的人格化品牌，通过品牌确定自己的一款单品，选择分销、社群等方式进行单品宣传销售，确定并抓住受众人群，选择适合的 APP 开始落地操作（图 1-6）。

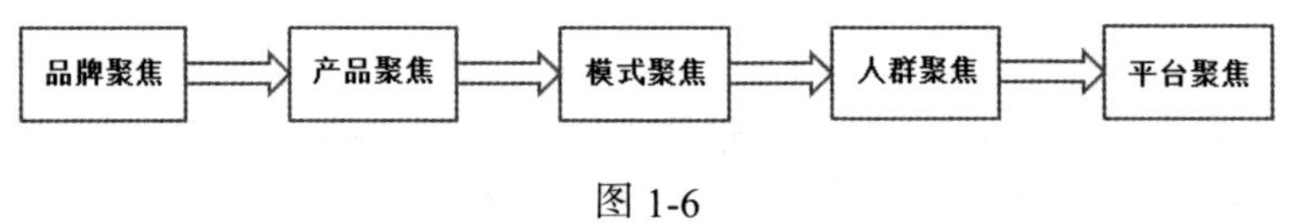

图 1-6

4. Fast——快一步思维

提到快一步思维不得不提到一句话，2012 年 12 月 11 日，马云、王健林在中国企业家内部主题沙龙的讲话内容。马云认为传统零售行业和电商的战争，“说难听点，就像在机枪面前，太极拳、少林拳是没有区别的，一枪把你崩了。”面对现在移动互联网更应该注重速度，不仅要加快自身产品迭代的速度，更应该加快产业链发展的速度。用户对平台和产品都会产生疲惫期，一定要在用户最活跃的时期不断地注入新东西。

5. Fragment——碎片化思维

用户开始在碎片化的时间接收企业推送的信息，然后考核企业有没有把这个思维落地。最简单的一点，就是看企业微信公众平台是否发送大篇幅文章，我们知道，当用户在坐车或者逛街等这种碎片化的时间里时，几乎是没有很长的时间来观看这样的文章的。还有就是为什么现在小视频这么火，因为 130 分钟的电影在碎片化的时间里用户都不会观看。当然，作为用户的我们，虽然现在移动互联网平台大大提升获取信息量级，也要在获取碎片化内容的时候完善自己整体的知识体系，千万不要“断章取义”。

1.4.3 商业模式设计

1.4.3.1 打开销路4种模式

1. 长尾模式

企业去中心化，形成类平台形式经营，使销售扁平化，让产品可以卖给更多的客户。传统渠道中获取小客户需要更多的成本，互联网为企业提供了一个低成本接触最大数量潜在客户的可能性。在物流相对发达、崇尚社会资源共享的今天，部分产品的服务也不再成为障碍。

2. 众包模式

顾名思义，互联网的发展使我们告别之前的“单打独斗”，适合资源互补型合作，让更多的人参与到企业问题的解决过程当中。互联网的出现，使远程资源合作成为可能，社会闲置资源可以通过互联网的方式得到充分发挥，问题解决的过程本身也是企业产品营销的过程。

3. 体验模式

结合互联网思维和移动互联网5F理论，让用户和企业本身共同经营产品和未来，重视客户的参与、感受和体验，部分产品难以仅通过线上销售，需要提供更加贴近用户的体验流程。因此需要通过线上线下结合的方式为用户提供体验的机会。

4. 定制模式

为用户提供定制化的产品生产和体验将成为趋势，大数据可以为用户需求研究奠定良好的基础。互联网工具使需求和信息传递的效率更高。

1.4.3.2 不同产业链模式布局

1. 产品模式

产品模式即企业就是生产或销售产品的，想通过全网卖得更好，或者想打造全网爆款。

1）对于工业品、原材料或大件耐用消费品

（1）笔者认为并不适合直接开展电商运作，应更多围绕品牌影响力→有选择的平台建设（品牌营销型网站）→有选择地进行全网推广（视频、新闻、SEM）入手（包括外贸营销），简单一些，不要过于复杂。

（2）对于有实力的企业，则可以考虑规划行业垂直电商平台或大宗商品交易平台模式（平台运营模式）。

2）对于消费品（尤其快消品）或易耗品

（1）思考原有产品是否符合互联网特质，是否能打造电商爆款，包括品名、符号、价格、包装等。分析目前该品类的电商销售状况和趋势。

（2）思考原有产品的渠道，即经销商体系，是否会导致线上电商和线下渠道的冲突，如何避免冲突。基本上有两个方法，一个方法是单独打造一款或一个系列的互联网品牌产品，直接去渠道化；另一个是构建全网渠道的 O2O 模式，即线上引流分单，线下在经销商或门店完成销售和服务。

（3）经过前两点的探讨，基本上有 3 个解决方案思路，第一个方案是单独打造互联网品牌，去渠道，电商直营；第二个方案是对于弱门店或弱渠道产品，可以在原有产品的基础上按照电商需求升级改造；第三个方案是对于强门店和强渠道产品，可以构建基于渠道和门店的 O2O 体系。

对于全网品牌，顶层设计的确定无论是原有产品的互联网升级，还是打造互联网新品牌，都要进入基于全网的品牌策创，包括定位，即功能定位、价值定位、受众定位、市场定位等；品名，即脑暴展开，采用众包模式的分散式众包方案，群策群力解决问题；VI 系统，即重点包含标志图形设计及创意说明、中文标准字体、英文标准字体、公司中英文全程标准字、标准色、辅助色、名片设计（中式）、资料袋（大、中、小）、合同书封面、企划书封面、公司简介商标风格、产品简介商标风格、促销 DM 商标风格、产品说明书商标风格、海报商标风格等；超级符号，即视觉和听觉上的品牌符号系统；产品价格策略（要符合电商运营）；产品包装策略（要注意物流成本）；电商平台、推广、运营、渠道 O2O 等。

2. 服务模式

服务模式即企业就是提供某类服务的，如家政美业、金融医疗、法律等，想通过全网更好地推广，并打造 O2O 服务模式。当然也包含服务兼做产品。

1）对于工程类服务、工业类服务等

更多围绕品牌影响力→有选择的平台建设（品牌营销型网站）→有选择的全网推广（视频、新闻、SEM）入手，简单一些，不要过于复杂。对于有实力的企业，则可以考虑规划行业垂直电商平台或 O2O 平台模式。

2）对于家政美业、金融医疗、法律等

（1）就是想通过全网营销，带来更多客源的，对此重点从平台建设→全网推广（侧重搜索引擎营销、微信微博等社媒营销）等展开。

（2）想打造 O2O 服务模式的，则按照顶层设计（商业模式和盈利模式选择）→品牌策创（移动应用名称、域名、符号、VI 系统等）→平台建设（主要是移动端平台，APPS、微信微商城）→O2O 系统（门店模式或上门模式）→全网推广（重点在社媒营销）→地推运营（地面推广和线上运营）→组织架构→资本路径。

其中一个重点是，好的组织架构是决定企业全网商业模式布局成败的因素之一。

公司架构，即是否单独设立电子商务公司或信息技术公司，税收政策优惠等；是否设立 VIE 架构；团队架构，即要开展全网、电商和 O2O 运营的基本团队人员配置；机制架构，即扁平化、内创业家模式、阿米巴模式（人人都是经营者）、项目股份制和股票池计划等；外包架构，即相信专业、规避短板，让专业人干专业事；在外包过程中，逐步培育和建设自主团队。

3. 平台模式

平台模式即企业想针对本行业或进入某个行业，构建第三方电商或 O2O 平台，包括大宗商品交易平台、开展平台和生态圈运营。

（1）行业分析和企业优势分析，确认平台模式的可行性。

（2）梳理确定平台商业模式：B2B、B2C、B2B2C、C2B、O2O；大宗商品交易平台；“资讯+数据+交易+金融+物流”。

（3）梳理确定平台盈利模式：会员费、广告费、搜索竞价费、交易佣金费、订单贷款和供应链贷款利息或佣金、仓储合作费、物流合作费、仓单交易手续费或佣金费。

（4）资本价值分析（创业板、中小板的表现、高市盈率、证监会对于电商和互联网企业的政策支持等）。

1.4.4 互联网顶层设计系统

1.4.4.1 全系统架构搭建

大数据时代下企业全系统管理图谱（图 1-7）。

1. 品牌

目标：建立品牌竞争力。

计划包含：品牌规划、品牌实施计划、品牌维护计划。

管理包含：品牌管理、品牌维护、品牌策略改进。

大数据系统：品牌/舆情数据、品牌数据分析、品牌策略改进。

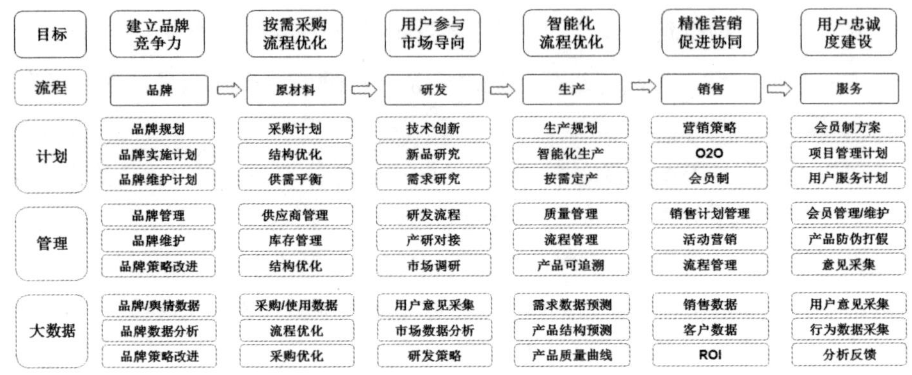

图 1-7

2. 原材料

目标：按需采购流程优化。

计划包含：采购计划、结构优化、供需平衡。

管理包含：供应商管理、库存管理、结构优化。

大数据系统：采购/使用数据、流程优化、采购优化。

3. 研发

目标：用户参与市场导向。

计划包含：技术创新、新品研究、需求研究。

管理包含：研发流程、产（品）研（发）对接、市场调研。

大数据系统：用户意见采集、市场数据分析、研发策略。

4. 生产

目标：智能化和流程优化。

计划包含：生产规划、智能化生产、按需定产。

管理包含：质量管理、流程管理、产品可追溯（系统管理）。

大数据系统：需求数据预测、产品结构预测、产品质量曲线。

5. 销售

目标：精准营销促进协同。

计划包含：营销策略、O2O（模式）、会员制（策略）。

管理包含：销售计划管理、活动营销（事件营销）、流程管理。

大数据系统：销售数据、客户数据、ROI（投入产出比）。

6. 服务

目标：用户忠诚度建设。

计划包含：会员制方案、项目管理计划、用户服务计划。

管理包含：会员管理/维护、产品防伪打假、意见采集。

大数据系统：用户意见采集、行为数据采集、分析反馈。

全网系统平台建设（图 1-8）。

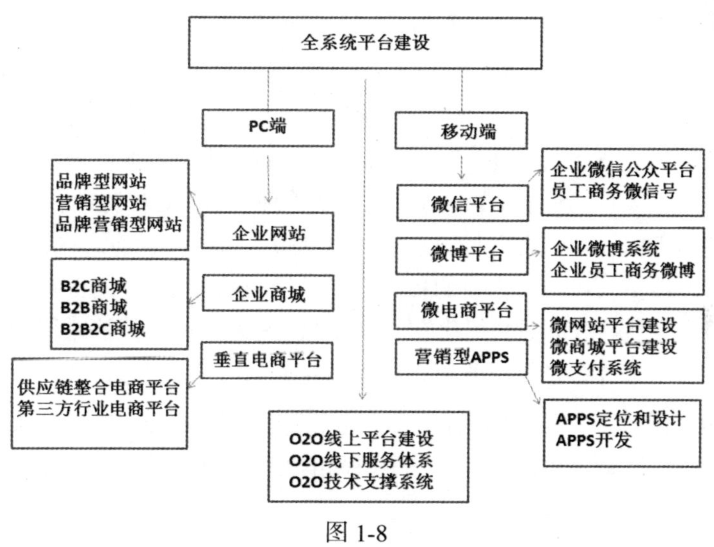

图 1-8

1. PC端（平台）

企业网站可分为品牌型网站、营销型网站、品牌营销型网站；企业商城可分为 B2C 商城、B2B 商城、B2B2C 商城；垂直电商平台可分为供应链整合电商平台、第三方行业电商平台。

2. 移动端（平台）

微信平台可分为企业微信公众平台（订阅号、服务号、企业号）、员工商务微信号；微博平台可分为企业微博系统（官方微博、品牌微博、产品微博、行业微博）、企业员工商务微博（每人可多个）；微电商平台可分为微网站平台建设（单独开发移动网站平台、微信二次开发网站平台)、微商城平台建设、微支付系统；营销型APPS 可分为 APPS 定位和设计（单一品牌定位策略、全品牌定位策略)、APPS 开发（iOS、Android、Windows Phone)。

3. O2O 营销平台

O2O 线上平台建设（官方网站、APP 等)、O2O 线下服务体系、O2O 技术支撑体系。

4. 技术和数据支撑系统

CRM：客户关系管理系统。企业为提高核心竞争力，利用相应的信息技术以及互联网技术来协调企业与顾客间，在销售、营销和服务上的交互，从而提升其管理方式，向客户提供创新式的个性化的客户交互和服务的过程。其最终目标是吸引新客户、保留老客户，以及将已有客户转换为忠实客户，从而增加市场份额。

ERP：企业资源计划，即 ERP（Enterprise Resource Planning），由美国 Gartner Group 公司于 1990 年提出。企业资源计划是 MRP II（企业制造资源计划）下一代的制造业系统和资源计划软件。除了 MRP II 已有的生产资源计划、制造、财务、销售、采购等功能外，还有质量管理、实验室管理、业务流程管理、产品数据管理、存货、分销与运输管理、人力资源管理和定期报告系统。目前，在我国 ERP 所代表的含义已经被扩大，用于企业的各类软件已经被纳入 ERP 的范畴。它跳出了传统企业边界，从供应链范围去优化企业的资源，是基于网络经济时代的新一代信息系统。它主要用于改善企业业务流程以提高企业核心竞争力。

BI：**BI**（Business Intelligence）即商务智能，它是一套完整的解决方案，用来将企业中现有的数据有效地进行整合，快速准确地提供报表并提出决策依据，帮助企业做出明智的业务经营决策。

MRP：**MRP**（Marketing Resource Plan，营销资源计划），是以市场营销为核心的，以全网化、系统化、集约化为管理思想，整合企业各个传播、营销、销售渠道和客户数据，建立其内在数据中心，为企业营销决策和营销执行提供技术支持的一套信息管理平台。相对于企业 ERP 系统以优化生产环节资源利用效率的“节流”特征，MRP 系统则主要以营销为导向，以大数据挖掘为基础，更多的是以“开源”为方向指导的综合系统。

全网推广系统（图 1-9)。

按照战略层次划分推广可分为网络营销、移动营销、事件营销、借势营销等；按照战术层次划分推广可分为搜索引擎营销、主流门户品牌推广、视频营销、精准推广、论坛、贴吧（营销）、博客营销、APP 营销、微信营销、微博营销等。

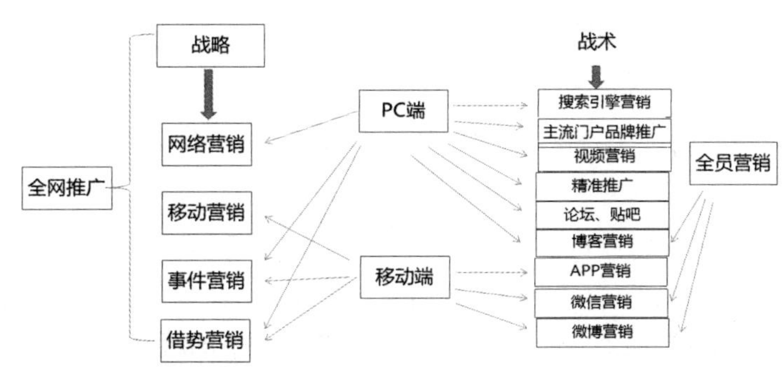

图 1-9

案例：笔者在国联全网任职期间，为美佳妮公司做的初步全系统搭建。

1. 企业简介

美佳妮公司成立于 2012 年 3 月 28 日，总投资人民币捌仟万元，现已纳入 2013 年衡阳市重点招商引资项目。占地面积约 20 亩，即将毗邻扩建厂房。建有现代化高标准正规厂房、宿舍及综合办公楼，总建筑面积约 11300 平方米，环境优美，生产和销售婴儿纸尿裤、卫生巾、护垫、一次性口罩及生活用纸等系列产品，已经通过国家商标局申请注册。有森林风、威威虎、柔姬、斯意婷等品牌。引进最先进的全伺服生产设备和高科技术，以一线产品品牌的质量和新颖的包装定位，以明星广告与超市物料广告相结合的方式来促进产品销售，国内销售以湖南为“大本营”，稳定基础后再逐步向省外延伸销售线路；国外销售以法人名下东莞拓鑫公司已建立起来的外贸客商为资源。

2. 企业现状分析

（1）企业核心产品体系及竞争力分析。

1）森林风卷纸和抽纸系列。

2）柔姬抽纸系列等。

3）威威虎儿童纸尿裤。

4）青橙之恋湿纸巾系列。

以上 4 个系列产品质量高端，定价为中低端。

（2）核心定位分析。

1）企业定位：美满、舒适、和谐生活的倡导者。

2）品牌定位：生活纸用品专家。

3）产品定位：高中端产品。

4）用户定位：湖南湘西县级市广大消费者。

5）目标市场定位：以湘西 4 个县级市为核心，逐步推进西南、中原、华北等地区。

（3）销售通路模式分析：代理和直销。

（4）营销策略现状分析：计划借助明星效应以及传统的电视广告，打造美佳妮在湖南地区的品牌，地面人联网也正在铺盖，目前最缺少的就是互联网的传播推广。

3. 企业问题汇总

（1）企业拟开展的揭牌仪式是一次传统的品牌启动和推广的方式，空间和时间传播效果有限，如何能够利用互联网媒体加以快速传播，并使得本次揭牌仪式的品牌宣传效果最大化，是最根本的问题。

（2）搜索品牌产品词语找不到网站，做了品牌推广后，老客户和新客户找不到企业自己的网站，也是企业的“硬伤”。

（3）企业如何让老客户搜索“美佳妮卫生用品”找到网站，如何让潜在客户搜索“卫生用品代理”找到企业网站，成为关系企业效益的迫切问题。

（4）企业品牌不具备网络知名度、美誉度和口碑。

（5）没有进行互联网平台整合资源，没有开发移动用户。

（6）明星代言效果的溢出化、影响的延续化、辐射面，都需要通过互联网的传播方式加以迅速扩大。

根据上述介绍，对湖南美佳妮全网营销实施综述及建议分为平台和推广两个方面。在平台方面的 PC 端，要建设品牌营销型网站，彻底解决“死网站”，光投入无产出的问题。

在平台方面的移动端，要建设手机移动站，在手机端增加网站访问入口，使用户更方便地了解企业，并可以和微信、微博等对接，以及可以用二维码扫描直接访问网站。

在推广方面的 PC 端，第一要搜索引擎优化，分析美佳妮关键词，提高搜索引擎搜录及关键词排名，目的是在搜索引擎输入美佳妮企业名称、简称、产品名称等精准关键词时，都可以找到美佳妮，并在百度相关产品百科、问答、文库等有针对性地推广；第二要采取新闻营销的方式，利用互联网媒体来加强美佳妮在各大媒体的曝光度，提升广大消费者对美佳妮的信任度；第三要采取视频宣传的方式，让消费者等能够深入地了解企业文化和理念，营造良好的销售环境，并拓展消费者的自觉传播效应；第四要在新华网专题推广，加强市场对美佳妮公信力塑造，并且可以在任意推广平台链接增强企业美誉度。

在推广方面的移动端，第一要采取微博营销的方式，加强与消费者的互动，宣传企业形象和品牌传播，并收集反馈信息；第二要采取微信营销的方式，加强与消费者的互动，通过流程体验和分享来增强用户忠诚度和口碑传播，并且可以直接促进销售，同时微信也是最好的 CRM 系统。

1.4.4.2 全员营销不可或缺的十大策略

1. 市场分析

B2C 模式全民消费品类企业，对于市场分析主要集中在产品销售部分，可以直接通过员工实现销售产品。大型平台类企业同样也可以按照这个思路，例如京东集团，全部员工都可以分享京东平台优惠活动给身边的朋友，这也是潜在的全员营销；B2B 模式传统企业，大部分销售重型机械和工业产品，受众人群很少，此类企业根据市场因素，可以利用微信平台为企业积累用户，非销售部分员工合理安排时间来帮助企业为数据库引流。

2. 调整思维意识

通过市场分析确定企业开展全员营销方式，同时要对员工进行思维意识培养，多数基层员工都是认为做好本职工作就可以了，尤其是传统公司工厂的工人，这时要首先对他们进行思维转化培训，鼓励大家接触新鲜事情，调动员工积极性。

3. 强化企业理念

把全员营销思维融入到企业经营理念中，会对后期员工真正落地实操有很大帮助。当然，这种情况更适合初期创业的公司或者互联网公司，传统企业经营规模越大，越不容易改变企业理念和融入更新的企业文化。

4. 确定完善战略

企业在设定全员营销战略时一定要明白，真正的全员营销不是所有的员工都负责营销。例如某公司的一位高管和其他高管们商量决定，除了保留财务部，其他部门全面设计营销，并且下调员工工资，最后导致员工纷纷离职，才重新修改经营战略。

5. 制定操作体系

没有完善的体系，就不要妄想员工能够真正付出精力投入，其他部门员工都是在完成本职工作以后利用休息时间帮助企业增加效益，所以要明确告知员工可以获得直接权益。例如达到某销售业绩额度，或者完成某微信精准数据量，给予期权和固定奖金等。

6. 培训管理

全员营销重点在内营销，先治内再对外，内营销培训不仅是对员工思维层的巩固提升，还是方法论更实际的表现。2013 年笔者在国联资源网任职期间，网络营销服务项目和全网营销培训项目都先做内营销，对员工进行统一培训，并且手把手地教会操作方法。

7. 树立标杆

在员工中要慢慢树立起标杆，这也是激励其他员工最直接的表现形式，无论是在收入方面还是职位方面。只要有一两个能够在不同岗位表现突出的，在内营销时进行大量宣传，此时会比政策体系和收益更加让其他员工动心。

8. 利益分配

综合自身产品和情况做好利益分配，也就是在整个体系中规划出详细的执行方案，例如一款产品的售价是 100 元，公司员工可以享受 9.5 折价钱售出，并且在其中还会有 0.5 折返利，根据成本，调整不同比例。企业一定要按照上述内容详细地做好利益分配信息，不要口说无凭。

9. 非标服务

在国联资源网任职期间，笔者负责课程版块，许多非课程营销员工对开课信息不懂，笔者就单独设置一名人员为课程做保障，如果公司员工要咨询课程信息，都只对接这一个人，并针对不同问题针对性回答，因为本身产品和服务是非标类，需要及时专业的解答服务。

10. 日常监测管理

制定销售体系收益可观，会造成部分员工在本职工作时间做其他事情，这不是企业全员营销想得到的效果，此现象也大多出现在中大型公司。日常监测管理在统计全员营销情况的同时，还要对平时工作时间和工作内容进行监督。

第 2 章

网络营销全体系运营

2.1 B2B 模式类平台运营

2.1.1 官方网站建设策略

官方网站以品牌型网站、营销型网站、电商型网站、服务型网站这 4 大类进行分析。

1. 品牌型网站

无论企业大小，都应该有属于自己的品牌型网站，这是企业的门面工程，盈利面、销售面都没在这，但是这个网站是要有的。而且能起到的作用就是增加品牌认知度，也不用过度优化，无所谓追求高访问量，对于现在的互联网环境，它更像是“想当年”那种互联网“江湖风情”。

如果提到腾讯，你会想到什么？QQ？微信？游戏？那么我们来看一下腾讯官网（图 2-1，http://www.tencent.com/），这就是典型的品牌型网站。

图 2-1

微软中国（图 2-2，http://www.microsoft.com/），笔者个人特别喜欢它的整体布局，笔者认为它是欧美网站风格的代表。微软的软件和硬件服务，相信大家在官网上面使用得应该不多，也是典型的品牌型网站，而不同于腾讯官网的是，它加了在线购买功能。有人说是品牌营销型网站，笔者不同意这个观点，笔者认为品牌就是品牌，营销就是营销，品牌塑造的时候自然提升销量，营销产品的同时也是塑造品牌的过程。因为微软有庞大的用户基数，可以利用品牌去支撑销售，所以品牌型网站开发电商功能的性价比不高。

图 2-2

2. 营销型网站

如果网站在搜索引擎上面没有排名，那么网站的价值实际也没有那么高，营销型网站最大的特点就是企业品牌关键词，产品关键词搜索的时候都要有排名。所以营销型网站重点也是在搜索引擎排名上，除了付费竞价广告以外，最重要的还是 SEO，免费的优化排名。那么就需要网站不仅要做好内部优化，还要有专业的外部推广。一个专业的营销型网站一定要经历 3 个过程。

（1）板块图

把公司要发布到网上的内容进行归类，整理出 10 个以内的板块，构成网站基础框架。

1）板块图制作

公司最高领导应该直接参与的重要环节，按照企业现状进行高度分类，主要核心是围绕产品，可以按照产品大类和主打产品作为类别。通常是产品一大类和两三款主打产品专题。主打产品主要是市场热销产品和库存产品，以依托品牌知名度销售和清理库存为目的。一般分类主要是公司首页、产品中心、专题产品、案例中心、关于我们、人才招聘等作为主打分类，以全球领先智能玩具运营企业飞猪侠为例，板块分类是网站首页、儿童故事、产品中心、资料下载、广招贤才、创客中心、联系我们等分类。主打产品除了儿童智能早教机器人以外，还有内容运营，那么儿童故事和创客中心就是另一类的主打项目。

2）原型图

表层空白直观图，用 Axure 制作最佳，不仅可以看到网站整体布局，还能梳理网站的逻辑顺序，以用户的角度对整个网站进行一次访问，最重要的是要做好 SEO

站内部署。

Axure 是首选（图 2-3），保存格式为.rp，操作简单明了，没有使用过该软件也不必担心。Axure 的优势是不仅能够清晰地表现网站的各级页面，更能帮助浏览者查看网站的逻辑顺序，做到从首页到子页面无缝链接。

图 2-3

3）效果图

往往和企业的定位相关，色调的搭配要符合企业的形象和 LOGO 定义，不应该只单独考虑网站本身的色调搭配。

（2）开发

开发分为前台页面和后台程序两个环节，前台页面除了要完成效果图的任务，还要把原型图里面的 SEO 部署做精确。

（3）测试

在正常的营销型网站搭建流程里，测试是不可缺少的一部分，往往这个环节最能体现出网站是否套用模板。如果使用模板或者源码制作，几乎不用测试或者测试很少的部分。因为都是成型的东西直接拿来用，全部自主开发的网站免不了有的地方会出现问题，所以一定要做好测试。测试又分为两部分，一部分是功能页面和逻辑流程测试；另一部分是对 SEO 关键词是否部署正确进行测试。

3. 电商型网站

在营销型网站基础上加在线交易功能，即为电商型网站。“中小微”企业在搭建电商型网站时可以选择两种方式，一种是企业自己开发搭建，并增加交易系统。或者是使用 CMS（Content Management System 的缩写，即“内容管理系统”。内容管理系统是企业信息化建设和电子政务的新宠，也是一个相对较新的市场。对于内容管理，业界还没有一个统一的定义，不同的机构有不同的理解。）平台；另一种是零成本过程。在每个产品页面增加按钮功能，然后将页面跳转到淘宝店铺页面，用户可以在淘宝上使用支付系统进行支付。这种方式要注意的是，一定是在产品详情页面放置调整按钮，否则在用户还没有形成购买意向时，即使跳转也没有意义。还需要根据不同产品所对应的价格和介绍，单独设置跳转到不同的支付页面。

4. 服务型网站

典型服务型网站是快递行业查询系统，用户产生硬性需求以后通过网站进行操作。企业服务型网站选择性搭建，如果需要有针对用户非标服务和定制服务，可以除了让网站有功能性板块，也可以选择使用类似品牌型网站的页面布局。

2.1.1.1　营销型网站建设五步法

企业无论做什么平台，都要以用户体验为中心，以用户数据收集为目的。

营销型网站，从用户体验的角度来讲，原型图的制作最为关键，每个制作人员和企业本身的员工，在参与过程中都要以用户的角度来决定。那么如果要高效获取用户信息，应该掌握这“五步法”。

第一步：找到你

我国的网站有成千上万个，如何让用户能够快速、顺利、便捷地找到我们，这是第一个我们要思考的问题。这里有个最简单的办法，就是聚焦，只有把我们的网站从大类逐步分解到小类，最后聚焦到某一个点时，我们才能获取真正的精准用户，并且高转化的和我们达成转化意向。

聚焦的核心我们应该通过用户行为来体现，营销型网站的行为体现大家应该都知道——通过关键词。这是目前唯一的，同时也是最高效的方式。

在 2013 年时有一位企业家和笔者聊互联网，他的核心产品主要是发电机，因为企业的品牌在上下游行业并不知名，所以如何能够让客户找到他的产品就成了最大的问题，当时除了以朋友介绍和老客户为主，互联网几乎是一片空白，当然要做就要从官方网站入手。

晚上十点在百度搜索“发电机”，在网页的“第一屏”几乎全部是百度付费推广展示的企业（图 2-4）。想要在“发电机”这个关键词上让客户找到自己的产品不是件容易的事情。大力度投入资金是目前展示的一个渠道，但是对于中小企业就显得比较尴尬，大力度的资金投入显然不现实，那么就需要找到免费便捷的方式来做。这就要提到聚焦，把关键词聚焦到能够达到投入的点。

图 2-4

聚焦到关键词，按照产品划分，先定位好自己的核心产品，然后去营销推广。这样做不仅能够降低付费推广费用，免费搜索引擎优化首页排名的概率还会增加，而且还能提高客户的精准度，保证更高的转化率。发电机的下级分类词，“柴油发电机”的百度表现（图 2-5）。

图 2-5

如果再聚焦，把区域划分出来（图 2-6），优势会越来越明显，但是会有一种相对的劣势，就是搜索人数会降低，整个搜索流量量级会变很小。显然，这样的客户精准度更高，和没有聚焦时搜索的“发电机”存在相同点，就是企业做百度付费推广的数量相差不多，但是实际推广费用和最后实际转化是截然不同的。

图 2-6

总结：选择自己企业面对客户的单渠道延伸，把大行业范围缩小至一条线，通过自己的核心产品的主线，一端连向客户，一端连到网站精准定位。

第二步：了解你

这一步需要几个环节扣在一起，达到让客户真正了解我们的目的。做营销型网站，需要抓住那些在线下和其他渠道不知道我们的客户，让他们产生购买需求。当在搜索引擎里搜索时找到我们的客户，把能展现给客户的内容和信息都展现出来，以产品为中心，品牌宣传为辅助点。

视觉效果很重要。客户的第一眼，或者说是第一印象很重要。这个环节主要考验制作营销型网站时的原型图布局和效果图色调。效果图色调的主流分为两类，一类是酷炫的黑灰色布局（图 2-7）；另一类是最常见的蓝色调布局（图 2-8）。

总结：没有让客户清晰地找到他想要的信息，那么客户打开网站的前 5 秒就会关闭网站，返回到搜索引擎页面继续寻找其他厂家的网站。这样经历过几次打开网站浏览对比后，客户会选择有意向的企业。同质化严重的网站布局和色调，使同品类展示不一样的竞争对手会脱颖而出，造成流失客户。

FREEGiNE ART
INFORMATION
PROGRAM
COMMUNITY
PLANNING INFO
SERVICE CENTER
the Harmony of
Tradition and
Modernity
Corporate Citizenship
What's New
Weekly Program
Cyber Tour

图 2-7

首页
HOME
关于我们
ABOUT US
产品中心
PRODUCTS
新闻中心
NEWS
服务体系典范工程
MODEL PROJECT
下载中心
DOWNLOAD
内部论坛
FORUM
加捷智能科技
JIAJIN SMART TECHNOLOGY
创造和谐社会
CREATE A HARMONIOUS SOCIETY
红外防水夜视摄像机
TA-345623
最新产品 NEW PRODUCTS
夜视摄影机
SC-PAN470IR
关于我们
ABOUTUS
推荐产品 RECOMMENDED
新闻中心 NEWS
新产品助推广东安博会
2008-08-08
NEWS
客服中心 SUPPORT CENTER

图 2-8

第三步：信任你

用户在浏览网站的过程中，让用户在不知不觉中对我们产生信任感。这个和生活中认识朋友是一样的，从外形衣着打扮到平时接触的事情，才能让人慢慢产生信任感。营销型网站在体现被信任感的同时要融入到产品或者基础信息里。例如产品细节图和细节描述。在自己建设的官方网站上，产品详情页多数是没有细节图和描述的（图 2-9），而往往在电商平台上，这两点却是“标配”。

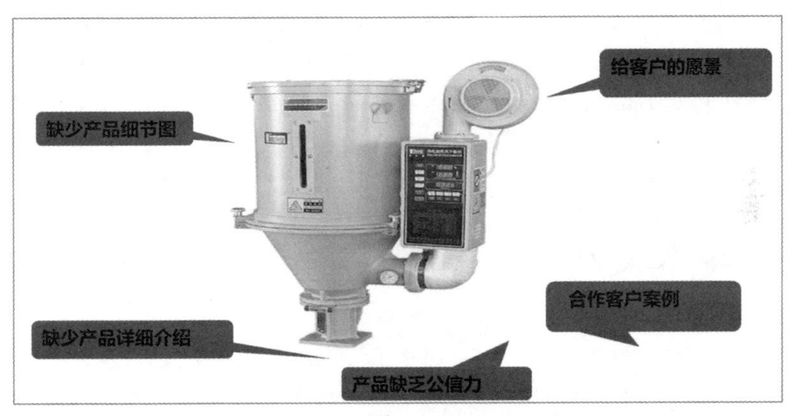

图 2-9

很普通的产品介绍，一定要让用户在查看信息的时候产生信任感。当然，如果把产品介绍配上感性语言，效果会更好（图 2-10）。

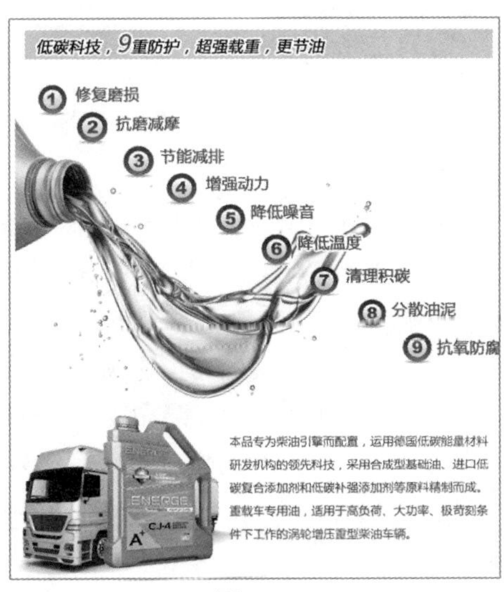

图 2-10

第四步：联系你

这一步是企业最容易忽视的细节，网站全部都搭建好，但是唯独缺少联系方式，通过产品关键词引流进来的用户，如果想要更深层次合作，都找不到企业负责人，这就是很严重的问题。联系方式目前主要分两种：一种是通过页面展示的电话信息，用户访问网站的同时可以拨打企业电话进行深度咨询；另一种是QQ在线沟通功能，用户可以根据提示选择负责用户咨询的专业人员。两种方式面对人群是完全不一样的，选择电话沟通的用户除了急需了解产品以外，大部分用户相对年龄会大一些，他们习惯通过电话沟通。而现在的年轻人，还是很多人喜欢通过聊天的方式进行沟通的。这时我们就不是根据自身产品区设定选择放哪个了，而是两种方式都要放到首页，方便用户自主选择，这样会大大提升用户的转化率。国联全网平台用户联系渠道（图2-11、图2-12、图2-13）。

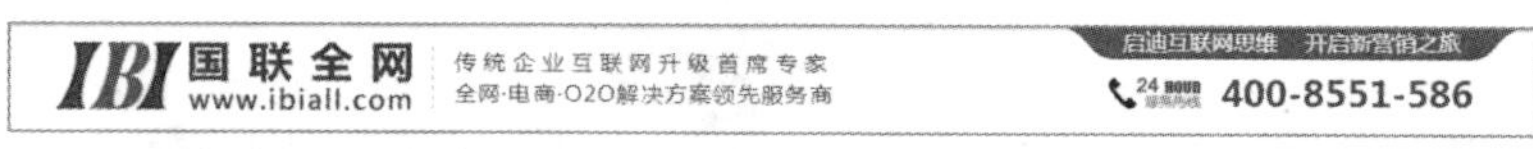

图2-11

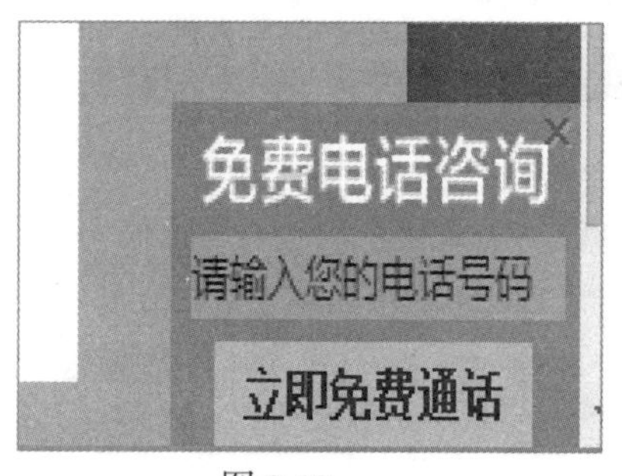

图2-12

图2-13

第五步：成交+分享

这种成交不是指必须要在平台进行金钱交易，对于B2B类企业来说，如果用户能够把真实的信息主动提交到系统中，或者主动联系公司客服人员，这都算是网站成交。证明网站已经把陌生用户引流到平台上，并且通过平台体现了出来，成功为数据库带来了精准的数据。如果想要实现真正的成交，需要企业销售人员对用户进行深度跟踪，采用回访等方式和用户沟通，并在线下实现交易过程。如果是配件类产品可以直接在线上交易，那么把成交的概念表现得就会更加准确。

在用户成交以后，网站平台都要设置分享环节，无论是用户在支付完成的页面，还是用户在线沟通的页面，都要提前把分享功能设置好。用户可以通过微博、微信、短信、SNS平台、QQ空间等方式分享给自己的朋友。在引导分享页面中还要设置引导语，例如“把产品信息分享到朋友圈，即可领取优惠券”等。在让用户感觉优惠的前提下，又能促使用户二次消费。

2.1.1.2　网站建设实施办法及原则

1. 技术方案设计原则

（1）一致性原则

符合公司行业的 CI/VI 要求；网站以大气、大方、简洁为主题，风格一致、统一。

（2）实用性原则

在需求分析的基础上设计系统，确保系统满足需求；设计简单、方便、友好的用户界面，使用户易理解、易学、易操作，保证系统发挥应有的功效；充分考虑已有资源（软硬件设备及数据）的合理利用与现有系统的兼容性，最大限度地保护现有设备的投资；实现在系统操作上的一贯性；设计时考虑好新旧网站的平稳过渡问题，避免出现不必要的浪费。

（3）先进性原则

系统构造采用先进的体系结构的 Internet 的 B/S 架构，简化客户端的支持工作；系统实现采用先进的数据库技术、网络技术、Internet 技术等。

（4）可行性原则

采用的先进技术应是成熟的，经过实践证明是成功的技术；设计的方案要科学、正确、严谨，且现实可行。

（5）开放可扩充性原则

系统设计要采用结构化和模块化的设计方法，使系统逻辑结构清晰、易读，在功能的划分和设计时，使各个模块尽可能地相对独立、减少相关性，以易于扩充、维护和修改；在设计时要考虑到业务未来发展的需求，同时考虑网站建设的阶段性，要尽可能地设计得简明。各个功能模块间的耦合度小，便于系统的扩展，平滑地与其他应用系统自动接口。

（6）安全性原则

建立完善的授权机制，主要为不同的用户提供合适的访问权限，使其不越权使用；保证系统操作的可记录性，以便对操作行为进行监督。

（7）易用性原则

网站设计制作使用的技术，不对浏览者使用的浏览器有特殊的要求；网站要方便个人和企业的使用；访客可以随意进行页面的跳转和浏览；网络管理或维护人员的工作要做到自动化处理。

（8）高效性原则

网站页面的设计简洁、美观，尽可能地提高浏览速度，突出主要信息；导航系统在层次清晰的同时，方便浏览者对相关信息和服务进行浏览访问。

（9）可移植性、可延续性原则

采用的开发技术不仅满足现在的应用需求，而且要适应未来的发展趋势，这样以后的升级、移植工作会很方便。

2. 平台基础规划

（1）域名：购买与平台名称相符的域名。

（2）平台系统划分：平台系统分为两部分，一部分是平台展现系统；另一部分是后台管理系统。对应用户分为两种，一种是外部用户，即网站访问者；另一种是总公司和分公司系统管理员（各部门管理员权限放宽）。

（3）平台版本：平台所使用的语言为简体中文（1 个语言）版本。

（4）开发环境：基于 Windows 2003 操作系统平台的设计，PHP、ASP.NET 技术及 Microsoft SQL Server、SQLLite 数据库。

（5）设计风格：大气、大方、简洁的设计理念；以大部分浏览者的习惯确定网站风格。

（6）平台制作：平台突出视频展示，各专题页面有视频展示。

所有页面采用 DIV+CSS 制作，严格遵守 W3C 标准，做到几乎所有的浏览器（IE6、IE7、IE8、IE9、谷歌、火狐等）都可以兼容。个性定制更适合企业极具冲击力的视觉表现、极具销售力的商品展示、极具公信力和深度价值的内容。制作网站要使整个网站生产静态页面，提高搜索引擎收录质量；自动生产 SiteMap.xml 地图，提高搜索引擎收录速度；自动生产 Robots.txt，控制搜索引擎收录页面支持优化到关键词自定义；Meta 元标签标题（Title）、关键词（Keyword）、描述（Description）自定义和智能匹配，方便搜索引擎爬行全站、快速提升收录。关键字自动互链：大量增加网站的关键字链接数，迅速提升排名；网页结构优化：网站导航采用文字；智能友情链接：自行在后台方便地添加和管理网站的友情链接；智能网站地图：网站完全自动生成网站地图；文件目录结构优化：网站文件目录结构及文件命名根据搜索引擎优化原则设立。

2.1.2 细分市场垂直平台搭建流程

2.1.2.1 企业资源可行性分析

电商平台可行性分析

1. 产品服务标准化程度

产品和服务标准化程度越高，越适合搭建电商平台，深度垂直平台不仅需要产品展示和服务价值体现，同样需要大量的数据支撑。如果都是非标产品或服务，很难系统运营。

2. 用户数量应用领域

用户数量越多，应用领域越广，越适合开展电商平台。这里的用户数量是相对值，相比传统行业来讲，用户数量越多越好。

3. 供应商数量和规模

供应商数量越多，越适合搭建垂直电商平台。本身平台就是在做行业整合，如果所有供应商加一起比公司官网量级还大就失去意义了。

4. 产业链条长短

对于一个电商平台来讲，产业链条越长越容易成功。垂直电商平台都是以产品行业切入，终极目标是形成整个生态圈建设，所以产业链越长就意味着发展空间越大。

5. 核心产品系列市场份额

对于企业来讲，如果有产品在行业内占大份额，企业在组织牵头做电商平台，成功的概率会更大。

企业前期可利用资源自我分析：行业整合资源、经验与认知资源、人才和团队资源、前期可依托转化资源、资金支持资源、其他相关资源。

2.1.2.2 盈利模式分析

1. 会员费

企业通过在电子商务平台注册成为平台的会员，可以在平台进行交易。想要享受更多增值服务，需要每年交纳一定的会员费，才能享受平台更多的服务，这是平台收入的来源之一。

2. 广告费

网络广告是门户网站的主要盈利来源，同时也是电子商务平台的主要收入来源。骆驼养车网电子商务平台的广告，根据其在首页位置及广告类型来收费。有弹出广告、漂浮广告、 BANNER 广告、文字广告等多种表现形式可供用户选择。

3. 竞价搜索费

企业为了促进产品的销售，都希望在平台网站的信息搜索中将自己的排名靠前，而平台在确保信息准确的基础上，根据会员交费的不同，对排名顺序作相应的调整。

4. 平台交易佣金

平台所产生的所有交易，平台可以设立相应的佣金收取比例，平台的交易佣金也是平台收入的一个主要来源。包括产品销售佣金、维修服务佣金、保险佣金等。这是平台最主要的收入来源。

5. 订单贷款和供应链贷款利息或佣金

平台可以与一些金融机构合作，比如银行或者一些信贷机构。平台的所有会员可以利用房屋等作为抵押进行贷款。平台自身也可以成立相应的信贷渠道，既能收取相应的佣金，也能获取平台自身贷款的利息。

6. 仓储合作费

仓储费用包括支付给储运仓库的仓库租金，以及本企业附属仓库中发生的转库搬运、检验、挑选整理、修复、维修保养、包装费、库存物资损耗、员工工资、职工福利费等开支。

7. 物流合作费

电子商务平台可以发展自己的物流体系，提供相应的配送服务，根据配送距离以及其他因素向企业收取相应的物流费用。

8. 仓单交易手续费或佣金

电子商务平台可以根据提供仓单流转的次数进行相应地手续费或者佣金的收取，后期这也是平台的盈利模式之一。主要是针对大宗现货产品。

案例：坤卓电气有限公司机器人行业深度垂直 O2O 服务平台搭建流程解析。

1. 功能需求

山东同泽公司电商网站（以下统称为网站）是由山东诺博泰智能科技有限公司

携手香港同泽贸易有限公司及北京坤卓电气有限公司共同创立，“山东同泽科技有限公司”打造以“诺博泰”为品牌，建设以工业机器人为主，周边设备销售、软件销售、人才输送、机器人售后服务及安装调试一体化的工业行业型精品 O2O 网站。

2. 网站用户划分

网站用户可划分为普通用户、人才库等级用户、售后服务会员用户。每个栏目都配有登录、注册按钮，相互共享用户信息。不同用户分配相应不同的权限，相对于普通用户类，其他两个用户类需付费升级权限。

（1）普通用户：可以在机器人商城、6S 售后服务、技术支持、人才输送栏目中共享用户基本信息（如姓名、联系方式等），如在其中任意一栏目注册后，在其他栏目中不必进行二次注册。

（2）人才库等级用户：在普通注册用户的基础上通过付费划分为初级、中级、高级共 3 个等级用户，每个等级用户在人才输送栏目中具有不同的权限。

（3）售后服务会员用户：在普通注册用户的基础上通过付费成为售后服务会员用户，享受售后服务。

3. 主要功能描述

网站总体流程图（图 2-14）。

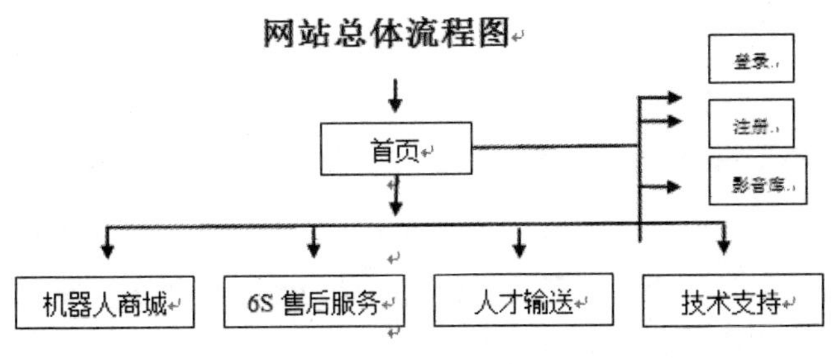

图 2-14

网站主要以 4 个栏目划分：机器人商城、6S 售后服务、人才输送、技术支持。通过首页以引导页的方式进入每个栏目的详细页面。

（1）首页：此页面以网站引导页的方式设计，要求此页面引导整个网站风格，突出网站整体特征。页眉左侧区域为网站 LOGO 区域，右侧区域为用户登录、注册按钮、联系电话，以 Windows 8 操作系统的菜单风格，在网页中心位置展现网站 4 个栏目，右侧包括影音库按钮，页面右侧以滚动条的方式展示企业战略合作伙伴，页面背景图为 jQuery 轮播滚动，页脚区域为企业联系方式。

（2）机器人商城（网上商城）：提供在线机器人销售的线上交易平台，与淘宝、京东等不同的是不需要商家入驻，只做单店销售的商城网站。机器人商城系统模型图（图 2-15）。

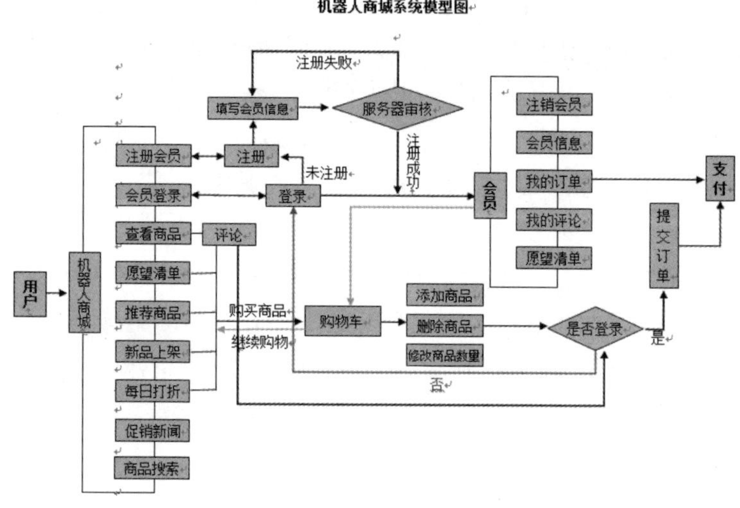

图 2-15

4. 功能模块介绍

（1）注册会员：首先进入首页，新用户需要注册后才可以提交订单，注册需填写相关的个人资料（用户名、密码、邮箱、验证码进行服务器验证）。

（2）会员登录：注册成为会员后，通过用户登录模块进行登录。

（3）会员信息：对注册后的会员进行资料的修改（如姓名、联系方式、地址、变更密码，包括收货地址的添加修改）。

（4）我的评论：可以对商品评论进行查看、修改、删除。

（5）愿望清单：类似于商城网站的商品收藏。

（6）我的订单：可以对个人订单进查看、删除，对未付款的订单可以进行支付（可以看到每个订单的订单号、日期、状态、总价）。

（7）注销会员：对已登录的会员进行登出操作。

（8）查看商品：查看所有商品。

（9）评论：进入单个商品的详细页，可以对此商品进行点赞或评论（需要登录后才能评论）。

（10）推荐商品：首页需要有“橱窗位”放置推荐商品（后台管理员可以自行添加）。

（11）新品上架：首页横向导航需要有专门的新品上架栏目（可以根据上下架时间自动调整或手动管理调整）。

（12）每日打折：昼夜横向导航需要有专门的每日打折栏目（后台管理员可以自行添加打折商品、折扣，也可以以时间为限制自动移除）。

（13）促销新闻：首页明显的位置，如顶部横向导航下设置滚动促销新闻（后台管理可以自行设置新闻内容）。

（14）商品搜索：页面顶部要有商品搜索功能（通过模糊查询查看相关商品）。

（15）购物车：在购物车中可以添加新的商品，删除、修改已经放入车内的商品数量，查看车内商品，需具有结算功能，包括物流的结算（登录用户也可以将商品放入购物车，登录后自动记忆其加入购物车中的商品）。

（16）提交订单：进入购物车后进行结算，提交订单，后台生成订单（此项需验证其是否登录，如果未登录需要进行会员登录）。

（17）支付：针对提交的订单进行线上付款，需有国内常用的线上支付方式（也需具备线下支付选择）。

5. 6S 售后服务

机器人的售后维修、保养服务中心，用户通过简单的操作即可完成机器人的售后服务。主页有相关说明书、帮助文档的下载链接。

维修功能模块介绍，维修分为单次报修与会员报修。

（1）单次报修：让用户留下姓名、联系方式（如用户已经在商城或其他栏目注册过，已经填写过联系方式等信息，直接在文本框显示其信息，不需要二次填写），通过下拉列表框的方式选择产品（具体内容与机器人商城分类产品信息对接）、故障类型（具体内容由后台管理人员添加）、故障现象以文本框的方式供用户填写。完成清单后系统结算出此次维修费用（相关单价需由后台管理员添加），提交后可以直接支付维修费用或只生成订单，然后线下付款（后台会显示订单具体信息）。

（2）会员报修：需要判断用户是否注册，如已在其他栏目注册过，无需二次注册，还需判断注册用户是否已经付费升级为售后服务会员用户。售后服务会员用户分为钻石、银钻、金钻共 3 个级别，以年为单位计算。不同等级的用户选择的产品有所不同（具体每个等级用户权限需由后台管理员设置），故障类型与故障现象的填写与单次报修一样，只是无须结算支付。

保养分为单次保养与会员保养，保养与维修的功能（流程）一样，这里不再赘述。

6. 人才输送

拥有专业的人才库，提供机器人操作人员的定向输送服务，类似人才网站。但又区别于普通的全行业招聘网站，只针对机器人单一行业，人才输送系统模型图（图 2-16）。

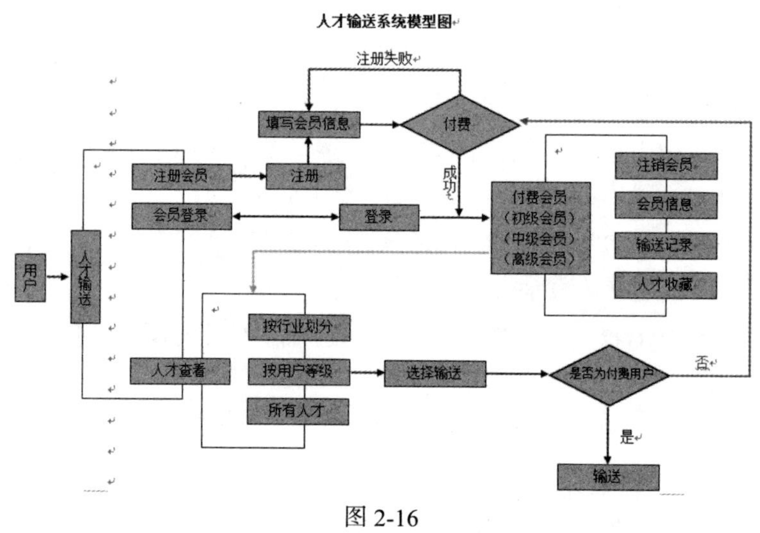

图 2-16

（1）人才筛选

人才库人才条件筛选可按初级、中级、高级共 3 个人才库等级用户划分，分别对应初级、中级、高级工程师，也可以按行业功能划分（比如焊接工艺、切割工艺、雕刻工艺等）。可以查看所有人才，人才输送主页分别要有相关筛选按钮，还有管理员推荐的人才展示橱窗。

（2）人才管理

人才信息要以简历的形式展示，所有人才无须注册即可浏览，但是不对外开放个人的联系方式。用户查看个人简历信息后，如有输送意向，单击“我要输送”按钮即可（要判断并查看用户是否具备相应的权限）。同时，后台也要有简历上传等类似招聘类后台的功能。

（3）人才输送等级用户

人才库用户分为初级会员、中级会员、高级会员共 3 个等级。注册成为普通用户后，通过付费即可成为相应等级的用户。初级会员可以输送初级工程师，中级会员可以输送中级工程师，以此类推。成为会员后具有收藏、查看输送记录等功能。

7. 技术支持

为用户提供专业的机器人集成解决方案，集成多种成功案例供用户参考。根据用户需求定制个性化的应用方案。

功能模块介绍，即典型应用案例参考和定制解决方案。

（1）典型应用案例参考：用户可以根据行业或者是功能两个条件进行筛选来查看典型成功应用。案例（筛选条件由后台管理员设置）在案例详细页面，需要有定制解决方案的链接（链接过去可省去行业、功能性选择），后台管理员可以设置前台橱窗展示。

（2）定制解决方案：用户需要注册成为网站普通用户后，方可使用此功能。通过下拉列表框选择行业、功能性（具体内容由后台管理员添加），留下其联系方式、公司信息等（如用户在个人信息中已填写相关资料，无需二次填写，直接调用），填写具体需求，也可以上传附件（如.doc、.ppt、.txt 文件等）。提交后后台生成订单供管理员查看，前台提示提交的信息几个工作日可以答复，具体的进度也可以在用户信息中查看。

2.1.3　第三方平台最大化利用

2.1.3.1　整合各个平台可利用资源

B2B 模式第三方平台可以帮助企业在网络营销中提高曝光率，部分关键词很难优化到百度的“第一屏”。如果在其他平台注册账号，填写企业自身信息，会利用平台本身高权重带来排名。不仅在百度表现会有所帮助，在平台本身也会带来精准流量，例如在阿里巴巴等平台开商铺，同样会直接链接到成交用户。当搜索“印刷机”关键词时（图 2-17），百度第一页出现慧聪网、中国玻璃网、中化新网、阿里巴巴等行业平台。

图 2-17

盘点 B2B 类平台

1. 综合性门户平台

阿里巴巴（china.alibaba.com）是全球企业间（B2B）电子商务的著名品牌，汇集海量供求信息，是全球领先的网上交易市场和商人社区。首家拥有超过 1400 万网商的电子商务网站，遍布 220 个国家和地区，成为全球商人销售产品、拓展市场及网络推广的首选网站。

慧聪网（www.hc360.com）成立于 1992 年，是国内领先的 B2B 电子商务服务提供商，依托其核心互联网产品买卖通，以及雄厚的传统营销渠道，慧聪商情广告与中国资讯大全，研究院行业分析报告为客户提供线上线下全方位的服务。这种优势互补，纵横立体的架构，已经成为中国 B2B 行业的典范，对电子商务的发展具有革命性的影响。

铭万网（www.b2b.cn）的中小企业信息化服务商，本着诚信为本、长期服务的经营宗旨，为中小企业提供企业建站、在线推广、按需定制软件（SaaS）等服务。

国联资源网（www.ibicn.com）是中国领先的 B2B 电子商务平台（B2B 电子商务网站），整合各个垂直细分行业产业链资源，为你提供行业商机资讯、公司库、供应、求购、行业会展等产业链信息。

2. 机械设备类平台

机电之家（www.jdzj.com）、仪器仪表交易网（www.testmart.cn）、中国制造交

易网（www.c-c.com）、中国机械设备（www.machine.com.cn）、佳工机电网（cn.newmaker.com）、中华机械（china.machine365.com）、中国数控机床（www.c-cnc.com）、机电商情（www.jd37.com）、机电在线（www.jdol.com.cn）、国际机械信息网（www.machineryinfo.net）、锅炉供应（www.boiler.com.cn）、欧美液压网（www.omyy.com）、中国通风设备网（www.chinatfsb.com）、中国工程机械网（www.chinagongcheng.com）、工程机械网（www.21gcjx.com）、中华电子网（www.zhdz365.co）、机械加工网（www.jxjg365.com）、二手机械网（www.esjxw.com）、机械库存网（www.jxkc365.com）、包装机械网（www.21bzjx.com）、纺织机械网（www.fzjx365.com）、化工设备网（www.hgsb365.com）。

3. 建筑建材类平台

中国联合钢铁网（www.custeel.com）、沈阳建材网（www.syjiancai.com）、中国选矿技术网（www.mining120.com）、中国玻璃钢网（www.boligang.cc）、钢铁价格网（www.gangtiejiage.cn）、中国建材在线（www.jc.net.cn）、天工网（www.tgnet.cn）、凡宇资讯网（www.cnv168.com）、建材信息网（www.goodjc.cn）、中国商品混凝土网（www.hnt188.com）、玻璃产业网（www.cgii.ibicn.com）、中国玻璃钢信息平台（www.cnfrp.org）、中国铁合金网（www.fa9988.cn）、铁艺第一品牌网（www.ymtie.com）、中国塑料网（www.esuliao.com）、中国钢结构网（www.cscscn.com）、中国建筑机械商贸网（www.come7.com）、全球矿产资源网（www.worldmr.net）。

4. 农林牧副渔类平台

西北苗木（www.xbmiaomu.com）、全球再生塑料网（www.qqzssl.com）、中塑贸易（www.cz5188.com）、中国水产养殖网（www.shuichan.cc）、中国养殖网（www.chinabreed.com）、中国农业网（www.zgny.com.cn）、中国饲料行业信息网（www.feedtrade.com.cn）、中国注塑网（www.yxx.cn）、隆众石化（www.oilchem.net）、中国农资网（www.ampcn.com）、中农网（www.ap88.com）、中国园林建设网（www.china-landscape.net）、中国饲料原料信息网（www.zgslylw.com）、中国色母料交易网（www.semucn.com）、中国农药助剂网（cnpesticideadd.com）、中国玉米种子（cnmaizeseed.com）、中国增塑剂网（cnplasticizer.com）、中国饲料添加剂网（cnfeedadd.com）、中国水处理化学品网（wateradd.com）、中国塑料助剂网（cnplasticadd.com）、中国塑料助剂网（cnplasticadd.com）、中国化工联盟（cnchemadd.com）、中国钛白粉网（www.chinatio2.net）、山西化工网（www.sxhgw.cn）。

5. 五金工具类平台

中国五金网（china.globalhardwares.com）、ICBuy亿芯网（shop.icbuy.com）、五金商贸网（www.hardwareinfo.cn）、我要仪器网（www.5117.com）、365 五金网（www.365wj.com）、中国铁合金网（www.ferro-alloys.cn）、中华铸造网（www.zz17.com）、五金工具网（wj.jdzj.com）、中华模具网（www.zhmjw.com）、中华五金网（www.zhwj365.com）、合金制品网（www.hejinzhipin.com）、永年标准件网（www.lingjianwang.com）、汽配在线（www.qpzx.com）、中华机床网（www.jc6868.com）、中华轴承网（www.zhzc365.com）、中华泵阀网（www.zhbf365.com）、橡塑设备网（www.xssbw.com）、中国五金网（www.wujinchina.net）、中国五金机械网（www.46335.com）、中国胶管信息网（www.chinajiaoguan.com）、中国外壳网（www.metalshell.com.cn）、实搜网（www.10sw.com）。

2.1.3.2 打造高效率管理体系

最大化利用第三方平台资源是系统工程，需要单独创建团队进行协调工作，主要工作内容分为确定参与人员和领导者、针对行业进行平台汇总、制定一定时间周期计划表、严格的过程把控、效果反馈与计划升级这几点（图 2-18）。

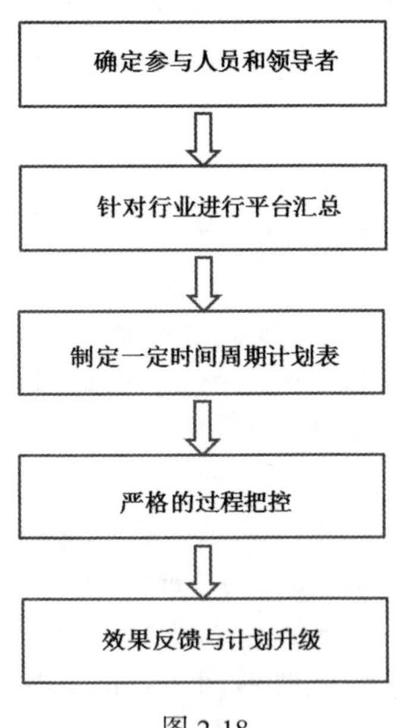

图 2-18

（1）确定参与人员和领导者，通常在本项工作中以流程化操作为主，主要目的是为企业增加曝光度，在各个平台进行会员注册、信息发布等。需要参与的人员熟悉电脑操作，稍加培训即可。同时要确定小组领导者，进行任务分配和执行监督。

（2）搜集企业所处行业的 B2B 平台，使用“站长工具”等平台对行业网站进行检测排名，网站流量最大者优先，搜索自身企业产品关键词，首页有收录排名平台优先，对要推广的平台进行分等级分类处理。

（3）制定工作周期表，对参与人员进行首次平台流程测试，确定不同平台的操作时长。根据团队协作制定计划，根据个人实际流程时间做细分排序，并且安排领导者做好效果信息留存。如果是会员注册平台，有会员信息记录；如果是商铺开通平台，有商铺信息记录。

（4）严格把控操作过程，切记虎头蛇尾式，强调有效的结果而不只是量级，防止部分人员在操作过程中投机取巧，利用一些不正当的方式进行注册宣传等。

（5）阶段性效果评估和计划迭代，一般在制作计划周期表以月为单位，第一个月主要以收集平台、评估平台、了解平台、任务分工为主，并进行小批量平台入驻等；第二个月除了进行会员信息维护、入驻平台维护，还要对前一个月的效果进行检查，通过百度收录、百度排名、成交客户等不同维度；后续开始重复第二个月工作，直到达到企业想要的效果，在此过程中对不同的结果进行升级，增减平台、增减人员、增减时间等。

2.1.4 其他平台群推进方法

2.1.4.1 玩转博客平台

博客平台主要的运营方式是博客链轮（图 2-19），可以是同一平台不同博客进行互联，也可以是不同平台博客互联。每个博客平台都有友情链接板块，可以通过链接的方式进行互相链接，不过要注意的是，在刚申请博客平台时，不建议直接互相链接，开始需要不断完善内容，查看搜索引擎收录后，稳定 周左右后进行。每个博客平台互相做好链接的同时，要单独有指向官方网站的链接，这也为企业官网搜索引擎优化带来良好的效果。

目前国内的 4 大主流博客平台，即新浪博客、网易博客、搜狐博客、凤凰网博客。

1. 新浪博客

中国门户网站之一新浪网的网络日志频道。新浪网博客频道是全国最主流、人气颇高的博客频道之一。拥有娱乐明星博客、知性的名人博客、动人的情感博客、自我的草根博客等。博客上的文章通常根据“张贴”时间，以倒序的方式由新到旧排列。许多博客专注在特定的课题上提供评论或新闻，其他则被作为比较个人的日记。新浪博客基本能达到秒收录状态，也就是说当我们今天申请新浪博客平台并发布原创文章，明天就有可能被搜索引擎收录。

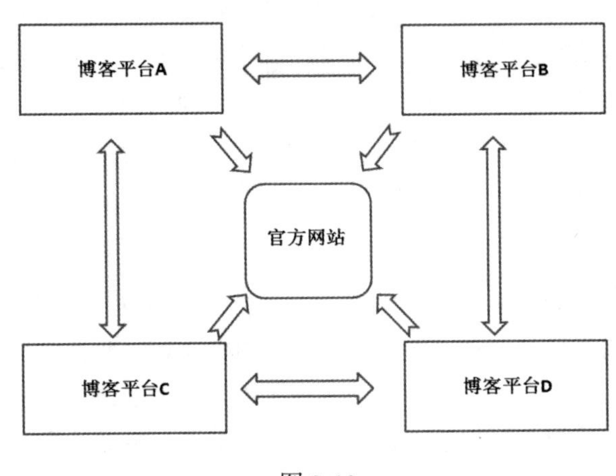

图 2-19

2. 网易博客

网易博客是网易为用户提供个人表达和交流的网络工具。在这里用户可以通过日志、相片等多种方式记录个人的感想和观点，还可以共享网络收藏来完全展现自我。通过排版选择用户喜欢的风格、版式，添加个性模块，更可全方位满足用户的个性化需求。网易博客于 2006 年 9 月 1 日正式上线。

3. 搜狐博客

创建于 2005 年 11 月 15 日，从上线开始，一直致力于为网友提供记录、分享、沟通的平台。秉承着“相逢的人会再相逢”的理念，不断地创新和改进，于 2006 年推出搜狐博客“玩弄版”；于 2007 年推出搜狐博客“声色版”等独具特色的升级版本。2012 年搜狐博客推出全新的“isohu 版”，打造 2.0 时代博客的 SNS 进化。在原有博客的基础上，突出人际关系和互动概念，页面更简洁、沟通更方便。

4. 凤凰网博客

笔者在 2014 年使用过凤凰网博客一段时间，对于内容质量要求比较严格，而且搜索引擎收录情况相比其他博客较少。

对于企业来讲，博客平台有几个优势，第一个是提升网站排名。在博客平台可以经常发原创文章，并且设定超级链接，为官方网站搜索引擎排名增加外链信息，并且能相对稳定地进行收录；第二个是增强在百度上的表现。尤其对于初期创业的公司，在百度上的表现几乎是零，在少投入的情况下，可以多在博客平台做文章，很快就会有大量的信息出现在百度搜索里；第三个是增加图片曝光度。在很多时候，企业需要对自己的产品和公司进行图片宣传，除了在官方网站会经常上传曝光性图片外，还可以使用博客平台进行图片宣传，不过一定要在包含图片的文章里面植入关键词。

笔者每次讲完课后，都会把课程信息发布到笔者的新浪博客平台，经过一段时间的坚持操作，再搜索笔者的名字，显示的大部分就都是笔者讲课的信息了（图 2-20），而通过这些图片看到原文链接，基本都是新浪博客文章。

图 2-20

2.1.4.2　论坛营销+贴吧营销双管齐下

从 2015 年开始，大家都说论坛营销不如以前重要，真的是这样吗？答案当然不是。作为网络营销的重要互动平台，B2B 模式传统企业能在上面做口碑宣传、用户数据引流、用户筛选、用户转化等多方面用途。下面给大家介绍论坛营销的几个要点。

（1）搜集高人气，并且符合企业定位的论坛。这点和第三方 B2B 平台推广类似，先要做好论坛营销准备。例如企业是发电行业，可以选择中国发电机论坛（www.genset.hk），最大优势在于当在百度搜索“发电机论坛”关键词时，它是排名最前面的。企业在平台进行品牌露出，有机会被收录排名在百度首页，增加用户对品牌的认知，这样用户通过平台转入到自身企业网站，就可以提高成交额。

（2）拥有大量的账号。这个策略如果单独依靠网络部人员进行推广，势必人单力薄，这就需要借助于全员营销，制定有效的执行机制，把方法教给所有员工，利用大量人员基数，每个平台最少注册 50 个账号。在策划论坛事件营销、活动营销时，各个账号互推，同时其他平台账号也一起为事件造势。企业在没有大量员工的情况下，同样可以找在校大学生或者社会闲职人员，通过完善奖励体系、监控体系来减少成本布局。

（3）账号部署连带品牌宣传。这是各个平台的通用办法，在账号名、个人介绍等地方要体现品牌，个人介绍还可以设置引流，可以填写微信公众平台号，用户在浏览个人信息的同时可以选择关注微信。

（4）专人管理，系统调控。通常在做论坛营销时会策划一些事件或者活动，这就需要这些账户的拥有者要有人统一管理，从活动预热到活动进行整体控制，投入人力多少、不同小组话题方向、论坛舆情监测等。论坛账户管理者要有计划，策划把哪些优质账户进行包装，形成以几个标志账户为核心的论坛账户群，分级分群体管理。

（5）打造行业口碑。论坛本身属性是具有针对性的，和论坛主题不相关的企业和个人不会经常去浏览论坛。尤其是 B2B 企业，肯定会选择和自己行业相关的论坛营销，如果在论坛里慢慢树立起品牌口碑，很容易在行业内脱颖而出。另外，论坛还有一个属性是开放性，大家都可以在里面浏览和参与发帖，这也是品牌快速扩散的催化剂。

（6）定期策划引起大家关注的话题。除了跟帖，企业要定期在论坛里自己策划话题，可以围绕公司大型事件、新产品上市、产品特殊属性等。将产品和企业信息娱乐化，这样容易被大家接受和传播，最好不要赤裸裸地发布产品信息和企业信息，不仅得不到宣传效果，还容易引起用户的反感等。例如做工业品的企业，完全可以把自己的产品起一个带网络词语的名字，例如笔者的朋友有个产品是螺母，在论坛里面的名字就是“螺母思密哒”，这样用户既能知道产品，还会觉得很有意思，愿意关注产品。

贴吧营销在运营方面和论坛营销有很多相似的地方。从目前贴吧平台来看，笔者个人推荐企业做百度贴吧，作为百度产品，排名效果都是不错的，而且自建贴吧是零成本，相对论坛账号矩阵，贴吧是不同品类的平台矩阵。

（1）抢注企业相关贴吧。把企业可能设定的关键词都在贴吧抢注，包含企业名称、产品品类、核心产品、行业名称、品牌名字等。如果已经有人建立，可以经常关注。笔者的名字在 2013 年就已经在贴吧建立，在百度搜索“夏雪峰”时是排在百度首页的（图 2-21），里面发的帖子也都是之前的讲课信息，这样可以提升搜索用户认知度。

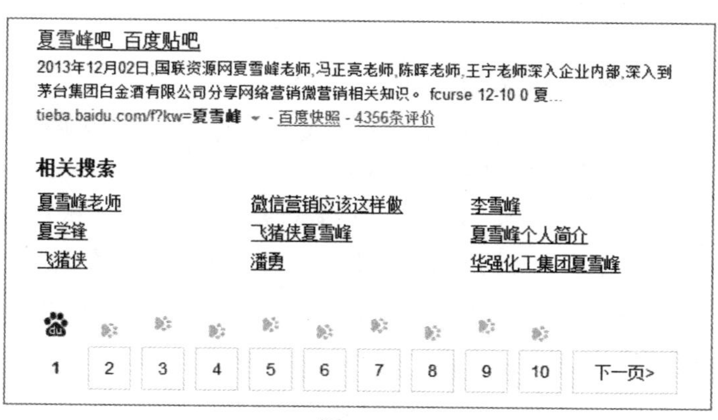

图 2-21

（2）使用吸引人的标题。和论坛营销不同的地方在于，论坛通常是企业或者行业内部人士建立，用户可以在里面进行以论坛主题为主的讨论，可能会因为文章被限制。百度贴吧是依托百度平台，企业创建贴吧以后，相比和同行业都是在第三方平台操作，文章基本不会受到限制。文章的标题出众更容易达到宣传效果，而且之前也提到过，在百度贴吧进行营销，首页排名概率非常高。当用户搜索产品关键词时，在百度首页看到标题就会进来访问。

（3）用资源引导用户关注。每个行业都存在独有知识体系，无论自建贴吧还是在已有贴吧发帖，尽量体现超高的专业度，也就是多制造“干货贴”。此类帖子不仅能让用户自发进行传播，里面如果留下了联系方式，也会有更多精准用户自动找上门。同样，除了“干货贴”策略，还可以把企业掌握的资源进行免费发布，如果有用户需要使用资源，引导用户联系自己再发送资源。例如，我们经常在贴吧里面看到这样的帖子：“XX 机器调试文档免费送”、“未来十年 XX 行业发展报告”、“国家针对 XX 行业发布新政策”等。一旦用户想下载，都要和发帖人联系，发帖人获取这些需要下载资源的用户信息。

（4）对待客户行业更重要。刚才大多数策略是围绕企业本身行业进行贴吧营销。与此同时，还要对目标客户行业贴吧收集并分析营销。例如笔者是做工厂用风机产品，一方面要关注风机行业；另一方面统计所有能用到风机的行业，像大多数有厂房生产型企业都是目标用户，笔者会选择在纺织、食品生产、化工等行业切入，在这些行业贴吧里面寻找目标用户并引流到自身平台，最后达成合作。

2.2 B2C 模式类平台运营

2.2.1 第三方平台流量借用

2.2.1.1 官方体系平台解析

京东商城（www.jd.com）是中国 B2C 市场最大的 3C 网购专业平台，是中国电子商务领域最受消费者欢迎和最具影响力的电子商务网站之一。B2C 模式平台是生产型商家首选平台之一。当然，除了自己运营以外，还可以找代运营公司全程帮助运营，“京拍档”是笔者的好朋友王文峰创立，作为官方指定的第三方服务公司，每次和他们接触都对京东运营有不一样的感触，下面介绍几种打造爆款的技巧。

其实很多卖家在抱怨网店没流量的时候，往往忽视了一个问题，那就是最基本的京东搜索引擎优化中最基础的宝贝标题优化。这点如果都没做好，何谈流量？所以我们要做的就是从基础的宝贝标题优化开始。

首先，我们要去摸透京东搜索的规律。我们必须了解规律。通过规律来优化宝贝标题，这样才能得心应手，效果很明显地展示出来。在这之前，必须先要详细了解关键词的搜索规律。宝贝标题上应该按什么样的形式、怎样的排列方法才能让买家搜索到呢？其实假如我们能更加深入地了解关键词搜索规律，问题就会迎刃而解。下面举例来说明新手卖家们比较关注的几个关键词设置的问题。

（1）关键词有前后顺序区分吗？

在搜索的时候，只要宝贝标题上按搜索关键词的顺序排列（包含第一个问题中的半角字符和空格），就能让买家搜索到。即搜索“短袖衬衫”关键词，标题含有“短袖衬衫”、“短袖衬衫”、“短袖/衬衫”（包含第一个问题中的半角字符和空格）其中之一的都可以让买家搜索到。而标题只含有“衬衫短袖”、“衬衫短袖”、“衬衫/短袖”时，不会被买家搜索到。这种规律定名为紧密排列搜索规律。搜索时输入两个或以上的关键词并紧密相连的时候，搜索结果只有按照搜索时的关键词顺序才会被搜索到。

（2）为什么有的宝贝标题中关键词前后顺序反过来，却也会被搜索到呢？

当搜索的关键词为“短袖衬衫”的时候。只要标题中含有“短袖衬衫”这 4 个字，就能被搜索到，无须按照搜索时的关键词顺序。即“休闲日韩短袖衬衫”、“休闲日韩短袖衬衫”、“休闲日韩衬衫男装短袖”、“休闲日韩男士短袖/格子衬衫”都可以被搜索到。这种规律是与顺序无关搜索规律。搜索时输入两个或以上的关键词，并用空格或半角符号区分的时候，标题含有搜索的几个关键词就可以被搜索到。

（3）宝贝标题中是否需要带有一些符号呢?

这个问题其实涉及了一个关键词搜索规律——半角字符和空格在搜索结果中会被忽略。例如，宝贝标题上设置“短袖/衬衫”和“短袖衬衫”的时候，与设置“短袖衬衫”的效果是一样的。即买家在京东搜索“短袖衬衫”关键词时，设置了“短袖衬衫”和“短袖衬衫”的宝贝也一样会被搜索到。

从以上的 3 点我们了解到，宝贝能否让买家搜索到，不但取决于宝贝标题中是否含有搜索的关键字，还要取决于关键词的组合搭配是否正确。例如下面的例子。

第一标题：“冲皇冠修身短袖衬衫男士最爱特惠促销”。

第二标题：“冲皇冠男士最爱修身短袖衬衫特惠促销”。

当买家在京东搜索“男士衬衫”和“男士衬衫”的时候，根据关键词搜索规律，第二个标题要比第一个标题出现的概率高一倍。搜索“男士衬衫”时，是顺序无关搜索规律，第一标题、第二标题都可以被搜索到；搜索“男士衬衫”时，是紧密排列搜索规律，第二个标题可以被搜到到，但第一个标题不会出现。

有一个地方要注意，因为宝贝标题有 60 个字节，也就是 30 个汉字。所以我们充分利用这 30 个字的同时，出现越多的关键词，搜索到的几率就越高。第二标题“冲皇冠男士最爱修身短袖衬衫特惠促销”，标题中含有 37 个字节，汉字为 2 个，空格为 1 个。很明显这里浪费了足足 23 个字节，相当于浪费了几个关键词，使得出现得概率又低了几倍。

有的卖家朋友会想，那这样的话，我把所有的关键词都写在一起。完全不浪费字节，又能让买家搜索到，何乐而不为呢。其实这里涉及一个视觉学的问题，以及为了不让买家看到标题头昏脑涨，我们还是有必要进行少量断句。最好的断句是使用空格和半角符号来切割标题。

长尾关键词

长尾关键词是多个关键词组合而成的一个新的关键词，其特点是搜索人数不多，但转化率高、针对性强。这个长尾关键词通常使用在 SEO 行业和网站优化。在优化标题关键词的过程中，我们可以学会利用长尾关键词优化，有效地避免竞争过大，范围太广泛的热门关键词，从而提高店铺的转化率。

比如我们的宝贝为男士短袖衬衫。首选的热门关键词当然是“衬衫”。但因为“衬衫”这个关键词的竞争过于激烈，而且范围太广了。所以我们可以再进一步设置关键词为“短袖衬衫”。还可以更加针对性地设置关键词为“男士短袖衬衫”。当然搜索“男士短袖衬衫”的用户会比搜索“衬衫”或“短袖衬衫”的顾客少一些。但是搜索“男士短袖衬衫”关键字的顾客，具有高度的针对性，很明显的就知道他需要找哪些方面的宝贝了，从而转化率就提高了。

在组合长尾关键词的时候，假如能找到人气不太高的、竞争小的长尾关键词那就更好了。产品可以通过这类的长尾关键词进行优化，等产品具有一定的实力后，慢慢地再向热门关键词靠拢。

搜索结果的排名规律

通过关键词搜索后，仍然列出众多与关键词相关的宝贝。其中这些宝贝是按什么规律来排列顺序的呢？其中在左上角“我要买”的默认搜索结果，也就是“所有宝贝”搜索结果中，影响商品排名的关键因素有两个，分别是“剩余时间”和“是否橱窗推荐商品”。与售出量、浏览量、价格、卖家好评率、先行赔付、所在地、商品页面的排版布局和关键字频率、次数等因素基本无关。

而在搜索“宝贝”的默认显示结果为“人气”搜索结果。在京东社区各个板块的右上角搜索结果也是为“人气”搜索结果。

“人气搜索结果”是综合卖家信用、好评率、累计本期售出量、30天售出量、宝贝浏览量、收藏人气等因素来竞排的。其中对比顺序是“成交量→收藏人数→卖家信誉→好评率→浏览量→宝贝下架时间”。

人气产品的排名影响是卖家信用、好评率、累计本期售出量、30 天售出量、宝贝浏览量和收藏人气，以上的因素会随时变化。所以人气产品的优化周期是1~2天。把之前收集好的关键词运用起来。

所以我们必须找准关键词，才能充分地利用关键词组合。在京东搜索引擎中和搜索的下方，以及一些工具都可以找到很好的关键词。

收集关键词后，多尝试把关键词在京东的首页搜索一下。同时分析一下排名前10 位的宝贝，看看它们的宝贝标题是否满足关键词搜索规律。只有多分析、多钻研，才能真正掌握标题的设置。

必须清楚以上两种搜索结果的排名规律，假如你的宝贝是新品，在人气搜索结果中，肯定是吃亏的，所以必须好好利用第一点；假如你的宝贝是已经稍微有点人气的产品，那么利用好第一点的同时，也要把第二点运用起来。这样才能更好地体验出搜索引擎带来的惊喜。

还有一个标题的设置周期，我们从上面的搜索结果排名规律知道。区分为两种产品，一就是新品，二就是人气产品，所以我们相对应地进行优化。

新品的排名影响是剩余时间和是否是橱窗推荐，那么我们对新品的标题优化体现出来的效果为 7 天。在这 7 天里，我们每天都需要对该款新品的关键词进行查看、记录。宝贝标题优化是最基础、最省钱，同时也是效果相当不错的网店推广方式。

2.2.1.2　个人体系平台自营法则

随着微信营销慢慢被大家熟知，人人开店成为主流，微电商模式逐渐渗入到普通用户身上，作为企业使用微电商开展 2C 业务势在必行，微电商作为微商演变的一种方式，多数是靠微信为平台吸引流量，少数通过平台自带流量引发销售，在手机开店运营中，需要注意以下两点。

1. 自营体系微电商平台选择

（1）微店：由北京口袋购物开发应用，作为移动端的新型产物，任何人通过手机号码即可开通自己的店铺，并通过一键分享到 SNS 平台来宣传自己的店铺并促成成交。降低了开店的门槛和省去了复杂的手续，回款约为 1~2 个工作日，且不收任何费用。微店独有的特点是如果绑定微信账号，会在微信主账号看到微店信息，并且“一键点击”进入首页。

（2）萌店：上海微盟企业发展有限公司开发的应用，于 2015 年上线。有幸作为萌店大学特邀老师，介绍萌店几个主要的功能，第一个是零元开店功能。开店全免费，一键分销，一件代发，支持全渠道推广；第二个是轻松管理。店铺随时管理，订单实时通知，不遗漏每一个客户、每一单生意；第三个是即时通讯。买家一键咨询，货源随时沟通，让买卖三方沟通无限；第四个是分销管理。自有货源可设分销佣金，好友分销，一起赚钱；第五个是合伙人分佣。邀请合伙人加入，享受订单分佣；第六个是数据统计。各个统计数据汇集查看，随时随地掌握你的萌店情况；第七个是个性化装修。萌店域名个性化、店铺装修个性化，打造一个属于你自己的萌店。

（3）有赞：旨在为商户提供强大的微商城和完整的移动零售解决方案，是一个移动零售服务商。有赞是一个以产品技术为主的团队。

2. 运营细节点分析

（1）规划企业运营架构

当企业计划在手机开设店铺时，第一应该有详细的规划书，针对企业产品结合移动平台属性，是否选择全员开店、是否选择使用某一款单品进行销售，并要在规划书里清晰写出开店规模、开店个数、运营培训、效果预估、预算评估等一系列问题点，还要对上述 3 个平台进行功能、流量、操作流程的详细对比，选择性价比高并适合企业发展的平台入驻。

（2）取一个响亮的名称

微电商符合移动去品牌化特点，当然去品牌化不是没有品牌，而是可以根据不同注册 ID 进行独有品牌宣传，企业对这种情况有 3 种方式可以选择，第一种是使用企业本身品牌名作为全员所有店铺名称；第二种是单独取一个特有名称，并且企业所有员工都使用这个单一品牌名；第三种是让每一个店铺拥有自己独有的品牌名称，可以根据运营人员的男女、运营单品属性等进行划分，本身微店运营就具有独立性，并在独立性中又有品牌流量联动性，即使每一个店铺都有独立品牌，也不会影响整体流量运转。无论选择哪一种方式，店铺名称的选择都要容易记忆、简短有趣、定位清晰。例如笔者给朋友策划的微店铺名称是“ALL 微超市”，定位非常清晰，作为移动日常杂货供应平台，利用超市做定位，突出产品的全面性。当然，在整个逻辑支撑中，每个产品都是生产厂家直接供应，通过微电商方式打破中间流转过程，实现消费低价作用。

（3）注重店铺视觉增效

利用手机开店，虽然比不上实体店那样触手可及地装修、改造得富丽堂皇，但是只要有心，商家依然可以让手机店铺变得高端、大气、时尚。手机店铺虽小，但是商户却可以利用手机的便携性、灵活性，随时改变店铺外观、店铺首页等，让消费者有视觉上的冲击和惊艳。企业在利用手机开店时，千万不要以为“外观设计”没有意义。事实表明，用户第一印象很重要。店铺设计的有个性、酷炫，用户自然就会多停留。如果你的店铺陈旧过时、色彩单一、毫无新意，那么用户可能根本不会多停留。所以，手机店铺的外观设计也十分很重要。

（4）用心思考定位广告语

一个好的广告语往往比任何销售话语都管用，然而定位语不一定必须凸显产品，还可以根据产品使用场景、产品功能、企业文化理念等做定位宣传，简短的一句话吸引目标用户来店铺浏览消费，例如在“ALL 微超市”一句定位语是“全品类厂家直供，总比别人低一点”，主打产品是生产厂家直接供应，价格低，然后通过后半句在平时文案宣传时候也利用得非常多，做出一系列和生活相关的文案融合在定位语里，效果非常好。

（5）售后服务也关键

虽然多数用户是通过微信平台引流，当在店铺产生购买流程以后，售后服务也非常关键。这时不仅仅利用微信平台，还根据不同产品属性分为不同联系方式的专业服务，因为在微电商模式中，达成高销量影响点，除了产品本身还有社交因素，剩下的就是服务体系，俗话说："好的服务已经使产品卖出去一半"，决定用户二次消费、多次消费的重要原因是第一次购买服务非常到位。在移动营销中，虽然企业运营人员不能如同真人一样陪在用户身边，但是却也可以通过各种服务的环节来让用户感受到温暖。所以，企业应该在一切环节都做好的基础上，更要把好服务这个关卡，让用户从购买、收到货后，都是一百分的满意，企业才算真正赚到了钱，赚到了忠实长久的用户。

2.2.2 自建垂直电商交易平台

1. 模式规划导图（图 2-22）

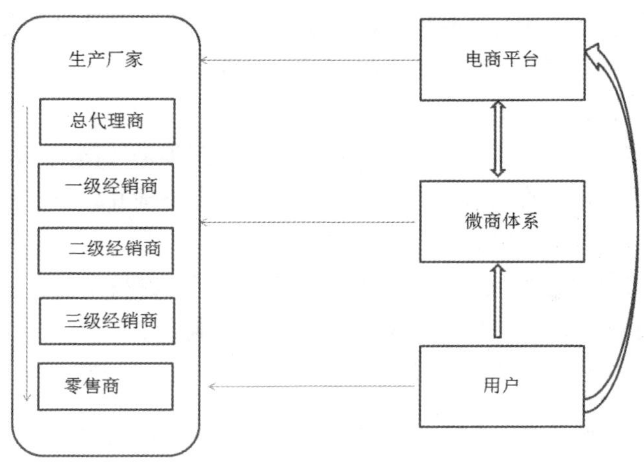

图 2-22

不同于 B2B 模式垂直电商平台，建立企业电商交易平台，主要面对终端用户，解决用户线上交易流程和线下物流体系过程。在系统搭建之前，考虑企业要发展的两种模式，一种是通过电商平台，聚集微商体系里的散户，为微商留入口，除了用户运营板块、经销商运营板块，还应该包括共享经济下以个体存在的销售主体板块。对于传统业务板块，还是遵循从生产厂家到各级经销商的流程，和电商平台并行发展。另一种模式是部分企业已经遇到的问题，自建电商交易平台以后，包括入驻第三方交易平台，线下经销商很难经营，线上销售价钱如果和线下一致，很难提升销量。如果价钱过低，会降低线下经销商和零售商量级，这时就需要在建立电商交易平台分区域划分，把线下所有经销商或者零售商增加一个身份，成为物流分发点，这样企业总部在线上销售产品，同时分配给线下去配送，利润属于线下实体店，这种模式适合目前已经有一定规模的线下经销网点的企业。

2. 数据沉淀系统

电商交易平台对数据要求比较多，主要是建设过程中按照后台数据沉淀（图2-23）相对前台展示，其中最重要是用户数据。第一步是需求分析。现在对于用户数据需求和前几年有明显变化。例如前几年当用户在平台注册时，都会填写邮箱信息，然而现在主流联系方式变成了电话号码或者微信号。所以这点根据企业对用户不同的需求建立不同的表单；第二步是数据采集。通常是在前台完成，在保证程序正常的情况下，用户通过前台页面填写各级页面需要的信息。例如在下单页面，可能需要用户的详细地址和银行卡等信息，做好前台页面数据采集页面，给用户最好的体验；第三步是数据清洗，也可以理解为数据筛选。通过采集到系统的数据进行错误信息、虚假信息清除；第四步是数据建模。是对筛选以后的各类数据的抽象组织，确定数据库需管辖的范围、数据的组织形式等，直至转化成现实的数据库。将经过系统分析后抽象出来的概念模型转化为物理模型后，在 visio 或 erwin 等工具建立数据库实体，以及各实体之间关系的过程；第五步是数据（二次）处理；第六步是报表分析。第五步的数据通过第六步来进行归类整理并分析，根据不同数据的表现划分不同用户等级，可分为忠诚用户、优质用户、普通用户、一般用户等，主要是对采集到的用户留存数据分析；第七步是（出具）分析报告。正确明了地描述电商系统数据情况；最后一步是决策支持。根据整体流程由高层确定下一步电商平台的发展方向，并在此进入新一轮的数据沉淀循环系统。

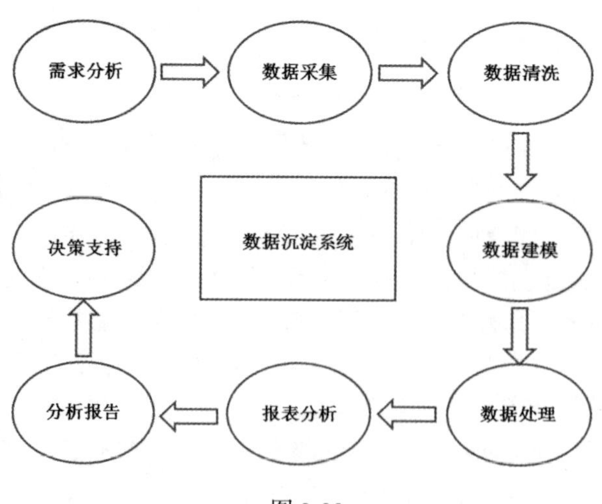

图 2-23

3. 运营成本分析

电商交易平台除了人员成本以外（每个城市标准不一样），主要涉及硬件成本和技术成本，其中包含 3 个方面，第一个是服务器成本。不同于普通网站，如果单纯是放网站页面文件，直接购买一个虚拟空间即可，花费在几百元左右。电商交易平台随着运营时间的增长，用户流量会越来越多，所以在初期就要选择购买服务器。主流服务器平台包括阿里云、易迈互联、北方数据中心、新网互联、亿人互联、西部数码、中国万网、广州新一代、阳光互联、首都在线、主机屋等，年费最低也在千元以上；第二个是网页呈现成本。想让一个电商平台完整呈现在用户面前，包含两个方面的建设，一个是用户前台访问网页。我们做个假设，如果作为 B2C 模式电商交易平台，产品最低应该在几百个甚至几千个，那么每一个产品都需要单独的页面来显示产品的详细信息，所以单纯的前台页面就会耗费大量的人力和物力。相对应每一个前台页面都需要企业在后台进行操作，又需要稳定的后台操作系统，这仅仅是从两个大层面分析一个正常网页展示过程中需要企业完成的；第三个是内容编辑。自建电商交易平台和作为第三方电商交易平台不同，第三方每个入驻商可自行管理自己店铺系统，而自建平台所有展示内容都需要员工实现，庞大的内容呈现体系，在内容编辑上也占据了一部分成本。

4. 供应商系统（图 2-24）

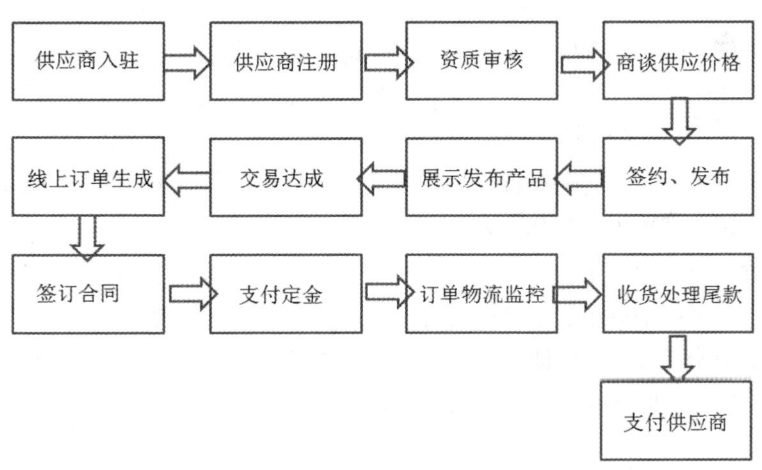

图 2-24

自建电商交易平台发展到一定阶段会选择开放供应商入驻，此类供应商可以是同品类其他经营者，也可以是厂家下层代理商，在运营成本也提到过这个问题，如果平台有一定数据量，单纯靠自己企业运营是一件很耗费体力的事情，而且对于入驻者来说可控度也不高，搭建整体供应商入驻系统需要解决几个问题：供应商（决定）入驻，并有单独入口和系统支撑其在后台操作；供应商注册，如果通过邀请制自主选择可入驻供应商，在注册页面可以设立唯一邀请码，企业在邀请过程中根据不同体量、不同品类供应商发放邀请码；资质审核，供应商前台提交注册资料，后台有企业员工进行资料审核，决定供应商是否可以入驻；商谈供应价格，这一环节主要针对同平台其他企业入驻，或者上游下游同产业链产品供应商入驻时商定在平台销售价格；签约（供应商）、发布（产品）；展示发布产品，供应商后台系统数据库和平台打通，通过单独渠道操作产品发布等，同步在前台展示；交易达成；线上订单生成，用户在前台确定购买，产生所有交易流程后生成订单并自动通知平台管理，方便及时处理跟踪（很多企业忽略这个环节）；签订合同；支付定金；订单物流监控，如果是大宗物流，一方面可以向物流商开放接口，用户可以通过平台链接到物流公司查询系统，方便查询。另一方面如果是企业自建大宗物流，需要根据每辆运输车做好定位软硬件，用户和企业都能实时查看监控；收货处理尾款；支付供应商（货款）。

5. 交易支付管理系统

电商平台支付系统主要分为几类，可根据企业自身情况进行选择。

（1）通过第三方代理人的银行卡支付，此支付方式的原理和过程是买方通过在线或离线方式，在第三方代理人（一般是指提供电子支付工具的银行或其他金融中介机构）处开设账户，代理人持有买方必要的银行卡信息，包括买方的银行卡账号和密码，买方在线向卖方订货后，同时将账号传给卖方。卖方将账号提供给代理人，验证账号是否正确、账户中是否有足够的支付金额等，第三方代理人将验证信息返回给卖方。卖方确定无误后接受订货。

（2）SET 协议银行卡支付，安全电子交易（SET）协议是以银行卡支付为基础的网上电子支付系统规范，是目前最安全的银行卡网上支付解决方案。SET 协议通过采用数据加密、第三方认证、数字签名等多种安全控制技术来解决银行卡支付的安全保障问题。从而保证了电子支付的机密性、数据完整性、身份的合法性和不可否认性。

（3）电子钱包中的银行卡和交易信息由持卡人自己设定口令进行保护。当持卡人使用浏览器购物需要付款时，电子钱包被自动启动，在持卡人输入的口令得到验证后，即可进入电子钱包界面。在电子钱包中进行网上交易的数据是加密后在 Internet 上传输的，只有提供电子钱包服务的银行的银行卡处理器才可以打开交易数据。电子钱包内置了电子签名，银行卡处理器验证通过后，通知商家，完成交易。交易结束后，持卡人的屏幕上将显示所发出的订购请求和商家对订购的确认信息。

6. 用户建设系统

四大步骤分析用户建设系统，完善用户全流程体验。第一步是用户资料搜集。主动搜集用户资料，包括企业现有用户信息，并对现有客户资料归集整理；第二步是用户导入。导入 CRM 系统，多数企业用户管理系统都设有接口，将平台与系统接口对接，互相放开权限，打通两个平台客户数据信息，导入代理商体系，导入经销商及各级经销商客户信息；第三步是用户忠诚度建设。全网平台的用户知识传递，全网平台的互动机制建设，用户行为习惯发掘及培养；第四步是全流程用户体验优化，用户全流程参与。参与产品研发流程、为研发提供建议、参与产品品控流程、协助提高质量、参与产品物流流程、实现产品可追溯、参与产品服务流程、改善服务品质。

7. 平台规划核心四系统

（1）商品管理系统。重点包含无限级商品分类属性、可对一个商品设置多个分类属性、可同时显示市场价和商城价的询价定义、可同时对几件商品信息进行详细对比、不同产品名称颜色属性更突出主要推广产品、可对商品进行自定义属性配件（例如颜色、尺码、型号、功能）、可针对不同等级会员显示不同价格体系、同品类产品批量编辑、商品组管理（方便运营人员对产品进行查找和修改）、使用推荐图标激发用户购买欲望等。

（2）频道系统。支持图形化配置频道更直观方便、强大自定义标签功能、可自定义页面类型、各级页面可自动生成静态 HTML、可自定义设置频道风格及布局、在任何频道页自行修改商品位置说明、可任意自行更改商品设计和栏目信息、强大文本配置功能等。

（3）订单系统。订单具有“查询”、“确认”、“删除”等功能、前台订单（客户资料）打印功能、方便快捷的多订单条件查询方式、可自由地将有效订单转为无效订单等。

（4）会员系统。可以对会员进行等级划分处理、可以对会员（客户资料）信息进行设置、可以根据会员的相关情况进行跟踪与回访等。

8. 团队组建

电子商务平台团队的人员构成

（1）程序员（2~4 名）

做网站，好的程序员是必需的。这里分不同的情况，要考虑招募不同数量的程序员，如果是.NET 语言组建网站，由于.NET 的 dll 封装机制，开源氛围非常不好，程序员都是崇尚自己开发的，所以选用.NET 做网站会麻烦一些，需要从头写逻辑需求、流程需求。所以开发周期也更长，用.NET 语言做程序建议招募两名程序员，一名水平相对较高，进行资源互补。如果是 PHP 平台搭建，情况要好很多，现在市面上已经有非常多的开源网店的程序都是用 PHP 平台做的，国内知名的 ECShop 和国外的 E-Commercial 都是比较好的开源程序。这样逻辑需求就不用费精力了。一般如果是用 ECShop 开发，初期有一名懂 ECShop 的程序员就基本够用。

（2）美工（2 名）

美工是很重要的角色，美工的美感、DIV+CSS 能力，直接决定了网站的订单转化率、网站信用度。B2C 最重要的是产品图片的处理、美化，如果美工在这方面能力不行，将会导致整个网站订单率下降。招两个美工进行交流和工作交叉分配。

（3）策划（1 名）

一定要有策划人员，策划主要工作是策划活动、网站布局，最好懂用户体验。

（4）编辑（3~5 名）

前期 B2C 网站在建设过程中需要大量内容需要上传，即使平台进入正常运营阶段，也要配置多个编辑管理内容，根据不同频道或者板块划分不同人员负责，自主建立平台一定要做到高质量原创内容，所以编辑岗位人员要招聘一些文笔好的会好些。

（5）客服（1~2 名）

客服的重要性就不言而喻了，客服实际上直接决定了公司的收入，客服最好是女生，有售前电话客服经验的，能够在客户询问的情况下，和客户达成合作。客服一般负责电话、QQ、E-mail 等方式的客户服务，这个在网站开发阶段一般不招募，有流量以后才上岗。

9. 外包要点

有句俗语是“货比三家”，如果企业自建电商交易平台想通过外包方式和第三方服务商合作，一定选择多家企业进行咨询洽谈，到服务商公司实地考察以后根据综合情况选择。

外包流程通常分为以下 6 个步骤。

（1）需求沟通：双方沟通项目的需求，对项目的可行性进行分析，企业明确提出自己的需求和要求，并将部分明确功能体现在合同中。

（2）工作量评估：在确认了项目的需求后，外包团队对项目的价钱和进度进行评估，并提供一份详细的报价表及项目进度文档，确认开发进度及时间安排。

（3）签署项目合同：双方在项目报价和开发时间上如果达成统一意见，则正式签署项目合同，然后项目将正式启动。

（4）设计、研发、测试、上线：根据最终确认的设计方案，对整个项目进行产品原型和视觉图的设计，经过研发、测试、验收的过程，最终发布上线。

（5）相关文档与源码交付：完成所有的设计和开发，根据实际需要进行必要的技术输出，合作完成。

（6）维护升级：一般电商平台在建设过程中，服务器、域名、支付系统等信息都是使用企业资料进行注册，正常上线以后服务商会有一年免费服务阶段，保证平台正常运作。在合同签署时期也尽量把后续可能添加的功能一并列入其中，防止企业后期添加功能遇到障碍。

2.2.3 建立自有品牌，全系统策划方案

飞猪侠（北京）科技有限公司作为新型互联网科技公司，主要产品是儿童陪伴机器人，整个品牌从零开始建设，下面以飞猪侠全系统策划方案解析，如果是 B2C 模式的“成产型”企业，可以通过建立自主品牌，扩大市场规模。

1. 政策分析

转型升级的第一步是跟着国家政策走，因为主要的产品是针对儿童，所以围绕关注儿童和创业两个方面的国家有利政策，是企业发展的一大砝码。

2015 年 10 月 29 日，党的十八届五中全会允许实行普遍二胎政策。积极开展应对人口老龄化行动。这是继 2013 年，十八届三中全会决定启动实施“单独二孩”政策之后的又一次人口政策调整。

2015 年 09 月 26 日，国务院发布国发〔2015〕53 号文件，《关于加快构建大众创业万众创新支撑平台的指导意见》。意见指出，当前全球分享经济快速增长，基于互联网等方式的创业创新蓬勃兴起，众创、众包、众扶、众筹等大众创业万众创新支撑平台快速发展。新模式、新业态不断涌现，线上线下加快融合，对生产方式、生活方式、治理方式产生广泛而深刻的影响，动力强劲，潜力巨大。

2015 年 11 月 22 日，国务院办公厅发布国办发〔2015〕85 号文件，《关于加快发展生活性服务业促进消费结构升级的指导意见》。创新政策支持，积极培育生活性服务新业态和新模式，全面提升生活性服务业质量和效益，为经济发展新常态下扩大消费需求、拉动经济增长、转变发展方式、促进社会和谐提供有力的支撑和持续动力。

2. 社交网络战略实施

（1）分时间段参与“京东众筹”和“淘宝众筹”互联网的线上众筹活动，依托众筹平台的用户流量，借力京东品牌和淘宝品牌的知名信任品牌“背书效应”，聚集吸引第一批“飞猪侠”品牌粉丝，将“飞猪侠”语音陪伴机器人的产品理念传播扩散，并获取第一笔众筹资金，进行儿童智能玩具的产品生产。第一批“飞猪侠”的众筹用户即是“飞猪侠”品牌和产品的忠实粉丝，也属于“飞猪侠”的种子用户。

（2）“飞猪侠”品牌会同步打造一款“飞猪侠 APP”，通过 APP 操控儿童陪伴机器人，使用户在手机客户端“飞猪侠 APP”聚集粉丝。

（3）深度管理种子用户，引导种子粉丝转变成为“骨灰级”粉丝，每一位“骨灰级”粉丝自然形成一个传播源，进行网络化辐射传播。

（4）通过微信、微博等平台进行粉丝营销和社群营销，与粉丝产生互动，保持连接。同时，也给粉丝之间提供一个互动交流的平台，加深连接。

3. 飞猪侠粉丝定位

锁定 80 后和 90 后，他们是新晋成为“宝爸”、“宝妈”的有梦想又爱小孩的群体。把他们发展成为“飞猪侠”品牌及产品粉丝，从而打造“中国宝爸宝妈梦想第一社群”。“飞猪侠”的品牌及产品具有打造“中国宝爸宝妈梦想第一社群”，粉丝未来发展主要在两个方面。第一个方面是通过数据分析，在网上购买婴幼儿产品的核心人群聚集在 80 后群体和 90 后群体，这两个群体在当今社会已经组建家庭，并初为人父人母，对于追梦奋斗、爱的情感、喜欢小孩的情感、酷酷的个性感的体验和追求都很强烈；第二个方面，在大众创业、万众创新的社会氛围下，很多追梦青年深受雷军“猪都能飞起来”的梦想词的洗礼，并且国务院总理李克强也在讲话中引用了这句话。

梦想词鼓励年轻一代拼搏奋斗，开放情怀，实现梦想。所以“双创”青年，以及小米手机的用户均是“飞猪侠”的目标粉丝群体。在上述两个方面中，“飞猪侠”形象智能玩具可以作为链接 80 后和 90 后的“宝爸”、“宝妈”的优质梦想载体，把他们发展成为“飞猪侠”粉丝，从而打造“中国宝爸宝妈梦想第一社群”。在用户人群达到 1000 万人后，“中国宝爸宝妈梦想第一社群“可以自然升级为“中国梦想家庭第一社群“，相应地用户人群从以儿童为核心自然升级为儿童及全部家庭成员。

4. 品牌内涵分析

“飞猪侠”的 6 个品牌内涵——梦想、爱、好运、创意、酷、财富。“飞猪侠”形象的智能玩具非常符合有孩子的 80 后群体或者即将为人父母的 80 后群体的精神需求，也非常符合 80 后群体的时代感，这个群体对孩子的爱更加开放、更加细致，80 后群体自身也非常喜欢具有创意和有寓意的产品。梦想：既是代表孩子的梦想也是代表 80 后自己的梦想，希望都能够通过自己的奋斗可以去实现；爱：代表着父母对孩子的爱，也是希望孩子能够被关爱和有爱心；好运：根据中国传统文化中猪的形象，有招财和好运的寓意，已经深被 80 后群体所接受；创意：进行差异化的设计，不仅仅是在外观上还是实用性上，都足够吸引人；酷：作为一款互联网品牌的产品，产品本身要够炫、够酷、够另类；财富：猪是十二生肖动物中的一种，它的形象在中国传统理念中具有富足的财富象征。

2.3　众筹案例解析

2.3.1　农产品众筹将是一匹“黑马”

众筹项目“新依，让家人吃健康的菜”（图 2-25），上线 35 个小时众筹金额达到 1026447 元，创下京东农产品最短时间内众筹额第一的历史记录。

图 2-25

2015 年 11 月 10 日，新依在京东正式启动众筹。创造奇迹的这家公司主要以高新农业技术为导向，利用“互联网农业”思维，为战略指引，以大数据、云平台等前沿技术为手段，通过与业内合作伙伴的战略联盟，整合并合理配置产业链资源，构建创新性“前向一体化”农业社会化服务体系、标准化种植体系、冷链物流配送及安全监测可追溯体系，打造最具公信力的农产品供应平台，致力于成为“京津冀”安全餐桌食材服务商，为“京津冀”企业级会员及家庭会员提供高品质、定制化的安全健康餐桌食材。

下面分享一下此次众筹的整体过程。

10 月 24 日 10:00 新依“千人火锅大趴”在永清基地开幕。

10 月 24 日 15:00 新依“千人火锅大趴”圆满闭幕。

10 月 24 日 16:00 相关媒体开始报道活动新闻。

10 月 27 日 10:00 新依“千人火锅大趴”新闻登上百度新闻热点。

11 月 5 日 18:00 新依京东众筹预热。

11 月 10 日 10:00 新依京东众筹正式上线。

11 月 11 日 21:00 经过了短短 35 个小时，新依京东众筹破百万。

众筹“三部曲”——预热、进行、收尾。预热是决定众筹的关键性因素，除了新科技产品众筹外，多数人都会选择通过前期营销的方法做铺垫宣传，新依这次巧妙地使用线上线下联动 O2O 活动营销，利用媒体的影响力，掀开新的篇章。

新依“千人火锅大趴”正是它们为京东众筹做的引爆事件。

10 月 24 日，在廊坊永清的新依安全蔬菜基地，举办了一场别开生面的安全蔬菜火锅大趴，现场近千人同聚一堂。据悉，在“千人火锅大趴”中所有种类的蔬菜都是来自新依蔬菜基地，近 100 种安全蔬菜不仅色泽光鲜，而且新鲜美味，获得现场所有人的一致称赞。期间还有无人机放飞、蔬菜艺术展览、蔬菜市集等环节，美食加科技，让所有人都流连忘返。媒体争相报道此次事件，成为一时间的热点新闻（图 2-26）。“千人火锅大趴”的活动现场，震撼的照片也为媒体宣传增添“加号”（图 2-27）。

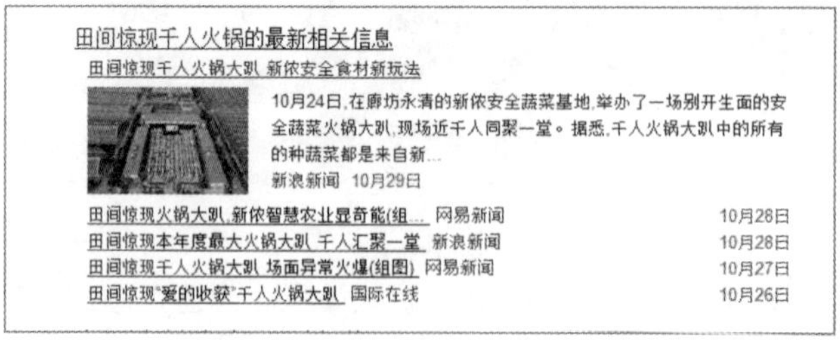

田间惊现千人火锅的最新相关信息

田间惊现千人火锅大趴 新依安全食材新玩法

10月24日,在廊坊永清的新依安全蔬菜基地,举办了一场别开生面的安全蔬菜火锅大趴,现场近千人同聚一堂。据悉,千人火锅大趴中的所有的种蔬菜都是来自新...

新浪新闻 10月29日

田间惊现火锅大趴,新依智慧农业显奇能(组... 网易新闻 10月28日

田间惊现本年度最大火锅大趴 千人汇聚一堂 新浪新闻 10月28日

田间惊现千人火锅大趴 场面异常火爆(组图) 网易新闻 10月27日

田间惊现“爱的收获”千人火锅大趴 国际在线 10月26日

图 2-26

图 2-27

当然，一个成功事件的营销要必备 5 个要素：创意、环节、传播点提炼、媒体运作、执行力。

1. 创意新颖

一个好的事件，需要一个全面和详细的策划过程。如何让一个事件的创意从众多繁芜丛杂和让人视觉疲劳的话题中脱颖而出呢？瞬间聚焦眼球是重中之重？火锅对于我们并不稀奇，但是和一千多人在田间地头一起吃火锅，还是第一次。“田间千人火锅大趴”，正是新依团队经过一个多月的时间，反复调整，精心策划出来的。

此次活动对于父母来说，难得周末带着孩子出去亲近自然，并且和家人朋友一起吃火锅。新依则提供了一次机会让用户实地感受大自然，感受安全食材。也正因如此，在短短的 2 个小时中，就有 300 多个北京的家庭，和众多社会各界人士，共超过 1000 人主动报名参加活动。

2. 精彩环节设置

一个活动精彩与否，取决于环节的设置。成功的活动必将有着精彩的活动环节。一来可以引爆用户的热情，二来可以为后期传播提供优秀的素材，精彩的活动环节可以得到意外的收获。针对此次“火锅大趴”设置了很多精彩的环节，“天上无人机在酷炫飞，地上人儿在开心吃”、活色生香的“秀菜”活动、欢声朗朗的亲子活动等。众多精彩的环节使得在整个“火锅大趴”的过程中既可以与家人共享天伦之乐，又可以和孩子亲近大自然，了解无人机的亲子之趣。亲情、感动、欢乐，都是让人愉悦的元素。

主要环节“田间地头火锅盛宴”：活动的壮观与火爆引得在场的人纷纷拍照留念，并分享到朋友圈；精彩的“秀菜”活动：10 道新依精选特色菜惊艳亮相，每道菜都是宝，让用户感叹安全蔬菜对于我们生活的重要性；田园亲子课堂：在蓝天白云下，亲子家庭大课堂，父母与孩子的亲密互动，为孩子留下的不仅是欢笑，更是增进孩子与父母之间的信任和爱；无人机酷炫齐放飞：无人机的放飞更是让自然与科技互动，而农业与科技的完美结合，更是引发人们对于智慧农业、科技农业的关注。

3. 传播点提炼

如果将一个优秀事件的传播比作一个绽放五彩的烟花，媒体运作则是将烟花点燃。同一个事件对于传播是“横看成岭侧成峰”。针对此次传播，新依选择从多个方面入手，在各个方面对传播点进行深度挖掘、选择、提炼，再选择、再提炼。

对于“田间千人火锅大趴”本身就是一个非常好的传播点。还有现场的无人机放飞、田间亲子课堂、“秀菜”活动、智慧农业等，深度挖掘的媒体传播，引发用户的关注，瞬间成为热门话题。

4. 媒体运作

成功的媒体运作，首先要熟悉媒体的性质，深入了解媒体的属性以及关注的新闻点。此次“火锅大趴”之所以成功入围百度热点新闻，是因为此前对媒体深入地进行了分析，根据媒体种类和形式不同，配备不同角度的内容和传播点。

（1）新闻媒体广而告之：新闻媒体的传播，起到活动最大化地传播和媒体覆盖的作用。例如“田间惊现千人火锅大趴”、“新依安全蔬菜引关注”、“新依千人火锅大趴”、“安全食材新玩法”等。

（2）社会化媒体突出创意：社交媒体具备传统媒体所不具备的优势，即传播速度快、影响力巨大、内容活泼、不拘一格。

（3）图片媒体直接展示：相比前两种媒体，图片媒体更容易得到百度抓取，图片直观地展示了活动现场的火爆。

（4）电视、视频媒体跟踪报道：电视和视频媒体有着极为广泛的传播面，同时拥有强大的二次传播的影响力和带动力。此次活动得到 BTV 卫视和爱奇艺等视频媒体的报道和首页推荐，使得传播影响力在短时间内迅速扩散。

5. 重结果的执行力

再好的创意，没有执行力也是空谈。执行力从何而来呢？精心布局、准备充足、分工明确、完备执行方案、执行坚决。新依团队在活动策划最终敲定后，就完全按照执行方案一步步地执行，现场管理、媒体沟通、传播把控等，做到“无借口，重结果”。最后活动的成功，离不开新依团队对预热的精心策划。同样在众筹进行过程中的产品设计、平台的选择、众筹进行时的宣传也非常重要。

6. 众筹平台选择

众筹网、京东众筹、淘宝众筹、众筹之家、大火投、蚂蚁众筹、资本汇、人人投等众筹平台有很多。新依团队在选择平台时首先考虑的是自己的产品本身，京东众筹对于产品的设计是非常重视的，最后经过团队的考虑选择了京东众筹。

7. 众筹产品设计

当然，要在京东众筹获得关注，事件营销引爆是一点，众筹产品的设计尤为重要。众筹产品要关注支持人次和支持金额两个要点。

更多人次的支持会推动京东页面排名。比如“他们的 1 元抽奖拿 96 枚鸡蛋，可全国配送”活动，首日就有 1000 多人参与抢购；更多的人次参与，推动了京东众筹的排名。另外一个就是“只开放 58 个名额的 10 万元超值礼品卡”活动，凭卡连续 5 年，每周送安全蔬菜、生态柴鸡蛋、黑猪肉。10 万元可以随时拿回，也可以选择购买新依安全蔬菜年卡，价值回报极具诱惑力。

任何营销的成功，还是要回归众筹的本质，即产品本身。新依团队打造农产品离不开以下 5 点。

（1）更好的土地，种出更安全的果蔬。新依从成立之前，就开始寻找优质的种植环境。

（2）安全种植，依靠时间和土地的力量。

（3）二维码追溯，安全看得见。为了真正实现安全看得见，新依建立了全栈式追溯服务平台。

（4）农场到餐桌，把关安全食材的最后里程。为了缩短田间地头到会员餐桌的安全距离，新依从采收开始，严格把关安全食材的最后里程。

（5）给产品注入情感，与用户产生共鸣。

综合点评：首先，农产品众筹项目在不久的将来会是一个风口，尤其在 12 月 22 日李克强总理提出的重点发展农村电商，农特产蜂拥而起的同时，首选的模式将会是众筹。其次，离不开整体团队在众筹前策划的事件营销。最后，还是重复提出的一个观点——执行力。

2.3.2 这是父爱的众筹

众筹项目“这算是世界上最长的跷跷板么”（图 2-28），先让大家了解这次众筹的整体故事。

图 2-28

众筹标题：这会是世界上最长的跷跷板吗?

众筹起因为以下几个方面。

我是谁

我叫刘海滨，山东滕州人。目前独自一人在厦门工作和生活。我的儿子快 8 个月了，从他出生到现在我就回过 3 次家。为了早日把家人接过来，我每天都在努力工作。

跷跷板、荡秋千、丢沙包……这些场景承载了我的童年记忆。我现在常常想起我小的时候，爸爸特地早回家陪我玩跷跷板时的样子，而这种回忆给我力量。虽然不能经常在家，但我想给儿子一个充满爱和力量的记忆点。

我决定为儿子做一个跷跷板，连接山东和厦门，横跨 1180 千米。

为了完成这个心愿，我发动了我的小伙伴们来一起完成这个看似不可能的任务。

这帮小伙伴们来自一个叫作 SeeekLab 的设计工作室，他们擅长做科技装置，是一群可爱的“奇葩”。他们始终相信自己的所作所为是可以影响世界的，所以不计回报的全身心地投入到梦想当中。

在过去的几十天里，我们做了一对跷跷板，一个放在厦门，另一个运到山东。这两个跷跷板是同步运动的，当我在厦门压下跷跷板时，我儿子在山东的另一个跷跷板上会被即时翘起。我在厦门翘起跷跷板时，儿子在另一个跷跷板的那端则会被即时降下。在玩的过程中，我们可以通过电视屏幕实时看到彼此，整个的感觉是完全模拟真实的跷跷板，就像是在玩一个“1180 千米”的跷跷板。

关于实现的原理，我们的“理工男”小伙伴会这么告诉你：我们基于网络通信，远程同步传感器数据和视频数据，通过装置内部的动态配重，实现两个跷跷板远程互动……

远程通信、机械传动、电子传感、视觉外观……这些都已经搞定了。现在小伙伴们希望早日把这个跷跷板从厦门运到我老家，让儿子尽快玩上这个为他而造的“跷跷板”。

我会什么

我大学毕业后，去了北京电视台工作，主要从事摄像和剪辑。剪辑制作过很多电视节目。2013 年来到厦门，主要的工作还是制作短片。

我希望把这个跷跷板的整体过程做成一个 3 分钟左右的短片，留给孩子以后看。孩子长大后，如果有个记忆可以不断提醒他：他是如此地被爱着！我相信他会更加开朗和阳光，心中永远充满美好的力量。那么我为做这件事情所有的付出就都是值得的。

这个短片也分享给大家，希望能提醒一些年轻的父母，有条件就多陪陪孩子。毕竟在我看来，能和家人生活在一起的每一个瞬间都值得感恩。

我想去

山东滕州是我的老家。一座有历史的城市，这是我长大的地方，也是我的儿子出生和生活的地方。

我希望我的小伙伴们带上另一台“跷跷板”，为我和儿子“联通”厦门和滕州这两座城。他们还会替我记录和儿子玩跷跷板的珍贵画面，而这个画面，我会剪辑到我的短片中，成为我所珍藏的“父子时刻”。

这个跷跷板造价不菲，运费不菲，所耗人力不菲。如果可以实现，是因为这个世界上有父爱、有友爱，还有陌生人的爱。我希望在这个真实的故事里，可以有更多的人能参与进来。我会在影片片尾写上你的名字，以铭记我们一起做成了一件美好的事情。

我的行程

我哪也不去，就在厦门考察几家物流公司，准备拆卸和打包好跷跷板。并督促他们把跷跷板安全送到山东。SeeekLab 会组织派出 3 个小伙伴去山东，如果一切顺利，前后大约共计需要 4 天时间到达山东。

我的小伙伴们需要在山东进行场地协调，从物流公司接收跷跷板，并进行安装、调试。

到目前为止，我还没有向我太太透露跷跷板的事情。安装好后，我会给我太太打电话，让她抱着儿子到跷跷板放置处，给他们一个惊喜。

然后，就是我期盼已久的时刻了……

小伙伴们胜利归来后，我会尽快开始制作短片，在 1 个月内可以完成，届时会上传到主要的视频网站上，供大家观看！

在众筹过程中对 SeekLab 团队采访的内容记录整理如下。

（1）为什么要做这样一个跷跷板

SeeekLAab 的创始人 POWER 说："起初做这个装置，是因为好兄弟刘海滨，他由于工作关系，独自一人在厦门创业，妻子和刚出生的儿子都在老家。因为长时间在外地工作，无法陪伴在儿子身边照顾他而感到内疚，于是我们就计划一起做一个装置来满足他的这个心愿，最后共同选择了"跷跷板"。这个跷跷板不仅仅是为了满足一些人的心愿，更多的是希望能唤醒大家内心深处一些因为现实而被忽略的东西，比如交流、陪伴、爱。"至于为什么是跷跷板，另外一位创始人 EDDIE 补充说："因为跷跷板承载了大多数人的童年记忆，并且他是一个需要两个，甚至多个人一起才能玩乐的东西。其实跷跷板是一个蛮有意义的东西，当你在高处时一定有人在低处支持着你，这就像海滨现在的状态一样。"

（2）为什么是世界上最长的"跷跷板"

SeeekLab 目前一共做了两个跷跷板，一个放在厦门，另一个已经运往山东。这两个跷跷板是同步运动的，当一方在厦门压下跷跷板时，另一端的另一个跷跷板在山东会被即时翘起。就像是在玩一个"1180 千米"的跷跷板。SeeekLab 将这个装置称作世界上最长的"跷跷板"。

（3）做"跷跷板"的时候遇到什么难点

在制作"跷跷板"的时主要的难点有 3 个，即时间、技术、外观。其实 SeeekLab 是一家专注于制作创意科技装置以及拍摄装置的团队。我们在有了"跷跷板"计划的同时，也正在帮一些品牌做一些商业装置，所以时间很紧，但是好在团队成员都很"给力"，没有被这个问题难倒。

接下来就是技术难点了，用我们"工科男"的思维来解释就是这个跷跷板是基于网络通信，远程同步传感器数据和视频数据，通过装置内部的动态配重，实现两个跷跷板远程互动。其中，整个装置内部装配各种传感器用来测试角度、位置、速度、高度、重量、距离等一系列数据，这些数据都是控制跷跷板的基础，是保证两台跷跷板精确互动的关键所在。

这个跷跷板应该会经常被运输，说不定将来还可以走出国门，所以我们希望跷跷板是便于组装、性能稳定并且成本可控的。由于时间紧迫，经过我们多次“减重”，最后的跷跷板的“体重”在 200 公斤。跷跷板已经完工，我们开始在“又一课”（逻辑思维旗下的众筹平台）上展开“路费众筹”。在大家的支持下，我们花了大概两天的时间就众筹成功了，并且登上了“又一课”平台的主页，获得了多方面的关注。在这里也要感谢每一位在身后支持我们的人。

（4）在这个项目之后，团队有什么计划

通过这次装置行为，我们发现我们还是有能力去帮助一些人将梦想变成可能的。希望之后大家可以把想法告诉 SeeekLab，你只是有一个想法或者有一个梦想，又或者是某个瞬间的灵感，我们都愿意用科技装置来帮助大家一起实现。

众筹结果：“跷跷板”第一次进入公众的视线，当时我们在 SeeekLab 的放映室进行了内部首映（图 2-29），当天便吸引了数十位圈内伙伴来观影。影片打动了不少和海滨有同样经历的父亲。我们希望的是观影者不仅仅是观看影片，而是让大家都参与进来，可以用我们的故事去影响一些人。

图 2-29

在当天采访完我们之后，在装置的微信公众号上发布了一篇“我们想家只是默默掉泪，别人想家创了世界纪录”的文章。该文章在很短的时间内取得了将近一万的阅读量。同时各个媒体也争相报道（图 2-30）。

图 2-30

综合评价：虽然此次众筹没有做预热活动，但是父爱的情感一直串联着整个主线，看到众筹信息的父亲，一定会动心。众筹平台选择“又一课“。大家都知道“又一课”平台是逻辑思维在 2015 年年初推出的新品牌，为年轻人的自我成长提供平台实现与资源支持。父爱情感的主线符合平台本身的定位，这是众筹成功的重要因素。此类众筹最大的赢家，除了主角刘海滨之外，当然要数 SeeekLab 团队，此众筹方法也不失为一种高效的营销手段。

2.3.3 众筹一个偶尔回去的家

众筹网推荐案例“500 块，在雪山安个家”（图 2-31），我们一起先和主人公了解众筹过程。

我是刘杰文，我放弃曾经舒适安逸的城市生活，去雪山搭木屋，想换一种活法，体验不一样的人生。我发起了“500 块，在雪山安个家”这一畅想，掏 500 块钱，过另一种生活的可能。

图 2-31

项目详情

朋友，你是否想过在雪山有一个自己的家？

杰文和扎西，将在举世公认的最美雪山（梅里雪山）建造一个青年的家。出门走马登雪山。回家上网、洗澡、睡大觉，你也可以参与进来，兄弟姐妹一起动手，把家安在“神山”下。我们一起劈柴、喂马、翻雪山、看云海，一觉醒来不愿走，想住多久住多久。

我们一起在这里建设“扎西家”（图 2-32），属于咱们的家。家里会安排各种路线，帮你备好马，走马登雪山。

图 2-32

（1）寻梦永无乡（3 天）：去最美虫草营地，去茶马古道最高神湖，去雪山木屋——永无乡。

（2）雪山看房团（7 天）：探索藏地秘境。走过虫草营地，走过雪山木屋，翻山进藏，走到神山背后，直达最美、最隐秘的地方。

（3）大转梅里雪山（7 天）：从家里出发，再回到家里，把梅里雪山太子十三峰都转一遍。

（4）去西藏的，可以不走芒康，从咱家翻山进藏，看过所有美景，再由左贡走 318 国道去拉萨，或走“丙察察”过然乌湖去拉萨。

（5）从西藏返回来的，也可以翻山去察瓦龙，走丙中洛去大理。

咱们村海拔 2600 米，不会有高原反应，不是旅游区。它不是瑞士，却比瑞士美，它的名字叫瑞瓦。但是咱们家没有瑞士发达，缺网络，需要翻山越岭牵网线；缺一个大厅，聚在一起不方便；缺一套客房，爬山回来睡不香；缺一个篝火院子，唱歌跳舞不尽兴；缺一排浴室和厕所，臭烘烘地跑到野地风太大。

所以，你想不想为家里做点贡献？

咱们牵网线（6 公里）；修大厅（100 平方米）（吧台、书房、藏家客厅）；造客房（16 个床位+6 个房间）；起篝火（100 平方米大院子）；建浴室和厕所（8 个人同时洗澡，8 个人同时方便）。

【回报】

500 元 · 真情家人

（1）在“扎西家”免费吃住一星期（跟扎西家人一起）（仅限 1 人 1 次）。

（2）在“扎西家”吃住之外，消费一律八折（山货除外）。

（3）购买“藏地自采山货”一律九五折（淘宝店铺名“有时遇见熊”，有虫草、松茸、玛咖等）。

（4）按支持的先后顺序，给家人编号，大哥扎西，二弟杰文，三妹，四弟……300 哥……（以扎西年龄为分界线，大的是哥或姐，小的是弟或妹）。

（5）在“扎西家”大门口，竖起一面“家人谱”，刻上所有兄弟姐妹的名字。

（6）刻有你名字编号的手牌，将请活佛开光加持，到家凭手牌相认。

1000 元 · 性情家人

（1）在“扎西家”具有永久居住权，吃住全免（跟扎西家人一起），不限次数，住多久都行（仅限 1 人）。

（2）在“扎西家”吃住之外，消费一律八折（山货除外）。

（3）参加“雪山看房团”一律九折（原价 5000 元，仅限 1 人）。

（4）购买“藏地自采山货”一律九折（淘宝店铺名“有时遇见熊”，有虫草、松茸、玛咖等）。

（5）按支持的先后顺序，给家人编号，大哥扎西，二弟杰文，三妹，四弟……300 哥……（以扎西年龄为分界线，大的是哥或姐，小的是弟或妹）。

（6）在“扎西家”大门口，竖起一面“家人谱”，刻上所有兄弟姐妹的名字。

（7）刻有你名字编号的手牌，将请活佛开光加持，到家凭手牌相认。

还有按照 2500 元、5000 元、20000 元不同的资金回报，各个回报也不同。

笔者也专程采访杰文，并提出了若干问题，杰文在回答问题中，透露了众筹之所以成功的几点重要因素。

（1）为什么选择众筹？

杰文：一是筹钱，一期预算大概是 45 万，我和扎西已经投入近 30 万，卖山货的钱都投进去了，需要大家的支持。二是为了找对人。你想啊，凡是家人，必定是性情中人，真正热爱雪山，愿意为此付出。众筹，可以帮助我们找到你，找到他，找到大家。大家成为一家人，聊天、喝酒、爬山，共建发展的平台。

（2）花那么多钱，具体要建什么？

杰文：建了很多啊。一楼修藏式大厅，大约 100 平方米，有吧台、书吧、沙发、音箱以及台球桌，还有留言墙、攻略及路线图；二楼是大客房，有 4 个大房间，16 个床位，男女分开，各 8 张床（图 2-33）。大楼侧边，在修篝火院子（100 平方米）。院子对面，修了一排厕所和一排浴室，可供 6 个人同时方便和洗浴，还放了两台洗衣机，给大家洗衣服用（图 2-34）。院子的旁边，再修 6 个普通间，给情侣或一家人住。

扎西家背后，会修山货区，用于晒虫草、核桃、烤松茸、烤野生蘑菇之类等，到时候可以给家人们尝尝。

（3）当地政府欢迎吗？

杰文：欢迎啊，相当欢迎。已经和政府谈过了，他们很支持。乡政府已经拨款建村牌，维修山路和营地。修的是从瑞瓦上山的山路，把羊肠小道修成骡马驿道，处理好危险路段，不会影响环境。村民上山挖虫草也可以用，对大家都有好处。

图 2-33

图 2-34

（4）此次众筹成功有哪些心得？

杰文：首先是取一个标题。千万别小看标题。标题太重要了。我求助的是营销大师“一闪”。哦，说到“一闪”，大家可能不知道，但谈到读客，谈到《藏地密码》《东北往事：黑道风云 20 年》《侯卫东官场笔记》等超级畅销书，以及大街小巷耳熟能详的广告语“田七牙膏，田七~”、“三精葡萄糖口服液，蓝瓶的”、“送长辈，黄金酒”、“西贝”等，你肯定听过吧。“一闪”是我们诗人圈子的叫法，他原名华楠，是读客的当家人。

从“一闪”身上，我知道了文字的神奇，远超乎我们的想象。万物以命为始。当年仓颉造字，天雨粟，鬼夜哭，难怪西方“大哲”说，“不是你在说话，而是话在说你。语言先于人而存在，你只是学会了使用它，是它塑造了每一个人，人无法想象没有语言的世界，要创造一种语言，就是想创造一个世界……”哦，不扯这么多了，“一闪”自己的理论更透彻、更前卫。好难懂。

我想叫《建最美雪山木屋，做最高海拔业主！》，“一闪”说，“不行，你这事儿很酷，但标题太不酷了。一个标题最重要的是两点：一个是良好的语感；另一个是购买理由。就是说你必须用好的语感，一口说出购买理由。我为什么要买你的东西，一看就知道，而且要有行动感，不能过脑子想半天，你让人家想，就是让人家犹豫，一旦犹豫，就不知道该怎么办了。最好的语感，不是文辞，而是口语。”

我想，是啊，你看王朔的书名，动物凶猛，过把瘾就死，玩的就是心跳……听一次就记住，还很有味道。最后，我们定的是《雪山乌托邦——500 块，做雪山木屋业主！》。

雪山乌托邦，读起来响亮，朗朗上口，把雪山和乌托邦联系在一起，有画面感，纯净洁白，可以寄托情怀，而“500 块，做雪山木屋业主！”一句话就说明了，你花多少钱，可以干什么。感谢“一闪”，从标题开始，让我们踏上了宣传之路。

其次就是做宣传。不知道别人是怎么宣传的，但我们的宣传是真诚。

在藏区，两样东西卖得最好，一个是红牛；另一个是老干妈。我开玩笑说，“红牛，为活佛加油；干妈，谁都认她做妈！”因为确实有用啊，红牛喝着带劲，“干妈”吃起来有味道。我们做宣传，也是这样，先是自己觉得好玩，持续不断地把“好玩”表现出来。

我们没有联系任何媒体，没有资源，也花不起那钱，只是在户外论坛（磨房）上，不停地发帖子。为什么选户外论坛？因为玩户外的，多少都有点情怀，他们是旅游的“排头兵”，负责发现“新大陆”，也更能理解一个正常人为什么要去荒野。

我是集中发帖，就发一个超长贴，发图片、讲故事，讲我遇见的人，告诉大家这里确实不一样，有另一种生活存在。

刚开始我们用文字和图片去展示这里如何美。过了一段时间，发现大家对我们的行为更感兴趣，就调整方向，诉说我们为什么要远离都市；再后来，直播建木屋的过程；再往后组织“雪山看房团”，说业主们的故事。我掏心掏肺地写了二十几万字，加上几百张图片，换来了不少点击量，直至后来推为“磨坊”年度最佳原创帖。

有人说，你写那么多，鬼看得进去啊。现在是读图时代，人们不再相信文字的力量。但是，无论时代如何发展，在可见的未来，仅靠图片还是无法传递复杂的人生感悟和思考。文字是走心的。你不知道在何时、在何地是谁在读它，就像同一个月亮，照亮了不同的山川河水，所投射出的内心风景，远比图片要美太多。事实证明，后来我们的业主，除了亲人朋友，80%来自“磨房”，来自户外论坛。

我就纳闷了，你为什么要所有人都知道呢？你需要的是认同，而不是知道。最后，眼看期限快到了，30 万还没筹满。迎来了再一次众筹。最成功的这次大家凑了 367，928 元。

是的，前面有了基础，要好做一些，但也有难点，你不能让人家投了一次再投一次，凭什么啊。你所做的事儿，在人家只是“看一眼”，当作生活中的调料而已，这次，我们要给大家实际的回报。

《雪山乌托邦——500 块，在雪山安个家！》，我想告诉大家，这里是瑞瓦，是茶马古道，有神山有圣湖，有藏家歌舞，从瑞瓦出发，可以去藏地秘境，可以去神山那边。你投了钱，永久免费吃住，在这里安个家，不吃亏。你掏 500 块钱，是“买”了另一种生活的可能。

现在就有不少家人带孩子过来住。看到这些孩子，我就很开心，他们在藏家度过一个暑假，谁知道会给童年增加了怎样的色彩。一个人的成长，光有物质条件是不够的，他还应该拥有丰富的人生记忆。

是的，瑞瓦很美，神山很美，但你要展示这种美，就必须要全心投入，花费大量的心思。最好有一个负责的美编，因为仅靠文字，无法做到简洁明了。我们的美编阿楠，是个沉默寡言的人，崇尚简洁，不跟你废话，也不允许文案有废话。尤其是他做的地图或示意图，就跟作战地图一样，尽量减少行军时间。更重要的是，他跟我一起徒步过，自有内心的一片天地，无论从情感上，还是执行力上都认同这件事，觉得这是一件非常有意义的事情，值得花时间去琢磨。

我们都觉得做众筹，不仅是钱的事儿。它实际上是一个圈子，把志同道合或相同审美的人聚集在一起，在雪山安个家，成为梦想的集合地，成为青年大本营。我做的最差的，就是没有花心思组织圈子，自己写得很“high”，没有时间去聊天、去分享。其实不需要太多圈子，做好一个圈子，大家产生了情感，就可以一起做好多事，“攻城拔寨”都有可能。

记得众筹快结束的时候，我还以为不会成功了，发了《致家人的一封信》，信中充满愧疚，即便不成功，我们还是要建好扎西家，欢迎大家的到来。结果家人们自发宣传，才几天的时间，就增加了十多万元，最终不断攀升，直至超额完成任务。家人们的巨大热情，令我大为感动，如今这个家，真的成为了大家的家。

（5）谈一谈关于你和雪山乌托邦？

杰文：这次众筹，从策划到执行都是自然而然的，不知不觉就完成了。一路走来，家人们给了我很多灵感。我们写东西的人，多少都有点反主流，不相信固定庸俗的东西，但并不代表就可以逃避责任。责任还是个好东西，是它让你的梦想有实现的可能，跟爬山一样，必须一步步踩下去。

我们的亲人、朋友、同学、同事，还有那些素未相识的家人，离我们越远，越觉得他们和我们血肉相连。他们给我们的支持，让我们的生活变得更丰富多彩，有些是见识上的、有些是情感上的、有些是心灵相通的，无论我们怎么做都无法完全回报。他们正看着我们，关爱着我们，期待着有一天来雪山相见。我想用心去做，自有一番新天地。这也是众筹的一种。

综合评价：众筹成功的因素有很多，显然杰文的成功，并不是借助预热时期的媒体宣传，而是传递给朋友们一种生活的精神。笔者相信，每一位参与的“家人”，一定都是爱生活的朋友。众筹，筹思路、筹模式、筹宣传、筹资金、筹人脉。更重要的是，筹感情，筹和你一样志同道合的朋友。

如果单纯是 B2C 模式企业转型和品牌重塑，产品众筹是最佳的选择。

第 3 章

网络营销引流运营系统

3.1 网络营销推广战术

3.1.1 百度 SEO 全面解析

对于目前全网营销推广，我会给大家推荐“三七法则”，在主要以 PC 端为主的网络营销系统内，企业把 70%的重点放在搜索引擎上，把 30%的重点放到其他营销平台上，类似博客平台、论坛贴吧平台等。尤其是 B2B 模式传统企业，大部分互联网流量在 PC 端还是通过搜索引擎。当然，任何一家企业如果不通过搜索引擎带来流量，那也一定会做搜索引擎表现，也就是当用户搜索相关词语，能够详细了解企业、认识企业。虽然现在移动互联网很流行，可是大家都有一个习惯，当第一次接触陌生信息时，会首先使用搜索引擎查一下。如果是移动平台，企业把 70%的重点放到微信上，把 30%的重点放到其他平台上。搜索引擎和微信营销目前都是企业开展互联网的重点，只是平台不一样侧重发力点不一样。而且，不同时期的 SEO 运营理念也会有所不同（图 3-1）。

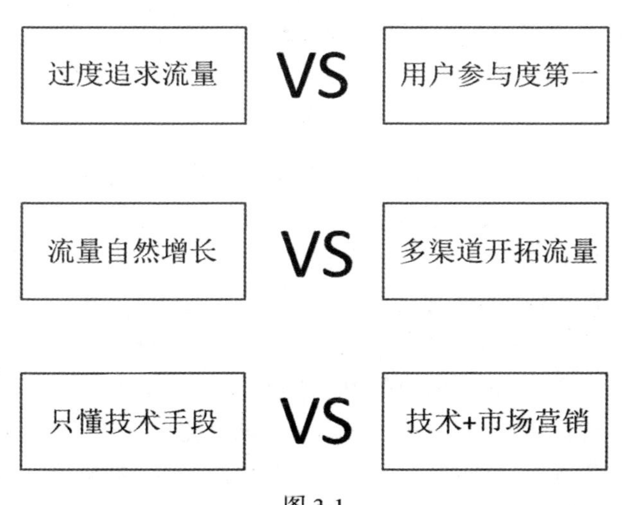

图 3-1

从 2016 年开始大家都在用互联网思维运营，慢慢脱离几年前“流量为王”的时代，从同一个维度开始增加对用户的参与，不只是执行层转变，领导层现在也不会单纯去以一个网站流量就完全制定标准。还会看到是否做到用户参与进来，让单一流量变成交互性质的适应，几年前大家做 SEO 多少会关注自然增长，只对搜索引擎本身流量过于关注，现在不仅要关注平台本身自然流量，还要开拓更多渠道来为网站引流。例如都会通过二维码的方式把线下流量引导到官方网站，在保证 SEO

正常推广的情况下增加网站流量。相比对于人员的选择，也不再是主打技术为主，高深的技术会让网站流量很大，但是交互感不强，现在的 SEO 是建立在技术基础之上的，融入市场营销概念，让用户自愿开心地通过营销手段和网站互动。例如许多 SEO 运营人员会在网站首页 Banner 图制作很多福利活动，用户参与感就会大大增加。

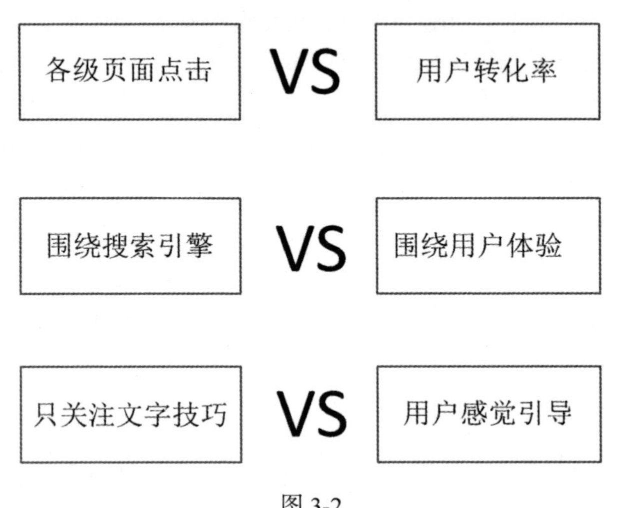

图 3-2

围绕用户的变化（图 3-2），相信做过 SEO 运营的朋友都会每天关注用户在网站内部浏览路径，分析各级页面的重要性，个别企业还会把用户路径做成报表来向领导汇报。对于现在 SEO 推广不仅需要这些，最主要归功于用户是否有转化，如果没有转化，流量越大说明网站问题越大。无论在追求点击量还是转化率，都需要源源不断地向平台输入内容，这时本意就要改变，做到不是为了点击量而做内容，而是在符合技术要求的同时，内容是用户能够参与的。例如同样在内容方面，关键词正常写入的情况下，内容越是通俗易懂和幽默风趣，用户的参与度就会越高。不仅这一个方向需要调整，在内容标题方面也要改变策略，如果仅仅为了提升排名和增加流量，内容标题会重点围绕关键词编写，更多的时候应该围绕有趣和能够吸引用户的方向，并且不只是在文字层面符合搜索即可，还要有多样化关键词变化，通过预测用户的感觉来部署。

在国内市场搜索引擎优化主要以百度为主，其他搜索平台辅助推广，做百度 SEO 前要确定通过百度要给企业带来什么。一种是用户流量，用户会产生需求，通过百度搜索关键词来查找能够满足需求的企业，这样的定位是超过一半企业都想要的。除了这种以外，对于初期创业的互联网公司，如果重点营销渠道没有选择百度，而是通过移动端渠道推广，那么百度表现是企业第一时间需要做的。当然，除了初期创业公司还有很多类型的企业。例如虚拟移动平台性质公司，也要通过百度表现让更多用户了解自己。两种不一样的定位会对后期 SEO 影响很大，首先是关键词的分析。

1. 关键词分析（图 3-3）

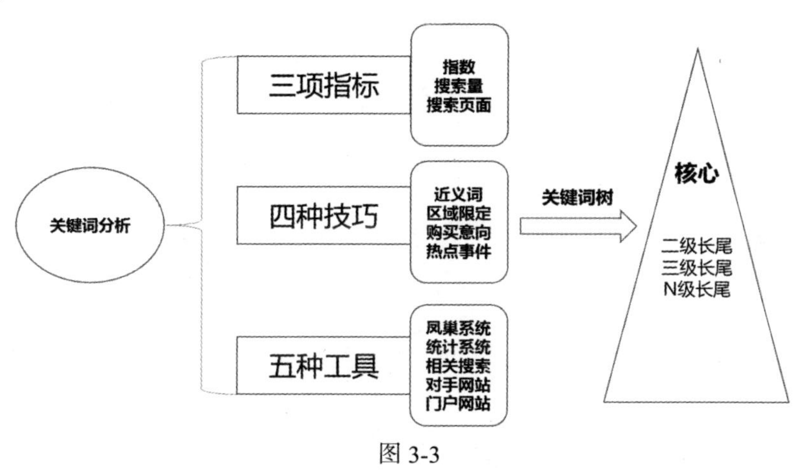

图 3-3

企业在开始前一定要对自己的企业进行关键词树建立，SEO 效果差的原因一定的因素是关键词全部是老板拍脑袋想出来的。正常关键词分析一定包含两种人，一种是企业负责人经营企业多年，对行业发展、行业术语、用户习惯都有很深的了解，但是对技术几乎不懂。另一种就是互联网从业人员，能够通过各种工具分析关键词可行性，并且预测关键词排名周期，可能对于行业不是很了解。需要把两种人结合在一起分析，共同根据自己强项分析出关键词并形成关键词树。如果定位是通过百度带来更多用户流量，多以产品词、卖点词为主进行拆分组合。百度表现多以公司名称、领导名字、主打产品名称为核心进行分析。百度表现的关键词因为是想以宣传为主，而且只要达到用户能够看到的程度就可以了，并且企业名字和产品名字竞争力不大，优化起来会比较轻松。但这时不仅要官方网站有排名，还要做好企业百度百科、百度图片、百度知道、百度文库、百度贴吧等多个平台的内容。

关键词树是从企业核心关键词到长尾关键词的分析方式（图 3-4），用 3~10 个核心关键词，扩展到多级长尾关键词，在分析长尾关键词时多用几种方式。比如区域限定，围绕企业主要销售区域划分，将核心关键词前面加上地区名；比如购买意向，例如我要销售一款产品核心关键词是矿泉水，可以在矿泉水后面加上购买意向组合词，矿泉水价格、矿泉水在哪里有卖等；还比如反问策略，在企业核心关键词后面添加反问等词语。例如矿泉水怎么样、矿泉水好吗等。这些是常用挖掘长尾关键词的方式，还需要注意方言等，例如东北人习惯称“什么”为“啥”等，也需要做好错别字计划。例如很多人在搜索产品词时会输入错别字，企业应该把和关键词相关出现频率大的错别字也作为关键词的一部分。

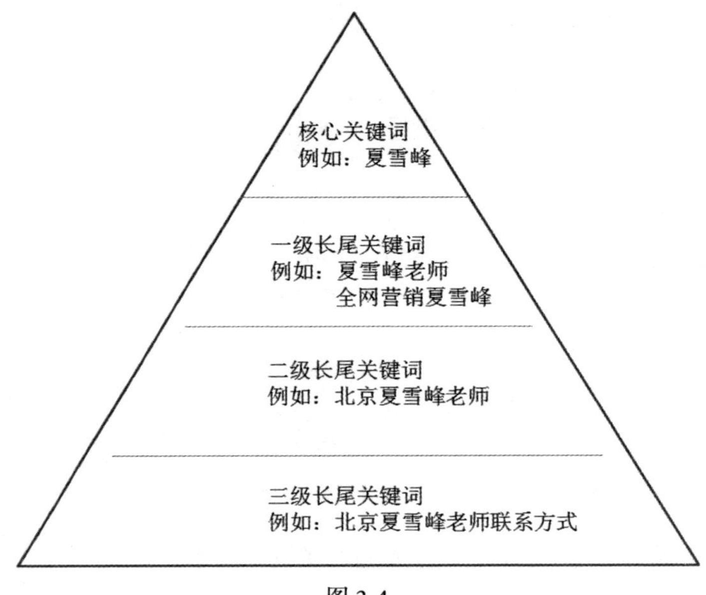

图 3-4

通过百度相关搜索推荐的词也可以作为企业可行性关键词，例如搜索“夏雪峰”，搜索框推荐关键（图 3-5）和页面下方相关搜索推荐关键词（图 3-6），百度会根据用户搜索量，列出常搜索的几个词，夏雪峰个人简介、夏雪峰老师、夏雪峰吧、微信营销应该这样做、飞猪侠夏雪峰，和自己企业和产品不相关关键词也有可能出现，只要有大量用户搜索，百度会适当推送。

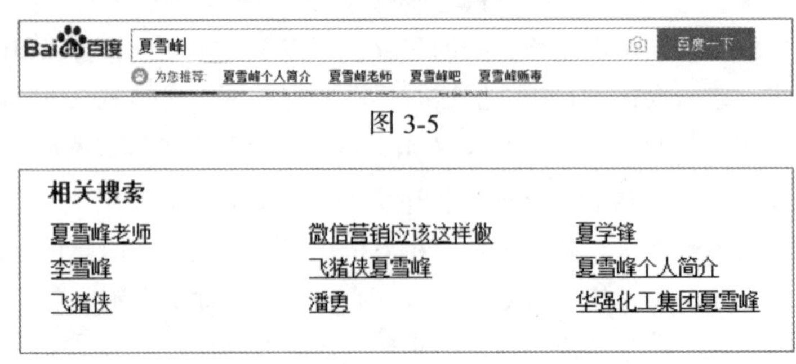

图 3-5

图 3-6

真正在市场投放关键词还需要进一步在关键词树中筛选，选择几组关键词，根据不同时期企业经营情况轮流投放，这里可以参考以下几点。

（1）百度指数（http://index.baidu.com/），平台主要以分析关键词为主，对 SEO 运营人员和企业主有很大参考价值，如果查询百度指数为 0 或者还没有被收录，这样的关键词一般是企业名称等，不能给企业带来太多实用价值，如果关键词指数是“3000+”，一方面不容易优化到首页，但是带来的 IP 也会在 600 个左右，这就根据企业运营人员水平自主选择关键词，在有把握优化到首页的前提下，选择指数值越大越好。

（2）百度搜索量，每当搜索一个关键词，百度都会提示“百度为您找到相关结果约多少个”，“夏雪峰”相关搜索量为 101000 个，也就是和我相关的页面有这么多。当然这个量级还是很容易优化到首页的，如果到千万数量级就可是难排名到首页了，当百度指数在 2500 左右时，一般的搜索量就会在 1 亿左右，可以对比来选择。

（3）分析竞争对手，搜索挑选关键词，查看排名在百度首页前 10 位的网站情况，如果没有出现同行竞争对手网站，说明关键词可能不精准，大家都不选择。还有就是企业网站很难优化到百度首页，可以尝试选择换词语。如果有竞争对手网站排名在百度首页，浏览分析竞争对手网站，考虑企业本身情况能否超越其排名。

2. 站内优化

在网站建设原型图阶段，同步规划 SEO 站内布局，3 个重点标签为标题（Title）、关键词（Keyword）、描述（Description），标题可以设置为企业全称和一句话广告语，描述是对企业的简短介绍，并突出产品优势。两个标签会出现在百度排名页面，决定用户在搜索关键词看到很多网站，会不会首先选择哪家网站进行浏览。关键词标签主要为搜索引擎设置，企业想让用户通过哪些关键词搜索并看到自己的网站，就要在关键词标签里面进行设置，一般不超过 10 个，并且中间用半角逗号隔开。

“H1~H5”属性，网站内部建设首先是在代码层进行，H 属性相当于通过代码把网站分出主次，搜索引擎通过 H1 到 H5 的顺序抓取，按照产品大类是 H1，一直到下面某一款单品为 H5 等。如果细分品类延伸比较广，也可以到 H6 等。在实际操作中，大部分企业 H 标签都不会细分太多。

“Alt”属性，此标签是对网站图片进行标注，当我们在网站上涉及图片时，搜索引擎抓取收录过程中，还达不到人眼识别的高度，就需要企业在代码优化中，把图片进行名称解释，这样也有利于当搜索关键词时，点击百度图片会单独显示。

网站导航，在整个网站中起决定性因素，使用老模板建立的网站导航多为首页、产品中心、经典案例、新闻中心、资质荣誉、联系我们、关于等，对 SEO 起不到作用，需要在导航设置 1~2 个专题页，主要介绍核心产品，另外确定优化关键词也要尽量部署到导航里。

网站地图和 robots.txt，当搜索引擎“蜘蛛”访问网站，第一个查看的文件是 robots.txt，我们自己设置不想让百度抓取的信息，例如数据库等。“蜘蛛”喜欢抓取的页面是网站地图，目前市场制作地图的工具有很多，又称作是站点地图，上面放置了所有页面链接。

关键词密度，也叫关键词频率（Keyword Frequency），所阐述的实质是同一个概念，它是用来量度关键词在网页上出现的总次数与其他文字的比例，一般用百分比表示。笔者个人比较习惯使用站长工具（http://seo.chinaz.com）查询页面关键词密度信息，这个平台的建议值是 2%~8%，其实只要不是恶意堆砌，密度值越大越好，因为我们网站是给用户看的，只要不影响用户体验，不可能涉及太多企业关键词，保持正常优化即可。但是如果要优化的关键词密度过低，需要在代码层和内容层两个层面提升关键词量级。

3. 外链建设

行业内有句流行语是“内容为王，外链为皇”，说明了外链对于网站优化的重要性，外链分为 3 种形式。第一种是描文本，在其他网站发布文章，企业关键词带有链接，单击链接可以直接跳转到企业网站，这是目前使用最多的一种外链建设形式，能够有效地提升 URL 排名；第二种是超链接，在其他网站单击图片、文字等可以直接链接到企业网站，达到提升网站权重等作用；第三种是文本，直接使用文字方式，虽然没有链接导入和通过页面信息同步抓取，但是也会对网站排名有作用。

友情链接的特点在于能快速为网站带来流量，并有效地提升网站权重和排名。但是在交换友情链接的过程中，不是越多越好，一定是内容越接近越好。找到和企业相同行业或者相近行业交换，对方站点 PR 值尽量高于自己，并且不要用 LOGO 图片显示，在对方网站使用文本方式跳转。

4. 优质内容

想要网站排名在百度首页，要持之以恒的运营维护，坚持每天上传内容，保证“蜘蛛”在抓取过程中都能发现新内容，内容主要分为 3 大类。

（1）原创内容

顾名思义，这是最受百度欢迎的内容更新方式，如果每天坚持原创内容，能大大提高和搜索引擎的友好度，有很多 SEO 运营人员都为收录少而发愁，原创文章可以说是解决这一问题最正确的办法。当然，这里提到的原创不是随便写一些就能够带来效果的，需要高质量文章，一方面是要符合企业定位，每个主题和相对频道遥相呼应，不能在产品介绍里面瞎写和产品不相关的内容。另一方面做好内链，把整个网站当作以一个点为核心的网状结构，首页便是这个网的核心，围绕首页所有子页面互推互联。其实早在 2013 年百度搜索团队就推出“星火计划”，原创星火计划一期主要侧重于新闻资讯类内容，采用邀请制。在二期中，一方面，百度搜索团队将继续扩大覆盖范围；另一方面，在各个垂直领域内将邀请部分优质原创内容较多的网站加入。同时，原创“起源”算法的升级将于近期进行，对大量的个人优质原创型内容将有较明显的效果提升。原创内容也是建设外部链接的重要办法，不仅针对网站的本身内容进行原创，在其他平台发布外链文章也需要原创，在交换友链过程中，成功概率也会随之提升，因为其他网站运营者没有必要链接到一个没有实质内容的网站。

（2）伪原创

从字面的意思就能明白，实际是把别人高质量原创的文章，对内容进行修改，使搜索引擎认为是一篇原创文章，此种方式多见于新网站刚上线，由于缺乏大量内容，又想快速丰富网站，使用伪原创工具进行内容一键生成。还有少部分 SEO 运营专员为了应付工作内容，不愿意付出时间和精力写原创文章，使用和页面相关关键词在百度搜索，然后通过工具更新以后发布到网站上。目前伪原创主要对于标题替换的方法分为 3 种。第一种是数字替换法。例如标题为巴西蜂胶对 30~50 岁妇女调理身体有 10 种好处。把中间出现的数字进行合理替换，或者在替换过程中加上一句自己的话；第二种是词语替换法。这就是把词语进行更换，当标题出现标志性词语或者存在近义词的词语时，通过意思相近的词语替换。虽然是换了词，但通读起来意思不变，百度在抓取过程中会认为是两个不一样的词语，造成收录效果也不同；第三种是文字排序法。把词语调整互换，在保持和原标题意思相同情况下，打乱排序顺序。

（3）杜绝抄袭内容

如果说是伪原创内容，虽然不建议大家这样做，但是由于部分人员同时维护多个网站，没有大量的时间创作高质量原创文章，适当会有伪原创行为。抄袭原创是在做 SEO 运营一定要杜绝的行为。有的人投机取巧在其他搜索引擎搜索内容，看到百度没有收录就原封不动地在自己网站更新，并提交到百度，这种做法只会被百度发现后进行惩罚，不会对网站排名带来任何实质性作用。

5. 站群策略

俗话说“人多力量大”，在 SEO 优化过程中也是同样的道理。如果一个新网站单独优化，能达到可观的效果至少需要一个月的时间，但是如果有一个已经排名不错的站群帮助新网站提升，就能省去很多时间，在站群策略中有两种有效的通道。一种是自建站群。对企业来讲，域名和空间的费用不高。而随着互联网行业逐渐被大家所了解，网站建设也已经不再是最大的问题，就可以按照企业自身经营范围，建立多个网站，通过各个网站互相链接，内容共享等方式，能够很快地把新网站做得很不错。当然，这种方式就需要企业要多配置 SEO 运营维护专员，保证每一个新站都是高质量原创内容和真实有效的友情链接，切忌在新站过程中急于求成，把网站和低质量网站相连，导致其他网站被惩罚，会连带企业整个站群；另一种是站群合作。如果企业就只对一个网站进行 SEO 优化，没有时间和精力自建站群，可以找在市场中已经成熟的站群企业进行合作，通过其他站群提升自己。国联集团旗下以国联资源网为主网站，还有很多其他行业分站，例如中国冶金工业网、中国海洋产业、涂多多等平台，已经形成稳定完善的站群体系，会对一个新网站排名的提升起到非常大的作用。

3.1.2 付费推广及其他搜索引擎

1. 百度付费推广营销

百度推广由百度公司推出，企业在购买该项服务后，通过注册提交一定数量的关键词，其推广信息就会率先出现在网民相应的搜索结果中。简单来说就是当用户利用某一关键词进行检索时，在检索结果页面会出现与该关键词相关的内容。由于关键词是在特定关键词检索时，才出现在搜索结果页面的显著位置。比如企业在百度注册提交“夏雪峰”这个关键词，当消费者或网民寻找“夏雪峰”（关键词）的信息时，企业就会优先被找到。百度按照实际点击量（潜在客户访问数）收费，每次有效点击收费从几毛钱到几块钱不等，由企业产品的竞争激烈程度决定。

百度推广和 SEO 搜索引擎优化搭配使用，当企业确定自己投放的关键词，由于百度指数、竞争对手、自身技术等原因，很难在百度首页有所排名，但是这个关键词又是精准用户经常搜索的词语。在这种情况下就需要企业考虑是否加入百度推广，利用付费方式排名在百度首页，并且不需要大量 SEO 运营人员，在后台操作即可。如果企业经常更换关键词，SEO 优化排名需要时间，并且排名到首页的信息很难在短时间消失。这种情况也适合考虑加入百度推广，投放百度推广的资金一旦使用完毕，企业信息就会自动下线，用户搜索也不会再搜索到，相比 SEO 优化排名更加便捷。无论企业是何种情况，在选择百度付费推广方式都要结合自身企业情况，酌情进行资金投入，并经常统计投入产出比。

百度推广后台可以实现充值等服务（图 3-7），并可以对关键词定点投放。企业目标用户假如都是在北京区域，在投放过程中可以选择推广区域只有北京，这样就只有在北京的用户能够搜索到关键词并看到推广信息，其他地区的用户不会看到，这样企业也不会因为无效点击浪费资金。这么做不仅能够进行定点投放，还可以根据企业目标用户时间进行时间设定。例如 B2B 模式企业大部分都是在工作时间搜索产品，这时如果半夜再投放推广信息，带来的用户相比白天精准度会下降很多。根据投放关键词价格、投放区域、投放时间等因素确定企业预算，或者根据企业自身网站和客服情况，也可以进行预算处理。防止因为大量客户在集中时间访问造成系统瘫痪，同样防止集中时间电话咨询造成服务不佳，发生此类情况都会影响客户对企业的信任度。

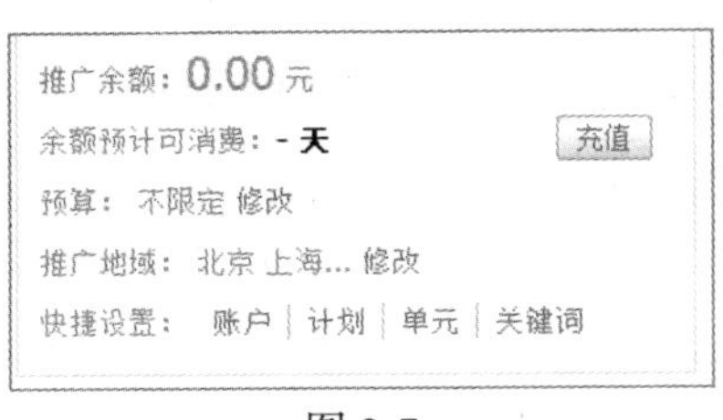

图 3-7

2. 360 搜索引擎

360 综合搜索属于元搜索引擎，是搜索引擎的一种，是通过一个统一的用户界面帮助用户在多个搜索引擎中选择和利用合适的（甚至是同时利用若干个）搜索引擎来实现检索操作，是对分布于网络的多种检索工具的全局控制机制。而 360 搜索属于全文搜索引擎，是奇虎 360 公司开发的基于机器学习技术的第三代搜索引擎，具备“自学习、自进化”能力和发现用户最需要的搜索结果的能力。

相比同行其他搜索引擎推出的时间较短，但是占据搜索市场率已经超过 30%，依托 360 整个平台体系，不断地向搜索引擎引流。如果一直按照这样的速度发展，企业必将要提前重视。由于 360 新生性，现阶段还需要大量高质量原创内容，包容性也会比其他平台强，只要能够为企业带来用户流量的渠道，都值得去尝试。

3. 搜狗搜索

搜狗搜索是搜狐公司于 2004 年 8 月 3 日推出的全球首个第三代互动式中文搜

索引擎。是中国领先的中文搜索引擎，致力于中文互联网信息的深度挖掘，帮助中国上亿网民加快信息的获取速度，为用户创造价值。

最大的亮点是 2014 年推出的微信搜索，根据关键词直接通过平台搜索文章或者公众号名称，对用户而言，除了在朋友圈和公众号可以直接获取信息，产生个性需求也多数是在微信平台本身进行搜索。对于新媒体运营人员，工作时间还是在 PC 端居多，无论是编写公众号文章时参考其他平台，还是学习提升都非常方便，并且维护好自己的微信公众平台，也是增加了一个渠道展示。对于企业不单单做 SEO 优化排名，更要注重微信端的信息展示。

3.1.3 外贸搜索引擎汇总

Google 全球最大的（机器）搜索引擎。主要搜索结果将列入 AOL、Netscape、iwon 和 Go。Google 在对网站进行排名时，不仅衡量关键词与页面的匹配度，也考虑外部链接。网站拥有的外部链接越多，说明它越受欢迎。于是 Google 将其作为主要因素来考虑，并发明了 PageRank 来专门衡量该外部链接。

Yahoo 是世界上最早的分类目录，也是最大的门户网站。它的搜索结果最初来自于 Google，后采用 Inktomi（已被雅虎收购）提供的结果。Yahoo 现在开发了自己的搜索技术，称为 Yahoo Search Technology (YST)。搜索结果个数与 Google 相当。

MSN 隶属于微软公司。MSN 提供的 Hotmail 和 MSN Message 极受欢迎。但 MSN 没有自己的搜索引擎，一直采用其他搜索引擎的结果。比如 MSN 主要搜索结果来自于 Inktomi，竞价广告原来由 LookSmart 提供，但于 2004 年初改为由 Overture 提供。

AOL 即美国在线，是美国也是世界上最早的门户网站之一，几年前已与时代公司合并，成为美国在线——时代华纳公司。AOL 目前的主营业务是 ISP。其搜索结果全部来自于 Google 提供。也就是说，有良好的 Google 排名也有良好的 AOL 排名。

Lycos 是西班牙公司，全称为 Terry Lycos，是全世界最早的搜索引擎之一。但目前 Lycos 已放弃自己开发的搜索技术，而主要搜索结果来自于 Alltheweb。另外，其竞价排名结果来自于 Google 的右侧广告。

Ask Jeeves 是规模不大，但很有特色的搜索引擎。Ask 是 DirectHit 的母公司，于 2001 年收购 Teoma 搜索引擎，并全部采用其搜索结果。奇怪的是 Ask 的竞价排名结果却仍然来自于 Google 的右侧广告。

Overture 是最早的付费搜索引擎（竞价排名搜索引擎）。搜索结果被 Yahoo、MSN 等采用。Overture 收购了 Google 的对手 Inktomi 后被 Yahoo 收购，是 Google AdWords 目前最大的竞争对手。

Netscape 即网景公司，Netscape 最初被广大用户认知是因为它的 Netscape 浏览器。但网景公司研发的浏览器现在几乎完全被微软的 Internet Explorer 浏览器逐出市场。只有少数的网民（不使用微软操作系统的）使用 Netscape 浏览器。Netscape 的搜索结果全部来自于 Google。另外，全世界最大的开放式目录 DMOZ 隶属于网景公司。

AltaVista 是全世界最古老的搜索引擎之一，中国网民很难访问。该搜索引擎已于 2003 年被 Yahoo 收购。同时被 Yahoo 收购的还有 AllTheWeb。微迪认为，AltaVista 不久可能会销声匿迹，因为 Yahoo 并没有采用 AltaVista、Alltheweb 或者 Inktomi 的搜索结果，而是重新开发全新的搜索技术。

Inktomi 不向终端用户开放，只对搜索引擎提供搜索结果。于 2003 年被 Overture 收购（Overture 最后被 Yahoo 收购）。在 2004 年 Yahoo 开发自己全新的搜索引擎技术之前，Inktomi 还是全球第二大搜索引擎，其搜索结果被 Hotbot、MSN 等著名的网站采用。

3.1.4　案例实操详细信息

案例 1：广州市聚赛龙工程塑料股份有限公司成立于 1998 年，是专业从事塑料改性、工程塑料合金、功能高分子材料及热塑性弹性体研发、生产、销售和技术支持服务的省高新技术企业。公司拥有雄厚的研发力量和技术创新能力，先后多次承担国家、省市科技项目，自主研发产品。工厂具备年产 10 万吨改性塑料的生产能力，公司研发中心拥有各类先进的材料研发设备和检测仪器。产品被广泛应用于汽车、家电、电子电器、电动工具、办公设备、电工器材、建材、医疗器械、LED、电工用具、照明、卫浴等领域。

根据企业情况，分析出关键词树，并在其中筛选精准关键词，排名在百度第一位的关键词有：

聚赛龙（图 3-8）、广州市聚赛龙、广州市聚赛龙工程塑料有限公司、聚赛龙 ABS 改性塑料、PA 改性塑料研发厂家、聚赛龙 PA 改性塑料、聚赛龙 PPO 改性塑料、改性塑料研发厂家、磁性塑料研发厂家、聚赛龙 PP 改性塑料、聚赛龙改性塑料、聚赛龙磁性塑料、净水器用 PA、净水器用塑料、红外线阻隔 PC 塑料。

图 3-8

站外推广信息一方面能够提升官方网站排名，还能使用户直接访问浏览，增加企业品牌知名度（相关网址参考附录 1）。问答平台优化的作用在于帮助企业提升百度展现量，用户通过关键词搜索，在第一时间了解企业产品信息（相关网址参考附录 1）。

案例 2：北京视未来眼镜有限责任公司创立于 1994 年，公司自成立以来一直坚持以“品质是企业的灵魂，服务是企业的生命”为理念，集开发、设计、生产、批发、代理于一体，是专业销售光学镜架及品质太阳镜的眼镜企业。公司历经近 20 年的不断努力，已经发展成一个拥有精良的进口生产设备、先进的加工工艺、专业的检测手段、完善的售后服务体系，拥有成熟的管理团队及专业技术人员齐聚的现代化企业。

根据企业关键词树分析出精准关键词进行优化排名，在百度首页第一位的关键词有：田崎眼镜（图 3-9）、永远辉煌眼镜、觅拓眼镜、视未来老视镜、视未来老花镜、视未来眼镜批发、视未来澳罗拉。

图 3-9

视未来眼镜外链建设有很多（相关网址参考附录 1），也在问答平台进行了相关部署（相关网址参考附录 1）。

小结：通过对两个案例的详细信息分析，结合企业自身情况分析出关键词树，并在其中进行二次筛选，确定主推关键词以后仿照类似信息编写内容，选择适合企业的推广平台投放，无论是问答平台、百科平台、文库平台、第三方平台，在主题明确的情况下高质量内容最关键。

3.2　网络营销“引爆”流量六大方式

3.2.1　活动营销、事件营销策划实施

活动营销（Marketing Activities），国内有人把他直译为“营销”。所谓的活动营销是指企业通过介入重大的社会活动或整合有效的资源策划大型活动，从而迅速提高企业及其品牌知名度、美誉度和影响力，促进产品销售的一种营销方式。

事件营销是指企业通过策划、组织和利用具有新闻价值、社会影响以及名人效应的人物或事件，吸引媒体、社会团体和消费者的兴趣与关注，以求提高企业或产

品的知名度、美誉度，树立良好品牌形象，并最终促成产品或服务的销售的手段和方式。

两种网络营销方式具有共同特点：**第一点是爆发性**。这点符合互联网快传播属性，一旦活动或者事件被小众群体知道，就有可能瞬间引爆互联网平台，造成朋友圈刷屏、微博刷屏等情况，进而对策划主品牌效应和产品销售有显著效果；**第二点是时效性**。任何营销方式都有高潮期，类似搜索引擎营销往往都会持续几年时间，可是这两种营销方式能够达到高潮期，最多会维持一个月的时间，多数在不到一周就会回落；**第三点是标志性**。虽然热度持续的时间很短，在用户心中会留存很久。例如现在提到“凤姐”，也算是当时的“风云人物”。现在看到聚美优品的宣传语“我为自己代言”依然记忆犹新。

一套完整的活动营销或事件营销执行体系由 5 个方面组成。

（1）活动策划

任何企业产生行为，都在掌控以内进行，如果超出可控范围后果会非常可怕。这时一份相对严谨细致的活动策划书很重要，一般包括以下几个部分：**第一个是活动目的及意义**。用简洁明了的语句描述，突出鲜明主题，作为整体策划结果导向，形成数字化、具体化、可量化表现，并从经济效益、品牌效益、社会价值、媒体效益来阐述；**第二个是活动形式**。用户体验式分享活动，分为线上和线下两种模式，线上用户在平台以游戏、虚拟现实、抢红包等多种方式进行体验，完成后通过社交平台分享获得的收益，也可以通过线下试玩、试吃、试穿等活动引导用户线上社交平台分享。不管是线上体验还是线下体验，两种方式都能达到快速裂变的效果。选秀大赛类 O2O 活动，可以单纯地使用线上平台进行整体投票活动，更多的是根据线下和线上结合的方式进行选秀类筛选，一般以才艺或者孩子为重点。有奖征集，对文字、图片、视频为载体的明确主题性质内容进行征集，在征集过程中以现金等奖品对高质量内容进行奖励，由于奖品诱惑力，大大提升了用户的参与度；**第三个是活动平台**。定位是高转化性质，需要明确销售额或用户数的活动首选的平台是微信，公众账号为主，个人微信为辅。如果重点打造品牌知名度，塑造品牌影响力，利用活动使某一款产品或者公司能够快速进入大家眼球，这种定位多以微博平台为主，其他网络营销平台辅助；**第四个是活动预算**。没有天上掉馅饼的事情，不管企业策划任何活动，都会涉及预算问题，笔者认识一个传统企业老板，认为营销就是应该负责人通过各种渠道和方法，使用零成本的方式进行品牌和产品宣传，这个观点本身就是错误的，任何正常营销策略都是有预算支出的，零成本高效果完成营销方案是极少数情况。当然，预算也不是钱花得越多越好，对企业来讲每一分钱都要花在刀刃上，要求策划人员一定对预算的每一分钱的用处都记录清楚，无效渠道能减则减；**第五个是团队组建**。一场大型企业营销活动离不开整个团队共同协作，重中之重的岗位是文案设计人员，文案决定用户能否有兴趣参与进来，也决定在宣传中用户自发分享。2015 年锤子科技发布一个文案，其中主语是“美得不像实力派”，顿时让千万用户自发形成文案，达到非常好的效果。

（2）活动预热

营销活动有两种时间分配方式，总体时间大多数在 30 天左右。第一种是可参与活动时间总长为 30 天，微博蓝 V 类型后台活动可以设置不到一个月，用户每天都能参与，这样能够利用时间优势不断地增加参与黏度。另一种方式是可参与时间为 10 天左右，剩余 20 天则作为活动前期预热阶段，除非是知名企业，否则都需要在策划活动时留出预热时间，引导用户在主体活动发出时候参与，即使是知名企业，也不乏大家在做活动预热宣传。例如阿里集团在每年“双十一”前几个月就开始进行活动宣传，包括大量投放线下媒体广告，线上提前进行小型促销优惠活动。京东每年在“618 品质狂欢节”前也做足了宣传，即使还没有到 6 月 18 日，京东商城就开始推出产品抢购活动，通过分时抢购来使用户慢慢提升关注度，为活动当天做充足的准备。电商活动以外的其他活动，例如策划事件营销等，也需要在真正推事件之前做好预热铺垫。

（3）活动引爆

能够瞬间引爆活动或事件的平台，首选当然是微博。活动可以在其他平台进行，但是引爆起来从而成为大家关注热点，最直接的方式是从微博平台造势，如果有资源的企业可以提前联系好各个资源主，在活动推广的当天一起参与进来。我们都知道，微博如果转载量超过 1000 次，很容易成为热门微博，而且建立的话题超过 100 万阅读量，也有机会登陆热搜榜，不管是成为热门微博，还是显示在热搜榜中，无疑都是帮助活动引爆的重要的渠道。所以引爆点一定是有大量的资源同时涌入才有计划的，前提是活动形式和活动主题足够吸引大家。可以回顾前面章节提到的全员营销，在没有资源并不想设置预算的情况下，企业全员营销在这个环节会起到相当大的作用，只需要大家把资源利用好，让每一位员工的努力都转变成实用价值就可以了。

（4）收尾引流

对于活动营销里依托于平台方式进行的活动，用户参与以后可以直接引流到平台数据库中。例如选秀参赛类、有奖征集类、线上体验分享类，多数需要用户提前关注微信公众平台才能全流程参与活动，但是针对事件营销就不太容易做数据引流。这点也是策划事件时的关键性因素，考验企业如何保证在达到品牌效应的同时真正吸收到数据。一般在这种情况下会通过两种办法解决，一种办法是在整个活动策划的同时，宣传活动同时宣传平台，让大家在关注事件时对企业平台产生认知，引导用户通过浏览平台方式做到流量留存。另一种办法是类似锤子科技的方式，当“美得不像实力派”文案一出，他们的官方微信公众平台就开放接口，可以在关注微信公众平台以后输入自己的图片和文字信息，自动生成和宣传文案一样的图片，进行用户自我宣传。这种方式就是建立自主渠道唯一性，让用户关注事件或在想参与事件时，通过企业平台本身的服务对用户进行数据留存。

（5）二次传播

如果做到流传度广，一个必备因素就是有高质量的内容，然而企业在策划任何一次活动时，无疑都是在为企业本身制作原创内容。有大多数企业在做二次传播时，把活动的情况在企业本身官方微博、官方微信发布，但是没有重视起来，当然也不在于选择的发布渠道。在活动结束后无论成功或者失败，都是引起同行和竞争对手关注的热点，所以一定要认真对待，把握住热点。如果活动非常成功，把用户在参与活动中作为创客角度生产的内容发布出来，同时把活动成功的因素描述展示给用户看；如果活动失败，可以总结失败的原因，并为下次活动做好经验储备。笔者在六月份参加“推一把”主办的互联网营销大会，在会议结束的第二天，上百家媒体对笔者参与的论坛进行报道，形成了对整个会议二次传播的效果。

案例：重点关注活动整个的框架设计和流程设计，活动类型和平台可以进行更改。

最萌宝贝评选 O2O 活动

（1）活动目的

通过两个月的活动推广和宣传，最低增加微信公众平台 2 万名粉丝。

（2）目标对象

6 岁以下儿童。根据产品属性，定位儿童年龄，主要参与人是其出生于 80 年代、90 年代的父母。

（3）活动主题

寻找中国“最萌娃”，与产品商相聚上海迪士尼，和上海迪士尼开馆同步宣传。

（4）活动时间

系统上线时间：2016 年 4 月 17 日；公告发布时间：2016 年 4 月 17 日；参赛报名时间：2016 年 4 月 17 日；活动开始时间：2016 年 4 月 17 日；活动结束时间：

2016 年 5 月 24 日。

（5）活动方案

1）主页面展示的设计要求：萌娃、产品商、迪士尼、温馨、有爱。

2）活动公告

①活动内容公告路径：微博、公众号、个人微信、个人 QQ 空间、搜狐自媒。

②活动公告在公众号内发送，以纯文本的形式（案例：寻找中国最萌娃活动开始啦，你家宝贝是不是有许多可爱瞬间，这些瞬间让你哭笑不得，那就赶紧晒出来吧！一起寻找中国最萌娃，也许你家宝贝就是哦。我们将通过全民投票的方式评选出萌娃前十名，相聚于上海迪士尼乐园一起嗨翻这个夏天！！！还有儿童智能产品等万元大奖等你拿，赶紧动动手指亮出你的最萌娃吧!!!）。

③微博、个人微信、个人 QQ 空间由设计部门专门设计宣传海报，有二维码，形式和主页面内容相似。

3）参选报名

报名方式是人工干预和自然流量相结合的方式进行（计划人数大于 900 人）。

①自然流量主要是通过微信公众号和员工微信、QQ 空间的引入参赛选手。

②分配员工临时打造地面推广团队，深入北京地区的幼儿园、科技馆、商场、公园等场所，地面推广应准备二维码小型海报；同周边幼儿园协调，进行活动的推广，与幼儿园达成战略合作协议。

（6）活动规则

1）本次活动进行投票评比，最终选出票数最多的前十名。

2）本次活动全程禁止恶意刷票，否则予以锁定投票。

3）本次活动的参与对象是 0 到 6 岁儿童，请诚实参加本次活动。

4）微信公众号后台回复选手编号可以快速投票，投票后请不要取消关注，否则会自动减去所投票数！每人每天可以投 3 票，每人每天对同一个选手仅限投 1 票。

5）本次评选分为投票和萌宝展示两个内容。其中投票占 80%，个人展示占 20%。

6）个人展示发送萌宝视频和记录萌娃的文章给我们，我们以阅读量作为标准。

7）评分方式的投票环节，最高票数为满分 100 分，其余得分按照与最高票数的比例乘以 100 计分。例如第一名是 800 票，第二名是 700 票，则第一名的得分是 100 分，第二名的得分是 87.5 分（700/800 × 100），其余名次得分以此类推；评分方式的萌宝展示环节，最高点击阅读量为满分 100 分，其余按照与最高阅读量的比例乘以 100 计分。例如第一名的阅读量是 1000，第二名的阅读量是 900，则第一名的得分是 100 分，第二名的得分则是 90 分（900/1000×100）。最终得分=（投票得分×80%）+（萌宝展示得分×20%）。

（7）奖品设置

参与活动前十名的奖品分别是奖金 3000 元；上海迪士尼乐园门票（一家三口）；儿童智能玩具一台（价值 300 元左右）。

（8）文案支持

本次活动文案一共发文 6 篇，其中活动文案 4 篇，公司营销文案 2 篇，文案要求原创和图文协调搭配。文案撰写根据要求由公司和设计部门完成。

第一篇文案为活动开始前的文案，文章整体感觉要嗨，附带游戏规则；第二篇文案为活动开始后第五天，介绍比赛的概况；第三篇文案为第二轮投票以及第一轮得奖情况公告，附所有名单；第四篇文案为决赛开始以及第二轮投票结果公告；第五篇文案为决赛结果以及赛事回顾；第六篇文案为精彩回顾，拍成视频。

活动还包含技术支持、售后支持、活动预算等方面。整个活动的策划，要从活动主题、活动目的、活动方式、活动时间等整个流程进行方案制作。

3.2.2 新闻营销系统

新闻营销又叫网络软文营销，利用互联网技术，整合国内众多家网站优势资源，借助网络新闻媒体的权威性和专业性，运用新闻报道传播手段，对企业品牌、产品、服务、人物、活动项目等进行全方位包装与传播，多角度、多层面诠释企业文化、品牌内涵、产品机理，快速提升品牌知名度、塑造品牌美誉度和公信力。在知名媒体上发表并广泛传播，从而引领产品潮流，指点行业江山，指导购买决策。新闻营销有几个特点：**第一个是即时性**。通常在发布时受众用户就开始接收，和搜索引擎优化不同，没有时间局域性，尤其是现在新闻平台大量增加，目前主流新闻平台包括腾讯新闻、搜狐新闻、网易新闻、今日头条、天天快报等。只要有新内容发出，这些平台会第一时间通知到用户；**第二个是海量性**。新闻也属于靠量取胜的营销渠道，除非是爆炸性新闻，其他很难利用一条信息马上引起大众关注，然而对普通企业而言，页面不会产生一些爆炸性信息，多样化的新闻平台除了这点以外，就要发布大量同一主题的信息，做到用户无论使用哪个平台，无论何时在关注平台，都能获取企业信息**第三个是交互性**。越来越多的新闻平台开始注重平台功能，现在这些平台不仅是信息发布出口，还是提供用户针对某一事件进行交流的平台，交互性越来越强，同样也需要企业重视起来；**第四个是权威性**，“新闻”这个词本来就带有权威性，新闻营销就是通过新闻方式进行营销推广，呈现出效果相比其他方式会更正式一些，这就非常适合企业正面宣传；**第五个是性价比高**。做好新闻营销有两个通道，一个是自建新闻平台，让大量媒体进行入驻，这种可控性非常高。还可以在不同新闻平台进行入驻，自己建立并维护其他平台的账号，也可以有一定可控性。而且这两种方式后期都可以免费进行推广，一次建立终身使用自身平台。另一个是通过和其他平台、账号进行合作，围绕企业需要宣传的要点，自己撰稿或者其他专业人士负责撰稿，通过合作方式付费发布。这种方式前期不需要人员进行平台建立和维护，也不用配置专业人员负责。但是一旦推广营销，费用要高于第一种方式，并且每次推广都需要有预算。两种方式企业可以根据自身情况进行选择。

不仅在要推送大型活动时需要新闻营销，当企业遇到以下几个问题时也可以选择使用新闻营销这种高性价比营销手段。

（1）在百度上搜索第一页，找不到你的企业或者产品信息。

（2）企业的品牌不够知名，客户缺乏信任感。

（3）尝试过多种推广方式，但是成本高，效果也不好。

（4）曾经单纯地发过自己编写的软文信息，没有系统地推送，效果不理想，需要寻找更专业的服务商。

（5）正在做 SEO，需要把外链永久做到新闻网站上。

新闻营销能够给企业带来的价值不仅仅局限遇到的这几个问题，更多的还能使客户有机会直接在网上相关的频道看到关于企业产品的新闻，产生直接的点击量或者评论，带来直接客户。当潜在客户用百度搜索企业的公司名或者产品的关键词时，相关内容会出现在一个页面或几个页面上，连续看到发布在各大网站的相关新闻报道。加深印象，加速客户的成交。把所有各大网站发表过的关于企业的报道，按照原网站网页的形式收集起来，链接在本企业网站上，供客户阅览，使其迅速产生信任度。而且具有二次传播的特性，就是一个网站首先发布出来后，别的地方和专业网站会转载这篇新闻，这样的事情屡见不鲜。但是我们几乎看不到这样的情况（你的广告因为设计得好，被别的媒体转载了）。在其他专业媒体转载过程中，周期长、价格低，好的文章会被大量转载，企业花上三五百块钱就可能有上千上万的硬性广告费的宣传效果。

建立新闻营销体系需要注意以下几个方面。

（1）平台发布

前面提到企业可以自己建立平台或者和其他平台进行合作，在两种方式里面可分为不同的阶段，第一个阶段如果选择自己建立平台或者“大号”，在推广的同时也要先和其他平台合作地同步前行，只是重点在于维护自身平台上。发展到第二个阶段，也要和其他平台进行部分合作，只是重点放到自身平台进行免费发布新闻上。无论经历哪个阶段都避免不了和其他平台进行合作，不同细分领域专业性质的平台不同，根据不同性质整理知名平台供大家在推广过程中进行分类选择（相关平台的分类参考附录1）。

（2）内容编写

由于新闻的特性，在宣传中内容需要重复检查，并交给领导审核，一旦出现常识性错误则非常严重。内容编写需要注意标题不要出现重复字眼，并且简单明了地突出主题，不能出现有争议的人名和地名，不能涉及宗教、色情、恶意营销等相关信息。还有需要注意的就是正文内容，不要硬性植入企业广告信息，要有逻辑、有条理地循序渐进，最终达到“润物细无声”的效果。另外对于企业而言，一个媒体上报道的事件营销的新闻点最好是一个，如果是两个或者更多，反而会冲淡企业或者产品所要表达的信息。同时立场要鲜明，具有轰动性、耐琢磨，能引导读者看下去。总之要做到准确、鲜明、形象、生动。

（3）效果监测

不管是自己建立媒体平台还是选择和第三方服务商合作，监测新闻效果可以通过3个层面。**第一个是发稿与收录**。首先是监测已选平台是否发稿成功，并且发稿以后是否存在“秒删”的情况，同时对内容进行核对。如果新闻源平台显示没有问题，在百度等搜索引擎搜索新闻内容关键词，查看新闻信息是否被搜索引擎收录，正常新闻源发布半天即可查到收录信息；**第二个是浏览量和转载量**。几乎所有的新闻媒体平台都有对文章浏览量的显示，浏览量代表有多少用户打开查看过，转载量代表用户除了打开查看信息之外还进行了分享、转载等行为；**第三个是搜索指数和转化量**。新闻一般不会直接带动平台流量，更多的是口碑宣传，策划精准的新闻营销方案，会把企业要宣传的点用一个关键词进行多次描述，并且引导用户进行关键词搜索而达到用户数据沉淀。例如笔者做过一次以关键词为“夏雪峰”的新闻发布，因为大家在浏览文章时还不知道笔者的身份，一时间百度指数提高很多。另一方面很直接地通过用户转化量来监控效果，通过新闻搜索关键词流转到企业自身平台，然后实现成交转化。可以在宣传期对转化用户做好调查，确认哪些人群是通过这个渠道进行合作的，也可以根据这些数据使下次投放实现更多的参考价值。

（4）合作渠道开发

自己建立新闻媒体平台或者账号的最大优势体现在如果企业有平台，并且宣传效果很显著，容易和其他同品类平台共享合作。在新闻推广平台有种方式是“圈子化”运营，很多媒体账号互推，效果更强。

案例：云南普瑞生物制药（集团）有限公司成立于 2011 年 5 月，注册资本为 6000 万元，主要依靠师宗生物资源小粒黑壳薏仁进行深度开发。师宗小粒黑壳薏仁为国家地理标志认证产品和云药之乡认证产品，种植面积已达 10 万亩，并实施了中药材质量追溯体系。公司主要生产以薏仁为主的中药材、中药饮片和保健食品。公司占地 130 亩，总投资 3 亿元，通过 GMP、QS 及 GSP 认证及 ISO9001、ISO22000、HACCP 等质量体系认证。是云南省 100 座农业精品庄园之一。主要推广普瑞庄园和薏美人产品。

巧借热点事件进行宣传报道，以不同标题进行发稿（“无瑕美肌养成记美白祛斑薏美人”、“十一小长假‘吃货’养生经”、“当庄园经济撞上电商模式——普瑞庄园进军电商”、“秋季减肥好时节健康养生薏美人”、“彩云之南薏仁之巅”等）。

一共投放 110 家综合门户网站、地方门户网站、行业媒体网站。监控搜索“普瑞庄园”网页频道的百度显示效果（图 3-10）。

图 3-10

搜索“薏美人”，新闻频道百度显示效果（图 3-11）。

图 3-11

3.2.3 邮件营销+短信营销的零成本推广

3.2.3.1 邮件营销的 15 个实用技巧

邮件营销（E-mail Marketing）是在用户事先许可的前提下，通过电子邮件的方式向目标用户传递有价值的信息的一种网络营销手段。邮件营销有 3 个基本因素，即用户许可、电子邮件传递信息、信息对用户有价值。这 3 个因素缺少一个，都不能称之为有效的邮件营销。邮件营销是利用电子邮件与受众客户进行商业交流的一种直销方式。同时也广泛应用于网络营销领域。邮件营销是网络营销手法中最早的一种，邮件营销比绝大部分网站推广和网络营销手法都要早。

1. 用户数据收集

邮件除了作为外贸企业员工和国外客户进行沟通外，在国内几乎已经成为资料传输工具，不再是信息沟通工具，利用邮件实现网络营销价值，最关键的是进行邮件群发。当然，这里说的不是使用工具恶意群发，而是收集精准用户数据，对所有数据批量发送。在批量发送之前就要了解我们的产品受众到底是哪些人，精准划分数据再进行邮件推送。

2. 解决用户问题

每一封邮件的发出都是在解决用户问题，结合自身产品属性和用户使用价值，挖掘出能够解决用户目前最需要解决的问题。避免盲目发送邮件营销信息，如果不知道能解决用户什么问题，可以提前做一次市场调查，发现问题并解决问题。

3. 邮件模板制作

尽量少使用图片，特别是重要的文字信息不要用图片表示。像发到 qq 邮箱的邮件很容易进垃圾箱，进了垃圾箱图片就不会显示了，如果不显示就无法了解你图片中的内容。可以设定页面宽度在 600px 到 800px（像素）以内（太宽了有些电脑无法一屏展现），页面长度在 1024px 以内。HTML 编码可以使用 UTF-8，HTML 代码在 15KB 以内（各个邮箱的收件标准不一样，如果超出 15KB 大小，你的邮件很有可能会进入垃圾邮件箱），不要使用 DIV 层来布局，请使用 Table 表格来布局。不要在 style 里面写 float、position 这些 style，因为会被过滤。

4. 吸引人的邮件主题

与传统的纸质邮件信封不同，电子邮件的主题将告知收件人是否需要打开邮件。主题行必须直截了当、于内容相关、符合时宜和有冲击力。同时可以选择使用“免费”、“独家”、“优惠”等文字吸引用户打开邮件，如果长时间选择邮件营销，主题可以定制循环使用，分成不同的阶段，逐渐对目标受众推送相关的产品信息。

5. 邮件打开率分析

最容易被大家忽略的一种技巧，把不同时间段发送的不同主题邮件提炼出来，通过检查用户打开率来分析目标用户喜好的主题类型，再根据用户最喜欢的内容方向，大批量针对此类用户进行二次营销。

6. 引导用户到平台

每当在制作邮件模板时，都会在上面留下企业平台链接。例如官方网站或者电商平台的链接，但是多数做过邮件营销的企业知道，受引导的用户少之又少。实际是缺少引导语，有足够吸引人的引导语，才会使用户自然地点击链接，从而将用户引导到企业自己的平台上。

7. 二维码宣传

二维码宣传方式作为网络营销推广投入较少的渠道，同时是帮助企业从 PC 平台向移动平台引流的重要工具之一。邮件内容放置二维码是常见的情况，尤其对于企业的 APP 营销而言，多数是选择通过邮件的方式来引导用户扫描二维码并下载企业 APP 的。二维码的设置要符合用户在电脑前使用手机扫描的情况。

8. 注意移动端用户

很多人喜欢在手机或者 iPad 上浏览邮件，虽然很多平台都采用自适应地方式符合不同屏幕的要求。但对于企业营销者，要注意当用户在使用移动平台浏览信息时，多数是在碎片化的时间里，所以需要部署的邮件内容不宜过多。

9. 发送频率要有规律

虽然不排斥多次发送邮件，但是不能没有规律。正常的企业推送邮件都选择在白天发送，以免晚上打扰用户休息。另外可以制定企业发送周期日，例如把每周的周一定为企业推送邮件日，让用户产生阅读习惯，慢慢形成深度合作。

10. "干货"信息

当我们解决了用户需求后，通过了解受众用户的共同点，让邮件本身多包含高质量内容。例如有一家相亲网站，在确定自己受众用户都是单身后，每天都会推送一条关于如何挑选另一半的技巧，吸引大量单身人士阅读，并且用户接受程度非常高。

11. 连接社交媒体

通常企业都会有自己的社交媒体，并且发送邮件的员工也都会有自己的社交媒体。在发送邮件的同时向用户展示自己的社交媒体平台，例如在发送邮件过程中同时推送自己的微博信息，这样可以让用户在浏览内容的同时，对邮件归属主体增加信任感。

12. 清晰联系方式

每一封邮件都要包含联系方式，并且要对联系方式进行有效排版，保证信息准确性。

13. 一句话定位语

最简洁、快速地被用户了解的方式是企业的定位语，在每次推送的内容中要有所体现，可以以图片的方式显示在邮件最上方，也可以通过不同于其他内容的文字方式体现在邮件的最后面，包含企业产品或品牌的宣传信息。

14. 发送前仔细检查

检查数据源并确保邮件接收者来自正确的来源；仔细检查并确保邮件是在你的计划之中，考虑该邮件是否会对你的二次销售产生不良影响；审查邮件内容，考虑内容是否会被大多数的邮件接收客户认可；检查邮件内容中的链接和命名；检查退订链接是否可以操作；发送邮件到你自己的测试账户；检查二维码是否可以扫描，检查二维码的开始、结束日期。

15. 引导回复

每周都发送电子邮件给成千上万的人时，我们可以在每次发送时都在邮件最后填写一个问题，或者类似“期待您的回复”等语句，并且及时检查这些回复并响应跟踪。而这些回复能够有效地帮助企业转化客户、提高二次发送邮件的质量。

3.2.3.2 短信营销的六大技巧

短信营销（SMS Marketing）顾名思义就是以发送到普通手机短信的方式来达到营销目的营销手段。但是由于短信营销费用的低廉及国内个人隐私保护的政策还不是很完善，导致垃圾短信泛滥。国内很多企业在进行短信营销时操之过急，发送太频繁、内容不够吸引人，从而给消费者造成了垃圾短信骚扰的困惑。有的不法分子会利用短信营销来达到牟利的目的。短信营销作为群发类型的主流渠道，需要注意的是一定不能频繁发送，并且根据用户需求设置是否取消订阅等操作，在这个过程中还需要注意以下 6 个技巧。

（1）结合节日信息推送促销

在过节时给客户发去问候祝福短信，客户会对企业保持很好的印象。对于休闲娱乐等服务企业，祝福时别忘了促销。假期来临，你的客户也许正在考虑假期安排，收到相关的问候短信，很亲切的同时也会影响他的消费选择。这类短信加上服务热线、订座热线、预订热线等内容，既影响客户的消费选择，又方便客户。如果同时推出优惠活动等，对客户更具有吸引力。这类短信最好在节假日前发出。如果客户节假日已有安排，效果会相对差一些。

（2）称呼和落款要写清楚

每次使用短信营销这种手段时，都会发送给不同的人群，亲切的称呼能瞬间拉动受众用户和企业的距离，并且落款也要简洁突出企业。即使有的企业是通过系统自动发送信息给用户的，也要提前设置好，不然很容易被用户误删。

（3）信息内容简单明了、幽默风趣

冗长的文章往往让人觉得乏味、无可读性，短信也如此。精炼地组织短信语言，短小精悍、风趣活泼的语言会留人下很好的印象。一些节日问候，例如感恩节，用词要实在和真诚，这样更能感动客户。

（4）精准用户效果增倍

类似邮件营销，前期企业花费力气收集、筛选精准用户，在实际操作过程中转化率会大大提高。其实很多企业只有平时略为注意，就能积累很多老客户或相关客户群的手机信息。向他们发送信息，针对性最好。服务类企业，平时会有很多咨询电话，积累起来数量惊人。这是最有效果的客户手机信息，向他们发送促销或优惠、节日问候信息，效果最佳。由于客户也关心此类资讯，在不知不觉中就会影响客户的消费选择。如果是实行会员制的企业，用短信与客户保持经常的沟通，让客户牢牢记住你，保持对企业的好印象，有相关的消费想法时，就第一个想起你，短信的应用效果就会很好。

（5）服务信息最容易被接受

多次电话或者短信会让用户产生厌烦感，尤其是除了自己企业以外，还有很多企业和机构利用短信方式向自己的用户推送信息。用户在每天接收大量信息中，一定会选择对自己有价值的，而企业对于用户的服务能够解决用户最精准的需求，用户也容易和平台本身产生互动，通过互动最终形成交易合作。

（6）留下更多联系方式

在短信内容最后留下联系方式。这一点往往容易被忽略，客户看到感兴趣的东西，结果回电话过去，一直无人接听（因为这个号码可能是接入商专门用于群发短信的号码，不可能有人接听），这就浪费了大好的营销机会。正确的做法应该是留下公司或自己的联系电话，在字数允许的情况下，留下网址、联系人。这样别人感兴趣的时候就会主动联系到你。

3.2.4 借势营销论

借势营销是将销售的目的隐藏于营销活动之中，将产品的推广融入到一个消费者喜闻乐见的环境里，使消费者在这个环境中了解产品并接受产品的营销手段。具体表现为通过媒体争夺消费者眼球、借助消费者自身的传播力、依靠轻松娱乐的方式等潜移默化地引导市场消费。换句话说，便是通过顺势、造势、借势等方式，以求提高企业或产品的知名度、美誉度，树立良好的品牌形象，并最终促成产品或服务销售的营销策略。

企业可以通过活动营销、事件营销有针对性地造势，利用社交媒体属性进行势能二次利用，并引导大众用户参与其中。一旦普通用户自发生产新的内容，其品牌知名度会以裂变方式不断地迅速扩散，造成新一轮的推广热潮。还可以围绕企业发生的大型事件进行舆论升级，5 年前社交平台还没有像现在一样完善，网络营销思维的重点也不是围绕“人传人”为主打的，当时主要是以企业有影响力的人、高额度融资的钱等信息造成势能比较足，然后通过自然关注度和流量为企业带来品牌效应。随着社交平台移动化，大家接触信息的方式也变得快速方便，多数企业开始通过这些本身带有热点的事件进行新一轮的营销推广，从而覆盖更大量级的用户。更多我们熟知的企业借助实时热点的事件制作符合企业品牌定位、产品属性的营销方案，目前多以图片文案为主，HTML5、视频、文字宣传为辅。

借势营销的核心是“因时、因事、因势”而借，要在反应速度、产品关联、后续影响、力度选择等方面综合考虑，切忌盲目借势。企业在利用借势营销时候需要注意以下 5 个要点。

（1）有选择性地借助热点

通常笔者获取热点来源除了在微博平台，就是在微信朋友圈。在互联网行业里从业很久的时候会根据热点事件判断是否会“火”起来，因为总会根据各大平台提前“嗅”到大家的行动源。例如当范冰冰和李晨的恋爱公开时，以“我们”两个字为核心的文案开始涌现出来，当然主体是因为本身就是一件喜事。但是当 2015 年天津发生大爆炸事件，虽然也算是“热点”，一时间传播非常广、非常快，但是类似天灾、人祸等事情最好不要做借势，即使这个时候以企业名义对事件表示关注，也不要漏出和企业营销相关的信息。

（2）快速抓住热点，提前准备

“互联网时代，不是大鱼吃小鱼，而是快鱼吃慢鱼”，这句话表明做网络营销一定要讲速度，借势营销也是一样，如果感觉热点会火，一定要快速策划文案，并在第一时间发布出来。这时就很考验企业策划、文案、美工、技术等相关岗位人员，并且在最终结果能够有所判断的时候提前做好准备。例如 2016 年欧洲杯的四强是威尔士队、葡萄牙队、法国队、德国队。虽然还不知道冠军会是哪支球队，但肯定会在这 4 个球队中产生，这时企业提前准备好 4 套文案，谁最后夺冠就放出谁的文案，防止因为时间的原因错过抓住热点的时机。

（3）寻找自己差异化定位，在借势营销领域独占一席

企业一定要根据自身品牌和产品寻找差异化，并且每当有热点事件出来时，让用户的第一反应是想到我们的文案，行业内的标杆当属“杜蕾斯”，每当有重大事件“火”起来，大家总会第一时间看杜蕾斯是如何借势，这是经过时间沉淀和品牌独有影响力决定的。当然，在自媒体行业里也有标杆人物，笔者的好朋友魏家东老师，在借势领域是非常权威的，每当有热门事件笔者都会去他的公众号浏览，看他总结的事情并认真学习。

（4）不仅考虑宣传，还要继续“加火”

当用户对一个事件的关注度持续增高时，企业有时也可以当一匹黑马“冲出来”。当然，这不仅要结合事件本身和企业的关系度，还要策划一系列用户可以参与的活动，而且不是简单地制作图片文案进行宣传。

（5）要注意“轻、重、缓、急”

根据所借对象的时机、大小、长短、爆发力等，制定具体的步骤，该平稳时忌冒进，该爆发时要迅击，分清阶段有的放矢。否则，一手好牌也会打得磕磕绊绊，效果不佳。

例如北京时间 2016 年 4 月 14 日，科比·布莱恩特告别 NBA 赛场。与此同时，国内大部分的企业开始“放出”借势文案，当然少不了杜蕾斯（图 3-12）。

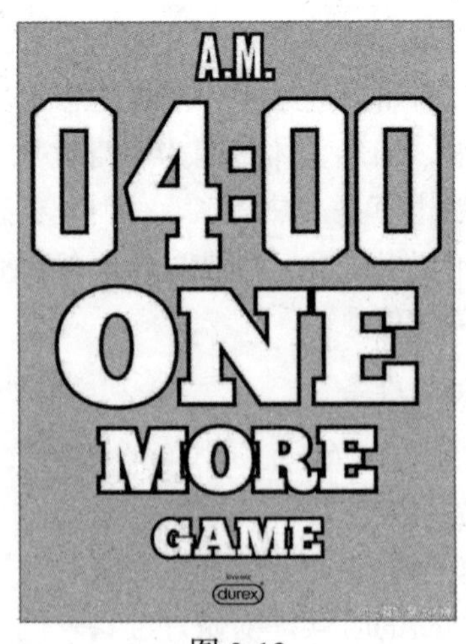

图 3-12

图 3-13

图 3-14

另外两个企业是神州专车（图 3-13）、银客网（图 3-14），宣传海报最起码在视觉效果上给人的感觉还是不错的，而且在宣传的同时都不忘在上面添加引导语，引导用户通过此次热点事件把目光转移到企业本身的营销活动中。

3.2.5　内容营销引领未来

简单意义上的内容营销，就是通过文字、图片、视频 3 种表现形式在社交平台上宣传，然而真正能把内容做得被大家认可，不是件容易的事情。为什么笔者说未来一定是优质内容引领营销前行呢？从目前互联网的发展情况来看，新型社交媒体平台发展的速度还不能满足用户内心的追求，现在都只是围绕微博、微信两大新媒体平台，虽然视频直播的兴起使大部分用户的关注点开始向其转移，然而并不是视频都习惯被接受，这时能够满足用户的就是这些平台上的内容，每通过平台产生一次新鲜的内容，都备受大家追捧。而且当下很多热门话题都是用户发起的。

内容营销兴起还和现在的生活状态有关，随着我国经济的发展，大量的人工产业被机器代替，大家在生活中闲下来的时间有所增加，智能手机又在这时轻松地占据了碎片化时间，简短、个性、新鲜的内容就受到大家的重视。同时硬件条件的发展，使得人们无论是身在何处，基本都有 Wi-Fi 覆盖，并且处于 4G 互联网时代也不用为了几兆流量而不舍得浏览内容。当然，还有几点原因决定了企业要重视内容营销。

1. 品牌和内容强关联

社交媒体在用户心中的信任感逐渐降低，大家在接收信息的同时，又不得不提前考证信息的真实性。而内容的不同，实实在在的表达，不会因为选择宣传渠道的不同而违背意义。

2. 高黏度引导用户

内容实际是透过表面看本质的事情，假设我们在不同的电商平台参与不同活动的同时，真正决定我们二次消费并且对商家产生“爱”的因素是产品本身。内容也是一样，不要纠结是在微博平台上传播，还是在微信平台上传播。哪怕是在自己的官方网站上传播，内容实质做得好都会被大家认可，其他方式只是传播广的加分项。

3. 快速提高 ROI

掌握一种 ROI 比较高的营销方式，对于企业的作用非常大。而内容营销可以做到“四两拨千斤”，以后做新闻营销或者营销活动时，花力气去研究“大 V”的产值和预算时，不如静下心把内容设计好，可能通过自己企业账户信息就能得到意想不到的效果。而利用“通稿”找再多的平台发布，也知道做一次性宣传，很难有后续忠诚的用户。

4. 承载企业营销任务

内容营销可以说是万能的工具，它能够帮助“品牌主”建立品牌认知度、品牌忠诚度，促成销售、增强用户参与度等，完全适用于各个领域。

5. 提升用户决策力

作为内容的一部分，通常把这类内容叫作“干货”，也是大家常说的“技术帖”，目前不仅仅局限于文字内容，已经延伸到可以是视频内容。比如我们常见的一些文章，“教你如何干什么”、“做什么的更多实用技巧”等，或者有些视频直接教大家如何使用某一款产品。当大家通过内容对产品充分了解，或者喜欢上某一件东西时，就会产生购买力。

6. 建立与用户的长期关系

好的内容不管通过什么渠道都会被大家挖掘出来，而参与度则是关键所在。举个例子，谷歌对内容营销的偏好程度就已经超过了 SEO，而最终的目的是让其排名靠前。事实上，内容营销在无形之中就已经和目标受众建立了一种非常强烈，并且长期的微妙关系，而真正的好内容也将会在无形之中提升品牌的价值。

7. 提升文化理念

优质的内容往往深入人心，一旦让用户爱上企业的内容，那将会把普通用户变成长期持久的忠诚用户，一定要在每一次生产内容的时候根据品牌定位，用心制作内容。

第 4 章

移动营销“撬开”互联网新时代

4.1　决战移动互联网

4.1.1　站在移动互联网的风口

雷军曾经说：“台风来了，猪都能飞上天”，能做到飞在风口上的猪都是幸福的，最大的问题是很多人看不到风口。笔者在 2013 年写第一本书《微信营销应该这样做》时，和很多企业家交流，大多数人还看不懂微信营销，宁可把精力投入在搜索引擎上也不会投入在微信上。而如今，微信营销已经到了热潮后期，不只是智能手机成就微信的发展，而是两个事物正好在对的时间相遇，必将会产生一个像微信一样伟大的平台。

近日，国双科技发布了《2015 年移动互联网营销转化分析报告》，报告对移动互联网营销转化的市场整体规模与现状进行了分析。据了解，近年来我国手机用户逐年增多，移动营销的群体基础不断扩大，以 2011 年 6 月为基准，2015 年 6 月手机网民累计增长 135.7%。**手机网民几年内快速增加，在这背后提醒企业一定要开始转变策略，在移动互联网发力势在必行。**

根据易观国际《中国移动互联网用户分析》和艾媒咨询《2016 年中国移动互联网创新趋势报告年度数据》提供的数据可知，2015 年中国移动互联网用户数达到 7.9 亿人，与 2014 年相比增长 8.4%。

保持增长的主要动力在于“低级别”地区的移动网络覆盖，以及智能可穿戴设备、智能家居、车联网等终端的发展。人口红利已经消失，未来移动互联网用户规模的增长将趋于平稳。2015 年中国移动互联网市场规模达 23134.3 亿元，增幅达到 72.2%。2015 年移动互联网整体继续保持高增长，虽然人口红利消失了，但是基于商业模式的不断创新，单用户价值大幅提升。

在未来 3 到 5 年中，移动互联网规模将继续保持高增长态势。2015 年移动互联网用户中，“北上广深”的用户占比 10.8%；其他省会城市用户占比 37.6%；地级市用户占比 15.6%；乡镇农村用户占比 24.2%；海外及其他用户占比 5.8%。在 2015 年移动互联网用户使用的智能手机中，手机型号呈“百家争鸣”状态，市场集中度降低；国产品牌手机逐渐占据市场主流；用户更换手机的周期约为 12~18 个月，2013~2014 年热销的机型仍是市场存量的主流。

随着智能终端和移动互联网的快速发展，移动购物的便利性越来越突出。在主流电商平台的大力推动下，消费者对于通过移动端购物的接受程度也大大增加，用户移动购物的习惯已经养成。截至 2015 年年底，中国移动购物用户规模达到 3.64

亿人，2016 年将突破 4 亿人。预计到 2018 年，中国移动电商用户规模将接近 5 亿人。2015 年，“O2O”在中国遭遇了资本寒冬，2015 年中国 O2O 市场规模的增速有所放缓；2016 年，O2O 市场规模预计将突破 5000 亿元；预计到 2018 年将突破七千亿元。目前，O2O 模式仍然备受众多传统企业和消费者欢迎，O2O 市场在总体上仍将持续扩大。2015 年中国无线音乐市场规模达 33.6 亿元，预计到 2018 年，整个市场规模将突破 60 亿元。随着版权在运营方式上的创新，还有各个无线音乐平台运营能力的提升，市场仍然具有较大的发展潜力。预计到 2017 年，手机音乐客户端用户规模将突破 5 亿人。当前手机音乐客户端用户覆盖率已将近 7 成，用户增长速度将逐步放缓。未来音乐客户端如何打造自身特色，突破同质化市场格局，将成为市场用户争夺的主要方式。2016 年虚拟现实将迎来行业元年，预计市场规模将达到 56.6 亿元。在未来几年，VR 市场发展空间巨大，市场发展增速递减，但仍然维持在较高水平。2020 年市场规模预计将超过 550 亿元。BAT、小米、三星等大企业纷纷布局 VR 产业，各大“资本”也纷纷领军投资 VR，未来将会有越来越多的企业涉足虚拟现实领域，大量头戴眼镜盒子、外接式头戴显示器等 VR 设备将进一步向消费级市场拓展。2016 年移动游戏市场规模预计将超过 500 亿元。自 2015 年手游行业从业者遇到寒冬以来，我国手机游戏市场发展增速放缓。我国智能手机市场出口减少，人口红利接近枯竭。未来我国手机游戏行业竞争将在质量、玩法创新方面展开。VR 手游、竞技手游等潜在增长点有望在未来数年内进一步成熟，到 2018 年中国手游市场规模有望接近 700 亿元。近年来，中国 3D 打印市场规模均保持较高增长速度，远远高于全球平均水平。预计 2018 年中国 3D 打印市场规模将超过 200 亿元。作为全球重要的制造基地，中国 3D 打印市场的潜在需求旺盛，未来中国将迎来 3D 打印发展的春天。2015 年，中国移动出行用车用户规模达到 2.94 亿人。2016 年，中国移动出行用车用户规模预计将达到 3.62 亿人。2014 年我国移动出行用户规模出现爆发式增长，而后增速骤降，用户增长率渐趋平稳。未来围绕出行用车的生态将逐步建立，将有更多的用户享受互联网带来的重要福利。**无论是移动购物、O2O 市场、无线音乐产业、VR 虚拟与现实、游戏行业、3D 打印、移动出行等领域，目前载体还都是依托移动设备，只要移动设备没有重大改变或升级，企业所处的移动互联网营销风口还会持续很长时间。**

4.1.2 适合移动互联网的四大行业

1. 服装行业

在日常生活中，微信朋友圈几乎全部都是营销和产品，从大角度观察不难发现，移动互联网确实会给企业带来很多利润，但是不包括恶意刷屏行为，服装行业有个特点，找到合适的模特穿上衣服时会瞬时让人产生强烈的购买欲望，仿佛模特就是自己，没有比追求视觉的产品更好做的了。而作为服装企业，不能把自己"框"在微信平台，真正做到流量爆发，还应该是"门店+官网+天猫旗舰店+手机 APP"多渠道布局，相互链接的方式。优衣库线上线下互通的模式就非常好，通过 APP 可以浏览不同产品并获得优惠券，也可以在实体店扫描专属二维码在线上下单购买，形成用户轻松购物的良性循环。

2. 餐饮行业

每个人都离不开一日三餐，餐饮行业横跨服务和产品两大阵营，既要做到高标准菜品，又要服务好就餐用户，提升二次消费变成其中最重要的事情。而移动平台就具有高黏度的特点，笔者有一位女性朋友，曾经在北京大悦城吃过一次"一麻一辣"，结账以后通过扫描二维码成为会员，不仅当场赠送一份主食，还送了 100 元代金券，经过一年的时间她都没有时间再去消费，但是一直保持关注商家公众平台，我问她都不去吃了为什么还持续关注。她说在代金券过期前一定要再去一次。这就是黏性的力量，并且引导她不仅是二次消费，如果去的时候再送代金券呢？造成这种现象有一个基础因素，每个人在外面就餐，身边都会有智能手机。"金百万"和这种营销方式稍有差别，后者更注重前端引导新用户消费，通过"门店辐射+会员服务+线上营销"的方式去扩大市场。

3. 酒店行业

提到这个行业不得不提"7 天"（7 天连锁酒店），在微信营销刚刚火起来的时候，"7 天"的微信公众平台就做到了行业榜样，到今天笔者依然收藏着这个平台在 2013 年发送的消息，酒店行业多以会员制为主，由于本身经营性质，我国的连锁快捷酒店早就使用会员营销了，只不过在利用手机号为载体，如今虽然在移动平台也是通过号码注册，又多了很多实用功能，例如提前在线选房、在线付款、精准导航、最近门店、服务评价等。而通过移动平台还可以把用户流量做起来，华住通过官网、APP、携程、艺龙、去哪儿、微博、微信等 11 个互联网渠道进行导流。渠道包括自有平台、OTA 分销平台以及社交平台，满足了有不同消费习惯的用户。但是为了增加用户黏度，降低佣金成本，华住的自有平台渠道依然占绝对的主要地位。酒店行业未来发展也会带动其他产业，东呈微信连 Wi-Fi 是轻入口，当用户连上酒店 Wi-Fi 后，打开微信，单击微信界面的"查看详情"选项便能直接进入酒店服务菜单，该菜单提供了注册会员、酒店预订等服务，住店客人还可以享受六大"微服务"：预留房、秒退房、晚退房、微续住、呼叫清洁阿姨和维修大叔。入口价值的提升可以使酒店延伸出很多便捷服务，比如餐饮预订、购物指南等。据悉，东呈即将向外界开放这一平台，连接起更多的商家、品牌与消费者。酒店也可以将 PMS 直连微信的后台，可以实现客人在微信上自助选房。单击服务菜单的“订房”按键进入订房页面，预订成功后，客人可以选择微信支付房费，这样就能实现在线选房。酒店楼层和客房布局会通过微信在 HTML5 页面展示出来，包括房间位于几楼、是否临街、是否靠近电梯、是否位于拐角一览无余，一起住店的同事或亲友也可以自行选择相邻的房间，甚至还有 360 度全景看房功能。

4. 旅游行业

衣食住行，缺一不可，旅游产业需要新血液的注入。笔者在一次给学员上课时，一位学员是旅游景点负责人，他当时针对自己的景点还没有做移动互联网布局，笔者给他提出了最基础的几点改善，第一点是门票数字化。告别传统的纸质门票，只要随身携带手机就可以通过扫描二维码码进入景点，只需要使用二维码签到系统就可以完成，方便自己的同时也方便用户；第二点是 Wi-Fi 布局。当时他的景点在一个很大山区里，一定要把重要景点部署上 Wi-Fi，因为用户在里面游玩的时候手机很容易没有信号，也是为了大家的安全考虑；第三点是二维码自动解说员，把重要的地方设置二维码，通过二维码链接到已经做好的移动平台，并上传所属地方的详细解说，游客在观看景点时，扫描二维码就可以自助听到关于这个地方的故事。这仅仅是改变基础建设的第一步，同时也要及时拥抱移动互联网。当然，国内大型景点和当地政府也在改变方式来让用户体验得更好，2015 年 2 月 15 日，天津市旅游局与阿里巴巴集团旗下的“阿里旅行-去啊”在天津签署战略合作协议，双方一致同意将通过“阿里旅行-去啊”平台聚集天津线下优势旅游资源，开设天津旅游产品主题馆与旗舰店，启动天津旅游 O2O 模式。利用移动互联网平台和线下资源做链接。这种合作方式还有“桂林市政府+百度直达号”。2014 年 12 月 18 日，桂林市政府联合百度，桂林市政府发布“@桂林旅游”直达号，把以前桂林零散商户资源整合成为一个地区性的大平台，用户可以通过手机百度或移动搜索“@桂林旅游”，预订受多种服务。上线后的“@桂林旅游”直达号已整合热门景点、门票购买、热门线路、桂林美食、酒店住宿、本地特产、桂林动态等信息。

4.1.3 一部手机三大实用功能

1. 客服功能

企业官方网站需要客服；淘宝店铺需要客服；售后服务需要客服；任何和人打

交道的行当里面都需要客服。移动互联网的出现才真正解决了这一痛点，即使用户半夜咨询问题，一样可以通过客服来解决，而且能做到图文并茂。如今使用移动客服功能频率最高的是微信公众平台，不仅让用户通过平台自主解决问题，还可以选择人工一对一服务。除了微信，还有专业的平台可以提供服务。微迅通是一款以在线客服系统为主的多用途即时通讯软件，实现了电脑与电脑、电脑与手机、手机与手机之间的文字聊天、视频和语音通话，彻底打破了各种网络之间的鸿沟，，让交流无处不在。既可以用于网站作为在线客服系统，也可以在企业内部用于办公交流。当然，在客服功能中，手机营销还有一个特色功能，就是可以无限制、“无节操”地与用户聊天、培养感情，这样可以拉近企业与客户之间的关系，增进感情。企业在这个过程中，可以多使用一些网络表情、网络用语、亲密词语等表达对用户的感情。

2. 参与功能

读过《参与感》一书的朋友应该都知道，小米在产品研发和营销中都让用户切实参与进来，也实现了众生力量解决问题，对于移动端更要做好参与功能，使用户无时无刻地通过手机参与到企业运营中来，飞猪侠科技在运营初期建立用微信为载体的用户参与平台，名字是“飞猪侠成长记”，通过活动和员工朋友等渠道聚集了一部分种子粉丝，一共 1.4 万名“弱关系”粉丝和 2000 名“强关系”粉丝，从品牌定位语到 LOGO 设计都让粉丝提供意见，设计出来的形象也让大家来选择，最关键的是产品研发阶段，产品实用性功能都会根据粉丝提供的建议可行性地修改，而且每当产品进入到某一个节点，也会发出文章公布给参与的人，提出建议被采纳的用户，在产品生产手册中会标出他的名字，真正实现用户参与成就感。在真正产品上市的时候，参与的这些用户也都会自豪地说，他们曾经也参与过研发。利用这个功能最大的好处就是可以激发更多的用户来了解产品，并且选择共同参与。

3. 支付功能

如果企业做移动互联网却没有支付功能，许多用户会因为这点而流失，如今有很多支付平台供我们选择。

（1）支付宝：是国内领先的第三方支付平台，致力于提供“简单、安全、快速”的支付解决方案。支付宝公司从 2004 年建立开始，始终以“信任”作为产品和服务的核心。旗下有“支付宝”与“支付宝钱包”两个独立品牌。自 2014 年第二季度开始成为当前全球最大的移动支付厂商。

（2）微信支付：是集成在微信客户端的支付功能，用户可以通过手机完成快速的支付流程。微信支付以绑定银行卡的快捷支付为基础，向用户提供安全、快捷、高效的支付服务。

（3）快钱：是国内创新型的互联网金融机构。基于十年在电子支付领域的积累，快钱充分整合数据信息，结合各类应用场景，为消费者和企业提供支付、理财、融资、应用等丰富的综合化互联网金融服务。公司总部位于上海，在全国 30 多个地区设有分公司，已覆盖逾 4 亿名个人用户，400 余万个商户，对接超过 100 家金融机构。2014 年，快钱与万达集团达成战略控股合作，正在将互联网金融业务辐射到更多的产业和场景中。

（4）Apple Pay：2016 年 2 月 18 日凌晨五点，Apple Pay 业务在中国上线。其是苹果公司在 2014 苹果秋季新品发布会上发布的一种基于 NFC 的手机支付功能，于 2014 年 10 月 20 日在美国正式上线。

除了不同互联网平台可以支撑企业移动支付，还划分了几种支付方式，企业可以在运营过程中结合平台使用。

1. 短信支付

手机短信支付是手机支付的最早应用，将用户手机 SIM 卡与用户本人的银行卡账号建立

一种一一对应的关系，用户通过发送短信的方式在系统短信指令的引导下完成交易支付请求，操作简单，可以随时随地进行交易。手机短信支付服务强调了移动缴费和消费。

2. 扫码支付

扫码支付是一种基于账户体系搭建起来的新一代无线支付方案。在该支付方案下，商家可以把账号、商品价格等交易信息汇编成一个二维码，并印刷在各种报纸、杂志、广告、图书等载体上发布。

3. 指纹支付

指纹支付即指纹消费，是采用目前已经成熟的指纹系统进行消费认证，即顾客使用指纹注册成为指纹消费折扣联盟平台会员，通过指纹识别即可完成消费支付。

4. 声波支付

声波支付则是利用声波的传输，完成两个设备的近场识别。其具体过程是，在第三方支付产品的手机客户端里，内置有“声波支付”功能，用户打开此功能后，用手机麦克风对准收款方的麦克风，手机会播放一段“咻咻咻”的声音。

4.1.4　在移动浪潮中我们必做的两件大事

1. 智能硬件

继智能手机以后的新科技概念，颠覆移动互联网的新潮流必将是智能硬件，从可穿戴设备到科技检测设备和虚拟与现实，仿佛高科技产品正在向我们走来。随着科技进步，笔者相信量产的智能硬件未来五年一定会到来，笔者也特别期待代替手机的下一个硬件到底长什么样。

当然，这些都是对未来的预测和憧憬，现在能做的是在移动互联网浪潮里面先霸占智能硬件的一席之地，无论是创业公司还是传统企业，最根本的动作是通过移动平台先和智能硬件作连接，先带动智能硬件的发展，再反过来超越。

目前智能硬件崭露头角的行业有哪些？

（1）智能家居

几乎和生活相关的所有产品都可以归类到智能硬件行业，手机在代替遥控器，2014 年受邀为高碑店中国国际门窗城做培训，有机会到当地智能家居展厅参观，进去以后除了智能自动系列就是移动端控制系列，有下雨自动关闭的窗户，通过芯片传导，只要窗户有一定量的水，窗户就会自动关闭。而且如果窗户有破裂也会自动报警。当然，手机客户端也可以控制家里的冰箱、电灯、洗衣机等。

2015 年 1 月，美的 M-Smart 系统开发的智能家电管理应用，美居 APP 正式通过苹果官方审核并上线发布至 APP Store。通过这款 APP 可以控制美的系列产品，以后就不愁夏天回家太热，快到家的时候直接打开手机，通过远程操作把空调打开，方便更多用户的使用。

（2）智能穿戴设备

直接穿在身上，或是整合到用户的衣服或配件的一种便携式设备。可穿戴设备不仅仅是一种硬件设备，更是通过软件支持以及数据交互、云端交互来实现强大的功能，可穿戴设备将会对我们的生活、感知带来很大的转变。目前市场上智能穿戴设备不在少数，例如 Microsoft Band，它是微软出品的智能手环，可以支持包括 iOS、Android、WP 等多种系统，全身集成多达 10 个传感器，可谓是目前市面上功能最强大的手环；爱普生 Moverio BT-200 智能眼镜，虽然它外型并不时髦，但爱普生的第二代增强现实眼镜，Moverio BT-200 已经非常完善了，售价为 700 美元。不同于谷歌眼镜，Moverio 使用了双 LCD 投影的设计，让增强的现实图像可以覆盖在整片视野上，同时 960x540 分辨率的显示屏还能够保持透明，所以你眼前的现实环境并不会被遮挡。

2. 物联网

物联网是新一代信息技术的重要组成部分，也是“信息化”时代的重要发展阶段。其英文名称是“Internet of things（IoT）”。顾名思义，物联网就是物物相连的互联网。这里有两层意思，其一，物联网的核心和基础仍然是互联网，是在互联网基础上的延伸和扩展的网络；其二，其用户端延伸和扩展到了任何物品与物品之间，进行信息交换和通信，也就是物物相息。物联网通过智能感知、识别技术与普适计算等通信感知技术，广泛应用于网络的融合中，也因此被称为继计算机、互联网之后世界信息产业发展的第三次浪潮。物联网是互联网的应用拓展，与其说物联网是网络，不如说物联网是业务和应用。因此，应用创新是物联网发展的核心，以用户体验为核心的创新 2.0 是物联网发展的灵魂。虽然现在是智能手机和硬件相连，相信在未来不久就会发展成为“万物相连”的状态，会更加方便生活。

2016 年小米发布了一款产品是电饭煲，通过配套的手机 APP 扫描大米外包装的条形码，电饭煲就可以根据大米的米种、品牌、海拔来匹配煮饭加热方案，目前云端已经有 2450 个方案。同时，用户还可以通过 APP 线性调节米饭的软硬度。小米科技副总裁刘德在发布会上提到，小米电饭煲更大的亮点是可以通过手机线性调整米饭软硬度，这就意味着当我们在煮饭过程中，只要滑动手机就可以控制米饭，听起来已经是非常神奇的事情。这只是物联网行业的第一步，这种基于互联网的手机硬件连接已经应用到了很多领域，更期待的是真正做到物物相连。

4.2 微信顶层设计

4.2.1 微信营销应该这样做

4.2.1.1 微信营销关键点分析

腾讯集团 2011 年推出微信，到 2013 年突破 3 亿名用户，大多数人接触微信营销是从 2013 年开始的，有运营经验的朋友一定知道几个关键点是什么。

1. 精准粉丝定位

作为当今社会最火的聚粉平台，有超过 80%的企业使用微信营销的目的就是聚集粉丝，并且通过这些粉丝产生裂变，不断扩大粉丝群，实现品牌宣传和产品销售的目的，在这个过程中是否能如愿以偿地持续发展，取决于种子粉丝定位是否精准。

微信和 QQ 不同的地方在于大平台用户属性，QQ 主要以 90 后的群体为主。而微信更像一个全民平台，上至 70 岁老人下至 7 岁小孩，都会有自己微信账号（使用率不同），在这样的平台基础下，定位粉丝就必须从平台本身入手，在大平台上面打造小平台，这个小平台就是精准粉丝聚集地，这个平台可以是用微信群当载体的社群模式，也可以是公众平台为载体的特色订阅号，当然也可以单纯使用个人微信为载体进行选择性加好友。无论选择哪一种方式，不同企业就会有不同展示，不同展示吸引不同人群，不同人群的聚集才是企业要达到的目标。

2. *被浏览概率*

当我们通过平台聚集到精准粉丝以后，只是做到了“聚人”这一步，接下来要让他们关注我们才是关键，就如同日常工作开会一样，把需要的人员都聚到办公室不是目的，目的是让大家明白开会的意义。如果都在办公室干自己的事情，那么开会就没有任何意义了。想做到最高被浏览概率就应该清楚明白，我们能为用户带来什么，在参与飞猪侠项目运营时，笔者一直在考虑这个问题，用户定位非常清晰，就是现在的 80 后或者 90 后的“奶爸萌妈”，想要把他们聚集到一起也不是难事，但必须要知道，他们真正到一起的时候，能为他们提供什么？只有笔者提供的产品对他们有存在价值，这些精准用户才能死心塌地跟随产品。后来笔者提出几点，**第一点是解答问题**。笔者的目标受众有个共同特性，几乎都有 0~6 岁的孩子，在照顾孩子的过程中，一定会遇到问题。笔者请到这方面的专家、专业人士实时为他们解答，起码这个优势会比自己去百度搜索时好得多，可以互动；**第二点是提供福利**。每个人都一样，除了精神需求就是物质需求，大家也都不会和钱过不去，在提供问题解答的过程中，利用群红包和服务号红包向这些粉丝发福利，这点也是最能提升大家浏览量的方式；**第三点是解决需求**。如果单纯地做前两点是没有黏性的，因为笔者不可能一直发送福利，而且也不是作为内容平台存在，和定位也不符合。最终的目的还是希望解决这些用户的需求，孩子都会需要一款好玩的玩具，笔者真正的价值是体现在能为他们提供性价比较高的智能玩具，也和企业销售产品的初衷相吻合。通过这三点就容易解决用户浏览量低的问题，因为笔者让他们感觉出笔者是有价值的。

3. *互动性必不可少*

强社交工具自带属性就是互动，如果使用微信这样的平台还不能和用户深度互动，何谈做好微信营销。不同细分方向互动方式不尽相同，可是就算是最基础的运营人员，也要懂得几种方式，**第一种是有奖问答**。作为提升互动频率“屡试不爽”的招数，不管在群里进行还是微信公众平台发布，都能快速获得用户的响应，尤其是精准用户，其中只需要注意两个细节，一个是奖品按时发放，另一个是问题要设置得有趣；**第二种是工程测试**。笔者习惯把种子用户内测环节称作工程测试，因为做过硬件生产的都知道，每开模一次都会生产一批工程机供测试用，实际这个就是企业在上市新产品之前，要和这些种子用户进行测试互动，调动他们对产品的兴趣和喜爱感。如果不是实体生产企业，可以选择一些和产品相关的测试题，在参与测试题的时候间接了解产品；**第三种是广搜建议**。在这个关键点笔者不禁要问一句，企业为什么要聚集这么多粉丝？初衷无非就两种，一种是为产品销售做准备，而另一种就是为公司发展出谋划策。当然，对于第二种他们并不具有决定性，起码是可以通过大家的力量提供很多好方法和思路。无论要实现哪个初衷，前提都要和用户有高频率的互动，可以通过不断地搜集意见的方式和用户产生交互。

4. 用户忠诚金字塔

用户忠诚度的建设需要时间，就好比金字塔形状，最顶尖的忠诚度最高，但是用户数量也最少；最下层的用户基数非常大，忠诚度不高。企业就是要从最底层用户开始培养筛选，慢慢让他们都变成最顶尖的最忠诚用户，通常是和企业的“黄金三策略”有关。**价格策略**。大家都说小米用户忠诚度最高，经营粉丝的“套路”也最深，能做到这点离不开高性能低价格的产品，做到粉丝经济头牌案例，是因为小米善于经营粉丝；**产品策略**。在同质化比较严重的社会，能够做到高质量产品的企业为数不多，靠优质产品影响着全球人类，用户忠诚度不用多讲。企业需要学习建立独有的产品差异化之路；**服务策略**。能体现和同行差异化的 3 个因素，除了产品和价格，比较容易改变的就是服务差异化，笔者在前面提到过。在这点上，三只松鼠和海底捞是最知名的案例。

4.2.1.2　微信营销系统

听过笔者课程的朋友都会知道微信营销系统流程图（图 4-1），笔者在每次上课的时候都会给大家分析，在企业建立微信营销系统时应该如何搭建，其中主要包含 3 大版块。

1. 移动转化平台

既然是企业搭建微信营销系统，就不应该只是在微信客户端发力，要把前端引流和后端保障都做好，知道这里面的用户流转顺序和规律，在建立微信营销系统的第一步就是解决企业是否建立转化平台的问题。转化平台目前可分为移动网站、移动电商交易平台、APP、H5 或者微店、微信小店，企业在定位过程中不要求用户通过微信实现直接合作，单纯的目的是为了让用户了解品牌，这时可以考虑先不建立转化平台，等粉丝到达一定量级以后再去考虑。但是如果需要有转化平台，根据企业不同的情况可以选择不同的平台搭建，是 B2B 模式传统企业，需要建立移动网站，用户可以详细浏览产品信息，作用和 PC 官网一致。如果企业 PC 官网是自适应的，直接使用同一个网站即可；如果是 B2C 模式大众消费品企业，或者传统企业可以利用移动互联网销售配件，可以选择建立移动电商交易平台。主要的作用是在线交易功能，用户可以直接下单购买；如果企业自己开发 APP 应用程序，就可以作为转化平台，它的功能要比前两点强大很多，但是要根据其他情况来定；HTML5 也可以开发出类似的 APP 那样强大的平台。2015 年要开始流行的时候叫“轻 APP”，企业如果使用这种语言开发平台，也可以作为转化平台，还有很多企业利用员工自己开设的微店作为转化也是可以的。它的引流渠道可以是扫描二维码、搜索引擎排名和移动联盟推荐，当然最大的入口还是微信公众平台自定义表单。

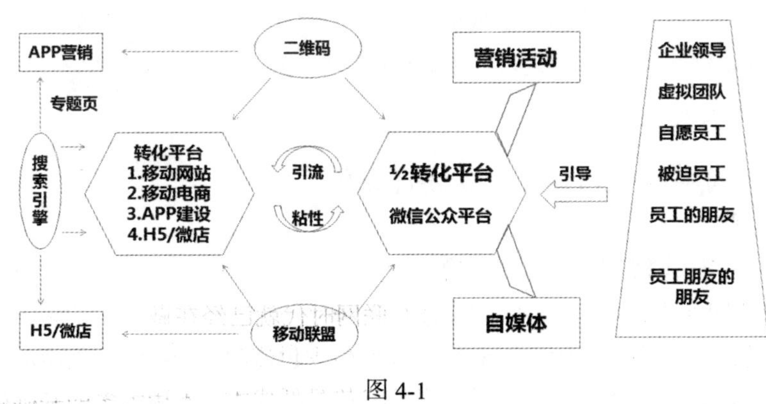

图 4-1

2. 一半转化平台

这个主要指企业微信公众平台，随着腾讯对微信产品不断地迭代和升级，公众平台的功能已经很强大了，如果企业没有建立转化平台，可以直接通过微信公众平台进行用户转化。例如很多餐饮企业还没有对公众平台进行二次开发，很多客户都是直接在图文消息里面看菜品，通过回复的方式进行点餐及到付模式，这些企业客服实时查看后台来确定订单。这样的流程就是典型的平台本身转化。公众平台向转化平台引流和导入客户数据，是用户流转的正常顺序，有转化平台也应该这样做。转化平台客户向微信公众平台引流，是为了增加用户黏性，转化平台更像一个工具，而公众平台不仅是工具，而且还是沟通互动的渠道。它的流量导入渠道一方面是平台本身的营销活动，能够裂变更多的用户来关注。另一方面是作为自媒体平台，利用内容吸引更多的用户来关注，最大流量渠道属于企业全员营销个人账号的引导。

3. 个人微信号

这里说的微信号更多的是指企业个人商务号，不是指我们用于社交的普通微信号，自从微信营销火了以后，越来越多的人开始申请工作号，专门用来处理工作和跟用户沟通。部分企业为了打造全员营销战略，强制要求所有员工必须有工作专属微信号。这样商务号的分类就包括企业领导和员工，如果有做微信虚拟团队运营的，还包括虚拟团队，员工的朋友也算是企业能够做用户引流的一方面。这个版块实际是公众平台最大流量入口，假如一个公司的员工，或者包括员工的家人，一共是 100 人，每个人建立两个微信商务号，每个账号上面有 5000 精准粉丝好友，对于企业而言一共就有 100 万（100*2*5000）个粉丝，100 万个粉丝对于一家企业来讲数量已经非常大了，如果真能做到这一点，就来仔细分析最大的问题点，100 名员工是个硬性条件，有的企业有几千名员工，有的企业有几十名员工。两个账号相对比较容易申请。最大的难点就是 5000 个精准粉丝的由来，这个问题会在下面讲商务号引流时进行介绍。如果这 3 点问题都能解决，微信营销对于企业来讲也不是一件太难的事情。

4.2.2 如何用微信打通 O2O 闭环系统

4.2.2.1 线上聚用户，线下消费

这种模式现在来讲并不新鲜，从 PC 互联网时代就已经在做，尤其在团购网站兴起的时候，通过网站实现用户流量导入并产生支付流程，线下体验消费。移动互联网兴起也有很多平台做这样的模式，微信优势是低成本、不用太多的基础就可以实现，网站建设、APP 建设都需要大量的人力、物力支撑。

案例：链家地产引流模式。房地产中介公司如今在大城市都已经遍布各地，甚至达到了每个小区附近都有一两个中介公司，这极大程度上方便了人们买卖房屋、租赁房屋等。然而，随着人们社交工具的普遍，手机移动互联网的发展，更多用户选择多种方式来进行房屋买卖的置业交易。链家地产提早敏锐地嗅到了用户的这种习惯，于是在微信上开启了专业的微信职业服务，让用户足不出户就可以办理业务、享受服务。通过线上微信平台定位功能，实时查看周边房源信息，并根据自己的情况选择想要租住的房屋类型。

打开链家地产的微信公众号，会看到链家地产为用户提供的专业服务模式。单击一对一置业服务，首先出现的就是一个精细的专业模式。经纪人、买卖房屋、租赁资源、小区等各种配套设置非常完善。我们单击“租赁房源”选项，就会出现一

个查询列表，用户可以根据城市、区域、交通、租金、房屋面积等条件来查询。看到房源之后，用户还可以直接单击房源的选项来观看该房源的详细信息。

在详细信息界面中，用户不但能看到该房源的高清大图、详细地址、地图导航等，还能看到负责该房源的链家经纪人，以及经纪人的联系方式，方便用户一对一对地与房源经纪人联系。

用户还能够在微信“经纪人”中选择“查看经纪人”选项，关于经纪人的一切信息资料都能查看，方便用户进行选择。当然对于租房来说，大家不可能直接在线上看到图片信息以后就做决定，最后还是要实地考察房源。那么线上的平台不仅为用户提供了方便，更多的是把这些用户引流到线下，形成真实性的消费。

4.2.2.2　线下引导用户，线上黏性互动

对于反向引流模式，传统 PC 互联网就呈现弱势状态，很多人不可能随身携带笔记本电脑，也无法通过线下活动很快参与到线上。二维码目前作为引流最方便的工具，后台支撑部分除了移动网站，剩下的就是微信公众平台。移动网站也可以实现线上用户购买过程，但是无法留住用户，一次性买卖更不是企业想要的结果。如果通过引导下载 APP 的方式，对用户来说是相对比较麻烦的事情，不仅要考虑下载过程中流量的问题，还需要考虑这个 APP 是否是以后常用的应用。如果不是，那也属于无用功，用户最终会脱离。而公众平台不同，实现交易过程的同时，不会占据用户多余的内存和流量。

案例：2015 年 9 月 19 日，中国国际门窗城举办的门窗节活动策划。

（1）门票设置为二维码方式。主要目的是通过线下活动引流用户到微信公众平台上，在发放所有门票上都印上微信二维码。而且提前预设商家投票活动，在门票上显示，吸引用户扫描二维码关注此次活动。

（2）各个企业嘉宾的邀请函设置为二维码方式。嘉宾邀请函在举办线下活动中是非常重要的一个环节，同样要在上面印有微信二维码，如果嘉宾拍照并发送到朋友圈，就为引流增加了二次曝光。

（3）现场微信活动预告。除了线上活动以外，还要设置现场微信活动和“摇一摇跑马”活动，在现场参加即可得到丰厚的礼品。引导用户也需要即时性和长久性两大策略的支撑，让用户不仅能够实时获得收益，后期还能通过持续关注公众平台而获得收益。

（4）门窗节宣传文案处理。线下活动会有宣传期，在整个宣传文案过程中，都加入微信二维码，通过预热环节就先引导用户，达到让用户从接触这次活动到参与

到整个的过程中离不开微信二维码，前提是在不影响用户正常体验的情况下。

（5）展馆二维码宣传部署。大型线下展览活动，现场布置尤为重要，提前在能部署二维码的地方全部做好文案宣传，包括场馆的墙壁上、走廊中等地方。

（6）人员分配和工作内容分配以及引导培训。高转化的引流活动离不开现场引导，假设我们去参加一个活动，如果只是有一个二维码文案，可能还不足以让用户百分之百地去扫描二维码，但是旁边若配置服务人员，实行人工引导。在正常情况下，转化率会提高很多。

（7）馆内设置“各类扫码免费”服务。策划一场免费领水活动，在参加这样的大型展会时，随身携带矿泉水的人不在少数，正是了解这样用户的需求，设置几个免费领水点引导用户扫描二维码。

整场活动不仅可以带动商家扫描二维码，更多的是吸引观展用户，通过线下活动把用户成功引流到线上微信公众平台上。通过后期一系列的活动来增加用户的黏性，并且实现用户在线消费的过程。

4.2.3 深度挖掘微信的价值

1. 去中心化

张小龙在一次微信公开课中提到“微信要打造一个真正去中心化的系统，不会提供一个中心化的流量入口来给所有的公众平台方、第三方”，并表示每天有近千万的公众号，在微信里面很活跃，他们的活跃是他们通过自身的努力带来的。微信并没有一个中心入口来提供给他们，这是我们对于去中心化在微信里面的一种体现，同时我们也鼓励所有的商家或者第三方的服务商能够通过公众平台，自身地去组织各种资源，所以这也是为什么我们一直对于公众号的订阅会采取比较谨慎的一种措施。这段话以大角度来看是围绕整个微信平台，没有集中流量入口，但是可以作为服务工具，商家自行通过其他渠道为自己的平台带来流量，若是从微信个人账号来理解现在的微信，是以我们每一个人为细分点，通过复杂交错的好友关系，共同形成网状结构，微信发展到现阶段，我们每个人都是品牌源点。在网络营销时代，无论是建立网站还是论坛、贴吧、博客，终归有一个中心，所有用户围绕中心交流体验，即使不以这些平台为中心，还会通过兴趣爱好聚集起来。微信中的每个人都可以是单独存在的个体，不受其他平台和圈子的固定，可以共同参与一个事情，也可以独立地“画地为王”。微信具有这个价值，同样也算是特点。正是因为这样的特点，才涌现了大量的人开始从事微商，不需要资深程序水平、不需要丰富市场经验、不需要复杂的营销手段，利用每一个微信 ID 形成社交网，达成一个以销售产品为依托的面状结构。

2. 去品牌化

这里提到去品牌化，不是指脱离品牌，更不是指让用户忘记品牌、忘记注重产品。指的是去掉复杂品牌化。移动互联网的特征非常明显，可以说每个人的微信都可以成为一个品牌，先不去讨论这种发展是好是坏。

其实从“淘宝时代”就已经出现这种现象，传统企业如果想要建立一个品牌，最起码要注册一家公司，研发并生产出产品，才慢慢地实现品牌化运作，并且需要大规模市场营销。然而在淘宝平台，每一个店铺都有自己的名字，而这个名字完全具有淘宝平台下的品牌属性，发展到一定阶段变可以按照公司化运作。不过想要经营好淘宝店铺，要求还是比较高的。微信则不一样，每个微信号如果赋予品牌名词，就可以通过社交营销慢慢建立品牌，公众平台更是如此。在这种便利的前提下，每个个体都可以建立自有的小众品牌。一种是通过正规生产厂家生产提供产品，在微信中自立品牌销售；另一种是提前从各个厂家购买不同品类的产品，通过微信平台销售。从目前的情况来看，还没有实质性的政策和平台管控用于管理一些不守法的人群。

3. 去流量化

网络营销和电商时代，企业更多的是依靠流量带来销量，如果平台没有流量，就意味着没有用户浏览，不会产生销售。电商也是流量化操作，虽然淘宝会通过个人店铺自立小众品牌，想要产生销售还是利用淘宝这个大流量平台。通过运营手段，把店铺经营起来，有淘宝用户进来访问时，会和店铺达成合作。

张小龙也提到过“大家会发现在微信里很少会提供一个中性化的流量入口，但是并不妨碍很多需要流量的场景应用能够被活跃起来”。微信是完全靠关系营销，社交能力越强的朋友收获越大，没有一个强大而明显的流量入口来支撑，不会因为使用一个微信账号或者公众平台就能借用多数平台流量，更多的是专注自己其他渠道引流和内容架构，通过小众品牌的力量吸引用户推荐朋友来合作。

4.2.4 全方位解析为什么做不好微信营销

有本书一直很火，书名是《你以为你以为的就是你以为的吗》，微信营销失败的原因很多都是因为这句话，把自己以为的事情就认为是正确的事情，下面介绍几种常见的假象。

1. 有个专门加客户的微信就是微信营销

微信营销是个系统工程，尤其对企业而言，如果没有顶层设计，专业的团队来管理，几乎是做不大的。有人就认为，企业员工已经有专门的为用户工作的微信号，已经把老客户都加为好友，到外地参加各种展会也在不断地增加新客户，这样就是企业在开展微信营销，其实不是。虽然员工都把用户引流到微信上，但是真正能产生合作才是“王道”，即使有些用户确实是通过微信合作，那以后呢？还好微信大家都在用，如果出现一个新平台，企业该怎么办，总不能走一步看一步。所以希望作为企业管理层，制定好微信营销战略，把握整体局势，同时要清楚微信对于企业真正的价值所在。

2. 每天坚持发朋友圈就是微信营销

这个假象不仅存在于企业员工身上，有很多微商实际也存在这种现象，认为每天都把产品信息发到朋友圈，而且好友里面多数都是目标用户，这种方式就属于微信营销。实际这也是微信营销中的一小部分，没有专业的人在统筹布局，不仅每天发送朋友圈不会产生任何效果，还会造成用户屏蔽信息等情况，这对于任何人来讲都是得不偿失的事。每天坚持发朋友圈没错，如果是在整体战略安排下，才会“越发越强”。

3. 申请微信公众平台就是微信营销

微信公众平台对所有人是开放的，只要持本人身份证就可以申请，而大多数人持有尝试性的态度去操作，更是因为公众平台运营需要掌握的内容非常多，让人产生错觉，认为既然学习了这么多关于公众平台的运营知识，这就是微信营销了。实际上不是，运营技巧虽然很多，但如果不懂框架，只是单独使用一个订阅号就想实现最高价值，目前还不太可能。但是在这个层面里确实有部分人通过文章吸收了大量粉丝关注，这点对于普通个人来讲效果是非常不错的。但是对于企业而言，只靠公众平台吸引目标用户关注，还只是微信营销中的冰山一角。

4. 有二维码推广就是微信营销

微信营销和二维码营销只有完美地搭配在一起才能发挥更大的作用，不能只是把微信二维码贴出来，只是让用户数据不会流失。企业不能完全依靠二维码营销，必须设定好用户流转过程，引导用户跟着平台架构走。笔者见过很多企业确实做了二维码宣传，但是大部分都是跟风，因为别人有二维码所以自己也要做，关注微信以后连基础布局都没有，在这样的模式下，扫描二维码的用户越多，对企业失望的程度就越大。在全部平台都搭建部署好了以后，再去推广二维码才是硬道理。

5. 引导用户关注公众平台就是微信营销

其实这个行为属于二维码营销的一部分，在真正的微信营销中，它只是其中一个渠道，不能以偏概全地认为这就是微信营销。

6. 做过 HTML5 页面宣传就是微信营销

HTML5 页面宣传离不开微信平台，首先说 HTML5 页面制作是比较简单的，只需要登录平台修改图片和文字就可以策划出简单的文案。在推广过程中就要依托微信平台，主要宣传阵地是朋友圈，通过链接方式被朋友圈的好友访问，但是这种营销手段不完全是微信营销，其实只是在利用微信平台而已。

7. 邀请老师给企业做培训就是微信营销

很多企业邀请笔者做企业内部培训训，培训以后部分企业高管就认为已经做到微信营销了，这其实只是万里长征的第一步。笔者过去只是针对企业做架构布局，并且教员工实操的方法，真正能做到高效果微信营销，还需要进一步地全面操作。每次笔者去过企业以后，都会培养一位相对资深的员工，在了解整体系统架构后，能够带领相关员工把实际的操作做好、做对。

8. 在微信上已经成交过客户是微信营销

稳定增长的成交量，是企业系统架构和员工自我摸索最大的差别，不是偶然在微信成交客户就算是微信营销了。作为以社交为目的的平台，即使不使用微信平台，通过电话、短信、邮件等方式都有可能成交。真正的微信营销是通过个人账号或者公众平台不断地开发出新客户，并且客户量和销售量是随着时间而递增的。

以上这几种是笔者在这几年操盘微信营销中经常遇到的假象，企业真正要做好营销，首先是从上到下综合布局，高度是站在全网角度。把传统营销、网络营销、移动营销全部了解以后，根据企业情况架构全网体系。然后才能发现移动营销在整体营销中所占的位置和比重。这样才能分清如果使用微信平台，重点需要使用哪个细分功能，例如是公众平台重要，还是个人商务号重要，或者是微电商模式重要。这样才能有条理地安排员工进行实际操作，同时也会让员工把精力用在对的地方，得到企业想要的显著效果。

第 5 章

微信营销操作宝典

5.1　个人商务号运营

5.1.1　个人商务号包装——潜在客户不得不看的广告

个人商务号是一定要做包装的，不同于普通微信号，这个账号要加的好友都是精准潜在客户或者是已产生成交的客户，有人说微信如果包装，会让人看起来就是广告号，加客户为好友的通过率比较低。如果是普通账号则通过率会相对较高。笔者不赞同这个观点，如果通过率太低，只能说明加的客户精准度还不够。例如当你正在看这本书的时候，可以直接使用微信“附近的人”功能，相信你会看到很多带有销售性质的微信号，假如里面有个微信号是“著名 xx 医院微整形专家”，你会去加这个号吗？或者当他主动来加你的时候你会同意吗？应该有 90%的人是不会主动加这个号，同时也不会同意这个号主动添加的。原因就是你认为他一定是在做广告。那么我们换一个角度思考，假如现在的你已经确定本周要去割双眼皮，当有这种需求的时候，我想即使他不主动加你，你也会主动去加他，因为什么？因为你现在是有需求的，正好他能满足你的需求，即使不会选择他的医院，多数人还是会咨询一下，毕竟是在自己身上开刀的事。除了这个案例，还有没有产生需求，但是可能会产生需求的人，会是什么表现呢？假如打算在近几年买车，但是钱又不够，需要贷款。这时有一个专业做“车贷”的陌生人来加你，通过的概率起码在 50%以上，而且这种需求也不是现在就需要解决的，多数人的想法会是：“加上吧，万一过两年买车用的上呢”。两个案例告诉我们，包装是一定要做的，除非不是用于工作。当我们筛选到精准客户群体时，他正好有需求，那成功合作的概率会很大，但是如果现在没有需求，终归会有需求的，因为你知道他就是你的目标客户，早晚会需要你的服务或产品。这样通过的概率也会很高，如果不包装账号，用普通账号去加客户，客户不认识你的账号，这时通过概就会相对较低，而且通过以后还要费力气和客户去解释，被删除的概率也很大。包装账号还有一个细节优势，如果加精准用户，即使他不同意，最起码他还看过自己的账号，相当于看到了一条广告。“微信名称+个性签名+朋友圈头图”，已经完成超越一条短信营销的内容，是短信营销和网站 Banner 图的组合，这种不算太打扰客户并能推送广告的方式，我们何乐而不为呢。

既然包装账号有这么多优势，那么一个微信商务号该如何包装呢？

1．头像

切记头像图片不要用风景图和动物图片，要保证账号的真实感。可以由企业统一规定使用公司 LOGO，或者是产品图片、公司图片、孩子照片都是可以的，最好是使用真实照片。有一段时间比较流行脸萌做出来的头像，笔者不建议它作为商务账号的头像图片。

2. 名称

名称要突出 3 点，一个是真实姓名或者常用名。另一个是要突出公司或者团队信息，最后是要突出产品信息。如果字数比较多，超出了规定的范围，可以选择使用"姓名+团队/公司"、"姓名+产品"、"姓名+行业"。例如"夏雪峰全网营销"。

3. 微信号

微信号设置的最大特点是容易记忆，这个和域名都具有全网唯一性，也就是说就目前的情况来说，大部分最简单的用语都已经设置完成了，需要在设置过程中找到和自己公司、品牌、产品相关联较强的字母或者字母和文字组合。例如笔者的微信号是 xiaxuefeng2009，如果认识笔者的朋友都会容易记忆，只需要记住后面的数字即可。对于在推荐过程中，不认识笔者的人也能猜出这是名字的全拼，所以选择"字母+数字"组合，字母有代表性，数字容易记就可以了。

4. 个性签名

个性签名的字数相对比较多，可以针对产品用一句话作介绍，或者针对自己的行业用一句话作介绍。要记住这个信息是给精准用户看的，站在用户的角度想他们需要什么或者在乎什么。根据对自己公司和产品的了解，设定好定位信息或者产品词放到上面，可以是 3 个词组，每个词组 4 个字，"卖点词+产品词+品牌词"，最后加上电话或者手机号码。联系方式一定要加，有可能用户在比较着急的情况下，会选择通过电话方式联系，还有就是联系方式的信息也能增加用户对自己的信任感。

5. 朋友圈头图（封面图）

作为朋友圈最重要的广告位，头图一定要单独制作，不仅方便好友查看朋友圈时能看到，还可能有一种情况是，当我们加精准用户时，他们会打开详细信息查看一下，这时候第一眼会看到朋友圈头图，图片的大小根据不同手机显示的情况自己设定。图片包含的信息有公司名称和公司 LOGO、核心产品信息、公司宣传定位语、个人联系方式。如果近期有主打活动，也可以放置活动信息，保证在视觉效果不错的情况下，尽量把文字放大，让用户清晰地看到。还要注意的细节是自己头像会覆盖头图右下角的一部分，提前预留出空间。如果实在不会制作图片，就选择用户最关心的公司信息或者产品信息作为头图。微商模式的巴西蜂胶产品销售账号设置的头图（图 5-1）和专注移动互联网领域账号设置的头图（图 5-2）。

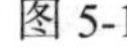
图 5-1

图 5-2

5.1.2　微信引流技巧——“加爆”你的微信

如果微信个人账号快速加到 5000 名精准客户，对于企业来说是非常重要的事。其实加人并不难，难在精准两个字。有很多朋友咨询过笔者，市场有许多软件，只要提前设置好就可以很快加几千名好友，每次我都会反问一句：“你要这么多好友干嘛？”通常这些软件都是利用微信“附近的人”功能，对手机进行虚拟定位，并且自动打招呼，这些好友加上以后，发现大多数的账号也是做营销或者卖产品的，还没等你去“营销”他，他却先把你“营销”了。笔者不建议大家使用这种类似的软件，真正的微信营销绝对不是通过这种方式就能成功的。

在加好友之前首先要清楚自己的目标用户是谁，B2B 模式的传统企业弄清楚自己的目标用户还是比较容易的，能够清晰了解到自己产品使用范围都是哪类企业，相对精准度把控比较准。但是大众消费品就不太容易控制，能根据年龄、性别、职业、地区等详细信息筛选出来的数据实属难找。这时就要根据不同类型企业来选择不同引流渠道，给大家推荐几种快速加上精准客户的方法。

1. 通讯录导入法

“通讯录导入法”是很早就已经有的方式。笔者在经营企业时一直使用，效果还是不错的。这种方法最看重的是数据来源，如果企业已经有了很多老客户资源，可以直接使用此方法将这些资源导入到微信中，需要的资源是手机号就可以。这种方式能起到作用的前提是，目前大部分手机号都已经注册微信账号，如果在 2012 年和 2013 年使用这种方式，微信用户还没有现在这么大的量级，不容易全部进行导入。除了老客户资源，新客户资源通过搜索引擎也会找到，例如搜索“XX 行业通讯录”等词语，如果找到精准客户资源，还需要进一步筛选，最终留下最精准客户。某些电商平台也有资源交易，可以适当地去了解和购买。不仅如此，如今市场还有很多软件支持搜索数据，同样可以在搜索引擎里面输入关键词“企业名录搜索软件”，这些平台分为免费和付费两种模式，根据企业情况进行选择。将这些搜索出来的数据导出，同样要进行二次筛选，把最精准的客户留下，通过 Excel 表格保存即可。

第一步是将微信号绑定手机号和 QQ 号码；第二步是在电脑端登录绑定的 QQ；第三步是打开 QQ 主面板最右下角的应用管理器界面，然后“通讯录”功能，单击“通讯录”按钮；第四步是（登录后）单击“更多操作→导入联系人→Excel”选项，然后再单击“模板下载”按钮，提前下载好模板，是个空的 Excel 表格，开始编辑 Excel 表格。把准备好的通讯录名单里面的“名字”一栏，拷贝到模板里面的名字下面，把手机号码拷贝到模板里的“家庭手机”一栏，最后在模板“姓”一栏下部署字母 A、B、C 等。这个操作是方便我们对不同客户进行分类，例如你有一个表格全部是做化学材料，那么你在他们的信息前面加上字母“A”，当你看到这些账户信息时，就知道他们都是做化工材料的。在沟通过程中也能有针对性地推送产品，其他不同行业用字母“B”，做到有效区分。编辑好 Excel 表格后单击“上传”按钮，最后一步是“确认导入”；第五步是使用手机打开这个 QQ 绑定的微信客户端，选择“我→设置→通用→功能→通讯录同步助手→使用同步助手”选项，这时系统会提示下载 QQ 同步助手，直接下载即可。下载以后打开 QQ 同步助手，单击“同步”按钮，提示登录账号时登录绑定的那个 QQ 账号，确认同步即可；第六步是当这些操作全部完成后，微信通讯录会自动出现很多新朋友，如果没有出现的话可以单击“增加好友”按钮，通过手机号添加好友；第七步是“打招呼”，在“打招呼”的过程中一定要不断地更换问候语，而且一天不要加太多好友，保持在 20 个以下就可以。更重要的是当加上精准客户以后要保持沟通。加好友时所用的问候语，根据自己对行业的了解，结合自身公司情况和产品情况酌情更换。

2. QQ 群导入法

从 QQ 群向微信引流时要注意几点：第一点是用户精准度。一再提到用户精准度的问题，如果用户不是潜在目标客户，之前的账号包装不会起到任何作用，相反还会使客户反感，所以一定要寻找精准度最高的用户 QQ 群；第二点是适当地向用户发送二维码。在使用 QQ 的过程中，无论是 PC 客户端还是手机客户端，都能很方便地扫描二维码，这时就需要把自己的微信二维码做得简单，同时使它的视觉效果变得更好，是大家更感兴趣的图片；第三点是多账号同时进群，当在群里正在交流的过程中被管理员踢出时，还有其他账号能继续沟通。另外，如果都是自己的账号，可以使用不同的身份在群里互相推广。

3. 网页二维码加群法

在搜索引擎输入关键词“微信群二维码”时会看到很多网页，进入网站里会有成千上万的二维码的群，想进入微信群直接扫描二维码就可以。如果没有达到上限，直接就可以入群。在扫描二维码之前，根据群名称分析哪些群的精准客户会比较多。除了进入网页，也可以在搜索引擎的图片栏目里面进行搜索，也会显示大量微信群二维码。这种方式适合 B2C 模式大众消费企业。

4. 活动增粉法

使用类似互动吧的平台，在手机上可以下载 APP，定期做一些促销活动，都可以利用这款软件帮你完成。活动的主题一定要明确，这样才能吸引和主题相关的精准用户进来。例如我们要找矿山行业客户资源，如果策划的活动是送面膜、送手机壳等，这就很难吸引精准客户资源的关注。但是在平台发起的活动如果都和矿山行业相关，来参与用户也都会很精准，普通用户即使看到这类信息也不会被吸引。

5. 线下贴码法

不管是针对任何行业用户，他们都会在线下出现，企业员工提前将微信二维码做成宣传图片打印出来，找到目标客户集中的地方去发放或者将其贴到广告栏上，这些用户就可以在线下扫描二维码加企业的微信商务号了。

其实在微信平台加精准客户的方式还有很多，在这里就不一一列举了。一定要记住客户精准度，而且无论选择哪种方法都不是最重要的，有高品质的产品才能不让这些努力白费。

5.1.3　不被屏蔽地发朋友圈的方法

如今微信平台最重要的功能之一是“朋友圈”，很多微商朋友都是通过朋友圈宣传产品和招募代理的。而且朋友圈已经不再是作为社交的私密空间，和 QQ 不同的就在于此，QQ 平台几乎都是认识的朋友，而且大部分空间是属于朋友之间的私密平台。微信既然要作为工作号来对待，那么几乎每天都会有大量的新朋友加进来，而且都是目标用户，这时在发送朋友圈时就不单单是与生活相关的部分了，更多的是将产品和公司信息宣传给好友，在这之前要保证不被屏蔽，一旦被好友屏蔽，以后发送任何信息，用户都很难在第一时间看到。笔者把要（已经）屏蔽的好友分成两类，这两类人只要一出现，笔者几乎不看他们的朋友圈，更不要说细致地查看产品是否值得购买了。

第一类是浪费流量的社交。这类好友有个明显的特征，每次发送朋友圈都一定上传 9 张图（每次最多上传 9 张），而且每张都是产品宣传图，没有任何亮点和让人读下去的欲望。除了图片，几乎每次发送朋友圈都会配置几百字甚至几千字的文字（图 5-3、图 5-4），这些文字多数是介绍产品和宣传信息的。每次笔者看到这种信息都不会仔细查看，而且更过分的是这些人每天要发十几次朋友圈。所以他的好友若使用手机流量在浏览微信朋友圈，笔者相信每天因为这些信息会浪费很多流量。

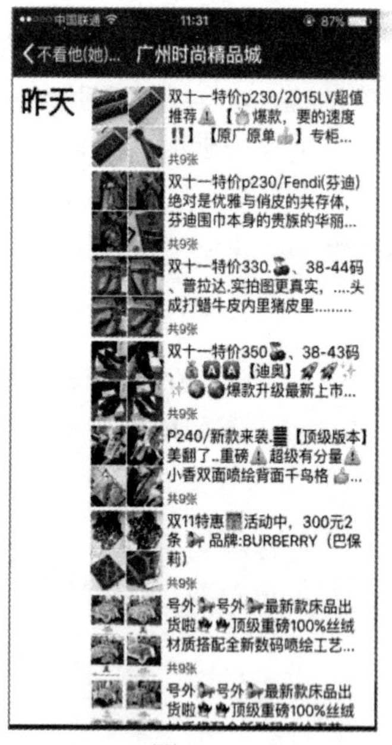

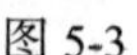
图 5-3

图 5-4

第二类是不忍直视的社交。这类好友有共同的特点，每当在吃饭的时间都会发朋友圈，而正好大多数人都习惯在吃饭时刷朋友圈，每次不巧地都能看到。这类人以销售化妆品产品居多，会拍一下患者照片，比如有黑头粉刺的图片，而且全部都是特写（图 5-5），让人看过之后都感到恶心。作为一个正常微信使用者，在每次发送朋友圈时都必须考虑下其他好友的感受，这样才能保持不被屏蔽。不过笔者相信大家都只看到一次这种信息以后就会将这类人屏蔽或者删除。

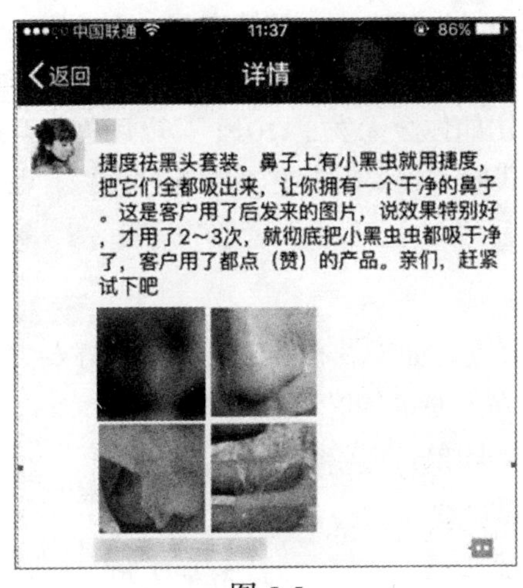

图 5-5

如何正确对待“朋友圈”功能，尽量做到不被好友屏蔽，需要注意以下几点因素。

（1）相册管理

优先选择精美的图片，如果必须要发布产品图片，最好在发送之前使用修图软件简单处理，例如美白或者加上滤镜效果，能加个背景和产品融合是最佳的。还有一些小细节，例如在发图片的过程中尽量选择 1 张、2 张、3 张等，这样在朋友圈显示时是对齐的。

（2）内容策略

文字信息不宜过多，大多数人刷朋友圈也是在碎片化的时间里，过多的文字会造成好友不愿意去读，而且也容易被屏蔽。精简的内容要表明信息的主要意思，善于使用换行功能。如果转载公众平台链接，最好配上一段和公众平台内容相符的原创内容。发布小视频时需要注意频率，笔者有一位好友去参加周杰伦演唱会，自从入场就每隔 5 分钟发一次小视频，当她连续发送五条时笔者就选择将她屏蔽了。如果企业员工加同一个客户时更需要注意频率，因为企业如果有大型活动，大家就都会将消息发送给朋友，这时对客户来说就造成了刷屏状态，很容易让人产生反感。

（3）文案技术

学会写分享趣味的文案。总有一些事情会让我们开怀一笑，来自聊天的内容，或者是来自生活的，也或许是来自网络的。某些事情、某些信息总会让我们觉得很有趣，也会令我们的朋友家人很开心。分享属于自己的智慧，每个人在成长的过程中都会有自己的很多感悟，生活方面、爱情方面、事业方面等，其实这些内容我们都可以用文字表达出来，并与他人分享，从而我们可以获取别人对我们的看法。学会写客户见证的文案。比如你今天发了 10 个客户订单，有些他们是当天，或者是隔天就能收到货的，那我们一定要对这些客户进行跟踪，也就是需要他们把我们推广出去。

（4）发布技巧

有选择性地“@”好友，如果发布的信息和某些好友关系很大，最好是找到对好友有所帮助的信息，在发布的同时“@”（提醒）好友。尽量不发“负能量”的内容，在好友心里留下好印象。

（5）时段管理

每个微信号的社交网络都具有唯一性，其他人提供的在朋友圈发送内容的时间只能作为参考。有人说早上 8:00 发朋友圈比较好，因为大家都刚起床，正好在这个时候刷朋友圈；有人说是上午 10:00 发朋友圈比较好，因为大家会在上班忙碌之余刷朋友圈；有人说是中午 12:00 发朋友圈比较好，因为大家在吃午饭时正好有时间看朋友圈；有人说晚上 20:00 发朋友圈比较好，因为这个时间大家吃完晚饭都比较闲，正好浏览朋友圈。其实每个时间段说的都有道理，但这些时间段多数都是根据大众生活习惯的意想。真正的时间段管理取决于自己，在观察好友互动率数据一段时间后，根据数据活跃度选择最佳的时间。

（6）如何建立客户关系

朋友圈和客户互动的功能只有两个，点赞和评论。在平时运营中，在最大时间范围内使用微信平台，不是单纯地刷朋友圈，要多与好友互动沟通。如果把微信营销做到极致，一定是个很累的工作，因为它占用了一个人“工作时间+碎片化时间+睡觉时间”。这样才能真正体会到微信带来的真正价值。

（7）如何经营朋友的朋友圈

计算个公式，如果一个微信号忠诚的用户有 1000 人，这些人平均有 200 位好友，这就是一个 20 万的人群。如果一个大型活动需要宣传，只要经营好自己的 1000 个精准粉丝，他们在自己的圈子发条信息到朋友圈，覆盖的人群就能达到 20 万左右，也是一个很大的量级。但是不能经常这么做，否则会使忠诚用户会反感。以技术知识类和福利类的文案相对来说传播较快。

5.1.4 社群运营——覆盖百万用户的数据裂变

微信群营销是引爆粉丝量的方式之一，利用社群模式将企业需要的精准粉丝聚集起来，那么在微信平台社群运营中该如何操作呢？

1. 建立正确价值观的社群

分析受众用户属性，同属性人群价值观总结，通过虚拟逻辑聚集这类人。微信社群运营的根本是用户赞同价值观的同时自愿加入，这些人在一定思维感官之上作出的对群价值的认知和理解，在虚拟层得到认可才能发生现实动作。比如一个社群，主要以化妆品经营为方向建立，但是你本身不是从事这个行业的，不会加入这个社群。如果围绕企业运营技巧为方向，很多内容和你的价值观相符，思维层认可才能产生加入的动作。

2. 社群架构

有了吸引大家聚在一起的价值观，应该利用微信平台设定架构。如果简单第通过一个人来管理社群，几乎是不现实的事情。想要达到裂变的方式，也需要制定系统图谱（图 5-6）。

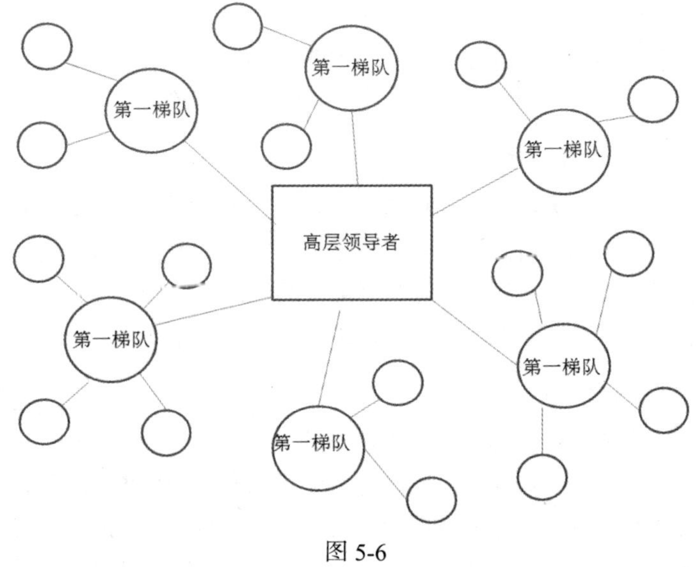

图 5-6

微信群有个便利的功能就是在建群初期可以随便找些好友组建，人数多了可以通过邀请的方式，而且在群里的每一个朋友都可以拉好友进群，这极大地提高了精准用户裂变的速度。微信社群具有开放属性，如果开始运作就不要控制人群，这种模式全部以免费为主打，微信社群策划人制定群规划。例如要分为3层，高层领导者可以是自己一个人，也可以是几个人，通过微信控制第一梯队，第一梯队按照区域划分，也可以按照不同行业划分。当有一定的以自己为群主的微信群，越多越好，再来控制第二梯队。第二梯队是第一梯队的分支，如果我们按照最高领导者是5个人来算，每个人有两个500人的群，同时控制10个第二梯队的管理员，第二梯队的管理员每人有1个500人的群，同样也管理10个第二梯队的人，第二梯队也是每人有10个500人的群。这样计算下来，整个社群的人数就有28万人（5*2*500+50*500+500*500），作为社群说是控制，实际就是在身边找10个有微信群的朋友，对于微信的现状，找到有1个500人的微信群的好友并不难，困难的是控制整个社群的逻辑顺序和群纪律。

当然，现在有很多微信社群是付费群，不容易管理的地方有两点。第一点是谁都可以拉好友进群，需要管理员随时监测群动向，耗费大量的时间；第二点是付费群用户都带有“我交钱了”就应该服务好的心理，这样一个群如果人数过多就很难管理。如果一个付费群人数满了，管理员就需要对这500人进行管理，对谁服务不好就有可能被投诉，况且如果500人的微信群活跃度不高，付费也就显得没有什么意思了。真想做付费社群，就需要大量的管理人员，或者只做小众圈子，集中化管理。当然，也可以选择使用其他平台。例如支付宝2015年推出经费群，进群的所有人必须先交费才能入群，而且入群费用是群主自行设置，这样就能在“入口处”控制好用户。

3. 群规越严，发展越远

微信群的开放性、免费带来的优势是能快速裂变粉丝，劣势就是难管理。在计划做社群营销前需要制定好运营群规，对不遵守群规的朋友一律清除，否则很难管理。这里的群规不难制定。如今，微信群最大的硬伤是广告太多，只要把发广告的微信ID控制住就没有问题了，对于滋事捣乱者很容易清理。

4. 社群最高者树立威望

通过微信做系统化社群运作，作为最高领导者，一定要树立自己的威望。由于大家不是被强制拉入微信群的，所以没有必要受到规定的约束。能保持社群长久走下去的因素有3点。第一点是价值观深入人心。每个参与进来的用户都冲着统一价值观而来，这是很难把控的；第二点是虽然社群运营可以走免费的道路，即使这样有时也很难在短时间内聚集大量用户，这时就会通过福利手段吸引一部分人先进来，这样就会产生预算。这些人如果发现没有福利就会退群，这样会影响建立微信社群的进度；第三点是需要有影响力的领导者管理。说直白一些就是进群的用户都给他几分薄面，这样就不用太多的管理员，一旦有人违规就会被群起而攻之，这样管理起来也容易得多。

5.2　微信公众平台系统

5.2.1　申请平台前要思考的“5W1H 理论”

Who：谁会关注你的微信

很多人在申请公众号时都没有清晰地做好定位，导致运营方向不确定，最后以失败告终。申请前这些问题都要落实到方案上，要有针对性地解决这些问题。

第一个是谁会关注你的微信？根据自己的微信号选择方向，可能要做自媒体。自媒体又称“公民媒体”或“个人媒体”，是指私人化、平民化、普泛化、自主化的传播者，以现代化、电子化的手段，向不特定的大多数或者特定的单个人传递规范性及非规范性信息的新媒体的总称。自媒体的平台包括博客、微博、微信、百度官方贴吧、论坛/BBS 等网络社区。

运营过程中善于挖掘自己在哪个方面有优势，利用自己的优势写文章。例如笔者在公众号上会经常写一些关于传统企业转型、网络营销和微营销的文章来分享给大家。因为笔者是这个行业内的人，写出来的东西大家是喜欢看的。而且做好自媒体就不能仅仅把自己限制在微信平台上，同时也要在博客、微博等其他传播媒介发布自己的观点。如果要做“卖货”平台，这和微店差别不大，目的都是吸引用户来购买产品。如果做品牌，类似可口可乐、麦当劳等大企业，不在公众号上销售，也不做客户维护，主要目的是实现品牌效应。

Why：他们为什么关注你

广告语决定着公众号看起来是否可以使用户感觉你可以解决用户的需求。下面举几个企业的（广告语）例子。

招商银行：全国首家微信银行。功能包括微信账务变动通知、理财日历提醒、无卡取款、智能客服、微彩票等。

南方航空：这里，您不仅可以轻松查询，预定南航国内、国际机票产品，还可以了解南方航空的最新促销活动、里程促销信息，体验便捷的一站式商旅服务。

星巴克：获得更多咖啡知识，体验更多精彩活动，快加入微信里的星巴克第三方生活空间吧。

小米：做发烧友喜爱的手机，专注手机玩家。

What：你提供什么内容

根据定位选择内容方向，但是在公众号里，内容又分为原创和伪原创，伪原创的内容来源分为博客（QQ空间、网易博客、百度空间、新浪博客等）、百科（百度百科、互动百科、维基百科等）、文档分享平台（百度文库、新浪资料、豆丁网、新浪微盘等）、社交化媒体（微博、微信、人人网、知乎、豆瓣等；网络营销类包括36氪、虎嗅网、亿欧网、派代网、艾瑞咨询、易观国际等）、新闻客户端（网易、新浪、搜狐、腾讯客户端、天天快报、今日头条等）、竞争对手公众号（关注竞争对手的微信，如果你关注了100个竞争对手的微信，就会有100个账号在教你怎样做好的微信营销。你要做的就是优化他们所有的方法。有时竞争对手可能是你最好的老师）。原创内容是需要每天一篇文章积累而成的，养成发原创文章的习惯，学会简单地处理图片。

内容规划非常重要，每月都要把下个月的内容规划好。这样每天就都有内容推送给读者，不用每天都思考今天推送什么内容给读者，明天推送什么内容给读者。每天只要按一个发送按钮即可。所以最好的方法就是集中时间，把公众号要推送的1~3个月的内容都准备好，甚至可以把一年的内容都准备好。如果公众号里有一年的内容都准备好了，这样经营公众号对读者来说就会很轻松。同时对于用户来说，可以长时间通过公众号详细了解一个行业里的专业知识，而不是杂乱无章地浏览一些内容。

内容形式差异化的表现在于语音推送、视频推送，长期性地干巴巴的文字内容的推送，会容易引起读者的视觉疲劳。试着用语音或者视频的展现形式来组织内容，如果能做成互动游戏的形式更好。逻辑思维就应用得非常好，每天60秒的内容语音导读，关键词自动回复内容，语音跟内容完美地结合。大家可以关注一些这方面做得比较好的公众号来取长补短。

如今服装企业的种类很多，有专门做电商的企业，也有品牌连锁店，或者是淘宝店。但是还有一种服装产业是少数人经常光顾的，但发展却很迅速——服装定制。提起服装高级定制，也许很多人认为，只有那些名人、名媛才能消费得起。其实不然，如今服装定制产业在逐渐大众化，而且个性定制也成为了人们穿衣追求的目标。

“撞衫”在当今社会比“撞脸”要更让人尴尬，所以越来越多的人喜欢定制服装，穿出独一无二的感觉。

深圳豪风服装定制发现整个服装市场有定制大众化的发展趋势，于是率先在微信中开辟了“微信定制”，走在了时尚前端，而且也为自己的企业带来了更多的名气和良好的声誉。豪风服装定制在微信营销中并没有走高端的“消费路线”，而是让大众走向流行的路线。用最新的时尚流行资讯让用户即便不消费，也能跟随豪风服装定制流行起来。

首先，豪风服装定制选择了每天都有一次推送消息的订阅号，目的就是能够多给用户推送大量的时尚信息。在豪风服装定制的推送内容方面，我们看到的不是对该企业的宣传、夸大，也没有太多泛滥的优惠信息，而是高端大气的时尚资讯快递。比如国际时装周最新发布的信息、高清图片、细节解析流行元素。或者是配饰搭配方面的技巧和流行风向标等。

而且在每段内容中，企业都为用户送上了精准的解读和分析（图 5-7），让用户可以从细节上意识到流行元素，感受到时尚气息，受到陶冶、改变自己，让自己变得时尚。

图 5-7

Where：在哪里关注

选择使用哪些外部推广，用户就会在哪里。如果从网站引流到公众平台，用户都是网站流量，有很多微信平台以外的宣传公众号的方式。

（1）手机视频直播平台的原创视频、评论宣传、视频直播。手机或者 PC 端都可以观看平台的视频内容，搞笑的、新闻、明星等视频都非常不错。运营人员可以多申请几个平台账号，然后通过资料的填写来引导用户关注公众号，或者使用活动福利。除了评论别人视频，还可以自己发布原创视频或者开直播，效果都不错。

（2）在 PC 端登录微博来宣传微信。玩微博的用户非常多，因为微博关注新闻信息是非常快的，也非常方便。虽然现在很多人都在玩微信，不过还是有很多人在刷微博，可以在微博平台申请多个“马甲”，然后到精准粉丝集中的地方宣传，例如名人堂、热门话题。同样也是在自己的账号中填写内容来引导用户关注公众号，或者到“行业领袖”的账号做评论，这样同样关注此账户的人一定是目标受众群体，都能看到信息。

（3）微信导航站宣传公众号。微信营销火了以后，出现很多以微信导航为主的网站，在搜索引擎里面会搜到很多。可以把公众号提交到这类平台上，部分是需要付费才能置顶的，可以根据情况自行选择。这种平台提交的越多越好，而且尽量找粉丝精准高、搜索量大的平台，用户基数大，关注的人数才会更多。

（4）利用百度贴吧使用户知道产品宣传的公众号。百度的产品一向都是人流量非常大的，比如百度贴吧、百度知道、百度文库、百度经验等。我们可以在贴吧发文章进行宣传，也可以在百度知道提问，提问的同时带上公众号的二维码图片，也可以把文章上传到百度文库，做百度经验等，效果都是非常好的。

（5）亲朋好友帮忙宣传。这个渠道往往被大家忽略，觉得告诉朋友就可以了，而没有去深度研究，也碍于面子不想麻烦朋友。亲戚朋友实际是我们运营公众账号的第一层社交网络，不是申请了公众平台就硬生生地请他们帮忙，要设计一些好玩的过程，例如推荐有礼等。

When：在何时关注

选择不同的推广渠道，我们会知道粉丝的来源。如果运营微信公众号一段时间后，不仅需要考虑外推，更应该自我积累资源，在不同时间段使用的方法不同，实时监控粉丝来源。

（1）加入联盟

目前国内的微信联盟有两种：综合性联盟和行业性联盟。综合性联盟如微媒体联盟、WeMedia 自媒体联盟、速途网自媒体联盟、牛微联盟等；行业性联盟有犀牛财经联盟、亲子生活自媒体联盟、SocialAuto 汽车行业自媒体联盟、地产自媒联盟等。对于这些比较大的联盟，要么要求你的微信公众号有一定的影响力和粉丝量，要么要你付费加入。粉丝量较少的微信公众号可以先选择一些中小型联盟，等做强、做大后再加入大的联盟。

（2）自建联盟

相对于加入大联盟，笔者个人还是比较崇尚自建联盟。因为自建联盟的可控性比较强，后期爆发力会更强。所以你可以审视周边和你同行业的运营公众号的合作伙伴，联合起来自建自己的联盟，互利共赢。比如 91 运营网，涉及电商、移动互联网，我们就可以围绕电商、移动互联网等相关微信公众号组建自己的联盟。自建联盟前期会比较痛苦，但是有一定资源的积累后，引爆流量的速度会很快。

（3）参加行业性会议展览

有团队运作的公司性质的公众号，可以通过参加一些行业性会议展览，做好微信营销方案（带上二维码），到展会或者会议上与你的客户、合作伙伴交流，推荐你的微信公众号。特别是一些重要客户、重点公关，最好是有达成基于微信推广的合作。

（4）线下活动

可以有针对性地做个线下活动计划。当然，这个计划要有助于你推广微信公众号。比如笔者一个月就要参加 2~3 次线下的行业交流会，都是基于电子商务、移动互联网创业这些主题的活动。通过这些活动去扩充你的人脉资源，让他们帮你推广微信公众号。有几个小技巧与大家分享一下。第一个是活动前一定要备足名片。不带名片，活动以后就没人会记住你，而且名片上一定要有微信二维码，引导他人关注；第二个是谁都不认识的活动，尽量不参加。都是陌生人的话很难打开局面，如果硬生生地去聊天，会让人感觉是个推销员，就算有 1 个认识的也不错，如果他有朋友可以互相介绍，就算都没有，两个人也不至于很尴尬；第三个是明确目的，不同活动不同对待。对于人数较少的小规模活动，主要还是对于深入交流有帮助；对于人数较多的大型聚会，主要还是以认识新朋友，拓展人脉为主；第四个是在活动后及时整理资源。这里说的资源主要是指人。在活动过后，对于感兴趣的朋友，一定要及时取得联络，能在 QQ、MSN 上加为好友最好，要多交流，保持长期的联系。

How：如何留住粉丝

在把握好推送频率时，相信很多微信运营者都遇到过这样的情况，每次一推送文章就会出现不同程度的“掉粉”，这其实也从侧面反映出我们的问题，这不是因为推送的频率太高，多数是因为推送的文章用户不感兴趣，还有推送的时间点不对等。建议推送时间每天进行更换，内容推送重要的不在量而在质。广告要适可而止，微信运营更多的是站在用户的角度去推送内容、策划活动。当然，我们运营的最终目的还是希望能够向用户推销我们的产品，增加销量，带来盈利。但是广告发的太多，反而会让用户产生反感，进而导致用户取消关注。需要思考的是如果你是用户，关注我们的公众号你最想看到什么、获得什么。不要一味地推销产品，不考虑用户的感受。现在同类型的公众号很多，用户的选择性很大，要想留住用户就需要多花心思地琢磨用户到底需要什么。

5.2.2 解密暴增十万精准粉丝的执行细节

粉丝增长离不开排版，好的排版不仅能让粉丝喜欢阅读，更能增加分享率。那目前市场主流的排版平台包括哪些呢?

96 微信编辑器：一款专业强大的微信公众平台在线编辑排版工具，提供手机预览功能，让用户在微信图文、文章、内容排版、文本编辑、素材编辑上更加方便。

XiuMi：秀米微信图文排版工具是一款基于微信公众平台的图文编辑工具，比微信自带的编辑器要多了很多美化的工具，该工具上手简单。分为秀制作和图文排版两种。如果你懂 HTML/CSS，那么你可以把秀米的模板代码复制出来，在 UEditor 的代码模式下进行编辑，然后从 UEditor 的正常模式下复制内容到微信里面，就能获得手工修改的效果。

i 排版：一款排版效率高、界面简洁、原创样式设计的微信排版工具。是一个支持全文编辑、实时预览、一键样式、一键添加签名的微信图文编辑器。

内容三要素

（1）字体要合适，不要太小，用户用手机阅读时不要造成用户阅读困难。

（2）减少文字内容，多用图片展示。用户都是在碎片化时间中浏览内容，使用的是浅层注意力，所以要使用户形成快阅读。

（3）层次感。一般人阅读的次序是“大标题→中标题→小标题→图片→文字”。

细节内容的排版要注意以下几项内容。

（1）标题：广告的标题占成功的 80%。笔者一直讲标题就是一件“打开脑洞”的事情，“标题党”在前几年就被大家应用，直到微信营销火起来又被炒起，文章标题无论怎么美化，一定要符合内容的主题，否则粉丝会很容易流失。

（2）开头：切记标题要点，标题内容不要超过 3 行，开头是吸引粉丝继续阅读的。

（3）副标题：仅次于标题，每页要求至少 1 个到 2 个。

（4）过渡：段落与段落之间需要一个过渡，最好是一个简单的句子，最多只是一行。

（5）段落：要有可读性，不要让用户左右拉文字来浏览内容，内容不超过 5 行，让顾客感觉容易读。

（6）加重目的：增加可读性，一个段落关键的两个点加重，一定注意“加重≠重点词”。加重的目的是为了帮助顾客很轻松地进入阅读。

（7）断句：句子不能太长，要有标点。

（8）标点：适当使用引号，如果为了突出某个主题，或者设计重点人名时可以使用括号，定位是幽默诙谐的公众号，都在内容编辑时候有注释，让用户读起来能够感受到语境（笑）。省略号多用于切屏的时候，或者提出部分观点，省略的内容可以让粉丝自由想象，省略号也是提升排版的重要标点符号。

（9）留白：行与行、字与字之间要有足够的留白，这样用户在用手机浏览时比较舒服。

（10）字体：全文用同一字体，建议用宋体、微软雅黑，最近流行的字号大小为 14px，普通智能手机浏览的美感更强。

（11）颜色：正文与标题可以是不同的颜色，全文的颜色不宜过多（不超过 3 种颜色，两种颜色最好）。

（12）每篇文章的首行要缩进。

做好定位和排版，开始粉丝积累，提前练习排版，零基础运营人员最少需要一个月的时间才能真正地做到中等以上程度的视觉增效排版。如何推广微信公众号，其实网上有非常多的技巧，更多的是考验运营团队和个人的执行力。其实微信营销本质不是花哨技巧，而是真枪实弹地去执行，如果执行力差的运营者，学习再多的技巧都是无用功。而有些营销案例之所以成功，也不是因为瞬间就获得大量粉丝，而是因为是建立在足够预算和运营经验的基础上的。越是知名的公众平台越注重细节建设，如果没有大量预算，那只能利用宝贵的时间，加上每天坚持实操来完成粉丝暴增的梦想。粉丝积累分为 3 个阶段，即种子用户期、初始用户期、用户增长期，在这 3 个时期涉及一些实战推广技巧。

（1）种子用户期

种子用户，顾名思义就是能“发芽”的用户，具备成长为参天大树的潜力。种子用户可以凭借自己的影响力，吸引更多的目标用户，是有利于培养产品氛围的第一批用户。对于微信公众号来说，种子用户应该是值得信赖的、影响力大的、活跃度高的粉丝。

种子用户不等于初始用户，初始用户是你经过初步推广获取的，范围比较大。种子用户则是要根据产品属性经过一定挑选获取的用户。种子用户的质量比数量重要，引进种子用户要讲究精挑细选，用户的性格要尽量与公众号的调性吻合，或者用户的影响力要尽量地能波及目标用户群体。通过一系列推广进来的是注册用户，数量很多，但那不是种子用户。那种子用户有什么特征呢？对于微信公众号来说，种子用户应该经常互动、帮你在朋友圈转发消息、帮你主动在 QQ 群、微信群推广公众号。种子用户会经常给你的公众号提供有效意见和建议。那种子用户在哪里呢？知道了种子用户的特性，相信你心里已经大概知道在哪里可以找到他们了。初期你可以设定 100 个种子用户粉丝，找到 100 个种子用户粉丝后就算完成目标了。

你身边同行业的同事和朋友就可以成为你的种子用户，但是切记并不是所有人都适合当你的种子用户。你要对他们的性格和特性进行分析，那些愿意分享、主动转发、经常跟你互动的才是你的种子用户。作为一个准备商业化运营的公众号，你可以跟知乎获取种子用户一样，采用邀请机制的形式获取种子用户。如果你在业内已经有一定的知名度和人脉资源，那么相信你获取种子用户就容易多了，你的种子用户都是一些名人，你的订阅号不火都很难，新浪微博早期获取种子用户的策略就是邀请很多明星入驻。

（2）初始用户期

过了种子用户期后，相信通过一定种子用户在朋友圈的转发、微信群分享、QQ 群传播等，你应该积累了一定粉丝量，这些都是你的初始用户，但是还不够，我们应该有个目标。比如设立个 KPI，初始用户期粉丝数为 5000 名，要在 1 个月内完成这个任务。那就是平均 1 周要增长 1200 个粉丝左右。为什么要量化呢？做推广就是要有个目标，这样你心里才有底，每天都想一下我今天完成目标了吗？如何在初始用户期积累粉丝呢？依靠现有渠道和你擅长推广的渠道。比如官方网站，笔者相信每家企业都会在自己的官方网站上部署上自己企业的微信二维码，因为这本身就是一个流量入口；又比如微信群，微信群已经是公众平台内容的重要营销阵地，如果你现在打开你的微信订阅号，会发现其实你关注的公众平台发送给你的消息你到现在还没读，因为大家获取信息的方式稍微有点改变。之前是直接和公众平台连接，现在是通过朋友圈和微信群获取，所以在每条内容编辑好的同时，一定要将内容发送到几个活跃的群里。当然，为了提升图文阅读量和平台粉丝量，可以在后台编辑图文消息，在自己的微信账号上和平台对话，平台直接发送信息到微信，再通过个人微信转发到朋友圈和群里面。订阅号一天只能群发一条，可以选择单独发送方式，增加内容在微信社交平台的流转量；又比如软文推广，写关于行业的原创文章并发布到垂直媒体，做网络营销的朋友多数会发送到搜狐自媒体、虎嗅等类似的平台，公众号运营者结合自身平台的原创软文，最后留下联系方式，引导用户从其他获取内容的渠道转向自己的微信公众平台。

（3）用户增长期

过了初始用户期，该是大力发展粉丝的阶段了。这时推广方法的力度要更大，见效要快。除了付费推广以外，免费推广方式就要以高流量为主，可以周期性地做不同的营销活动。并且一定要坚持在其他微信账号推广，选择和“大号”合作，互推互利，并且加入和本行业相关的微信联盟，逐渐形成圈子，大家通过“圈子文化”扩大影响力。

麦包包的微信公众号粉丝非常多，而且大多数都是忠实客户，其原因在于麦包包坚持真人互动，为用户送上人性化的解答；其次，每周一次的秒杀机会也成为了箱包电商网站微信营销的热点。

首先看一下真人互动，麦包包坚持做最人性化的微信公众号。麦包包坚持在每天早上 9 点到晚上 11 点这个时间段都有真人在线为用户提供客户服务。用户有什么需要咨询的问题、了解的内容，都可以与人工客服一对一的互动。还有一点就是麦包包客服在回答用户问题时，从来都不会以一种死板的态度回答问题，而是以一种幽默风趣的方式与用户互动，甚至还会经常发送一些好玩搞笑的头像和表情，让用户与客服之间能够有效地达成一种朋友模式。事实证明，人工互动可以有效地解决用户存在的问题，为用户提供一个清晰明了的购物路径，这将在很大程度上有助于粉丝产生购物行为。另外，麦包包还在微信上采取了每周三“秒杀”的营销活动。只要用户回复“秒杀”，就能看到本周“秒杀”的最新时尚产品（图 5-8）。关于“秒杀”产品，麦包包推出了微信独享价，这个价格要比运用其他方式渠道来购物，还要优惠至少 30 元。在“秒杀”政策中，麦包包不会采取较复杂的方式，如领代金券、礼品券编码、满额才有秒杀资格等，而是直接采取微信价格“秒杀”活动，用户只需选择“立即抢购”就能快速秒杀。

图 5-8

5.2.3 微信活动创新术

公众平台目前主要分为 3 大类，一类是平台本身的投票活动；另一类是开发模式下使用二次开发平台的活动；还有一类是公众平台本身的促销、优惠类企业级活动。

2013 年最流行的活动是集赞和分享，也就是说把链接分享到朋友圈，谁集的赞最多就可以获得奖励。或者把链接分享出来，然后截图发给平台，就可以随机抽奖。这种活动正在如火如荼进行中的时候被腾讯“叫停”，如今一旦发现这类诱导分享的活动就会封号，所以公众平台自己做活动，只能通过后台投票系统。2016 年 3 月，笔者指导公众号“飞猪侠”策划了一次线上投票活动，经历了半个月的时间，粉丝量增加了 1.5 万，在活动过程中使用了两次投票系统（图 5-9）。

第二批儿童网红预选投票	9286	已过期	详情 删除
第一批儿童网红投票	3033	已过期	详情 删除

图 5-9

增加微信二次开发平台账户的活动比较多。

（1）签到类：用户在指定时间进行签到，然后就有机会进行抽奖，或是用户连续签到多少次，就可以赠送用户某些礼品。

（2）晒照片类：用户晒照片、晒截图、晒产品等，然后平台选出较好的一个进行抽奖。

（3）有奖竞猜类：平台设置一些和企业或产品相关的问题，由用户回答，回答正确就进入下一题，如果一次性连续答对多少道题，就可以获取相对应的奖品。

（4）同城线下活动：平台发布聚会、派对类的线下活动，邀请会员“免费（AA 制）”参加。

（5）其他类：其他符合节气、企业（店铺）特点的活动。

企业级营销活动利用微信作为流量承载工具，通过线上线下用户联动，打造高流量效果。

案例：西单大悦城微信公众号（图 5-10）区别于其他 O2O 系统独有的一部分，也是整套 O2O 中实现线上与线下重要的一个组成部分。其发券均在线上实现，中奖率 100%，主要分为 4 种方式，覆盖 4 类人群。

第一种是现场发放“满赠券”。用户在消费后可以通过微信扫描销售凭证，领券后用于下次消费，领取的券设置有效期，须在活动期间使用。微信公众平台可以灵活设置使用范围及应用规则。比如“满 100 赠 10 元”，这 10 块钱的券就放在会员的微信里，可以随时当现金来用。

第二种是现场发放“摇摇券”。可以限制在指定地点，通过“摇手机”领券，可以在活动期间明示区域，达到引流的目的。比如在六层的中厅或者一层的某个空间设置“摇一摇券”。根据活动的力度不同，顾客摇到的东西也不一样。或者是食物兑换券，或者是现金券，也可以是一个广告、一条祝福短信等。如果是春节策划此类活动，还可以设置摇到“贺年卡”等。有时西单大悦城也会把商家的一些优惠券放到微信公众平台上，这样顾客可能就会“摇到”某餐厅的优惠券，用户在“摇到”后可以直接使用。

第三种是网络投放“秒杀券”。定期或定时放出部分卡券，让参与者抢购，可在一定范围内增加 O2O 线上部分微信公众号的黏滞度，促进线上至线下的转换。比如每周发放一次，但是不确定定是周几。这种券是有限的，因为可以持续抢，所以可以增强关注度和持续的黏度。

第四种是网络投放“定投券”。这是结合后台大数据的一种券。可筛选近期未到达大悦城的顾客，向其微信账户投放现金卷并通知用户，可以促使其到店消费。比如某位顾客 3 个月没来西单大悦城了，或者两周没来了，这时他（她）的账户里就会收到一张 10 元或者 20 元的代金券，这样就可以间接地提醒用户“好长时间没来了”，有利于拉动消费。

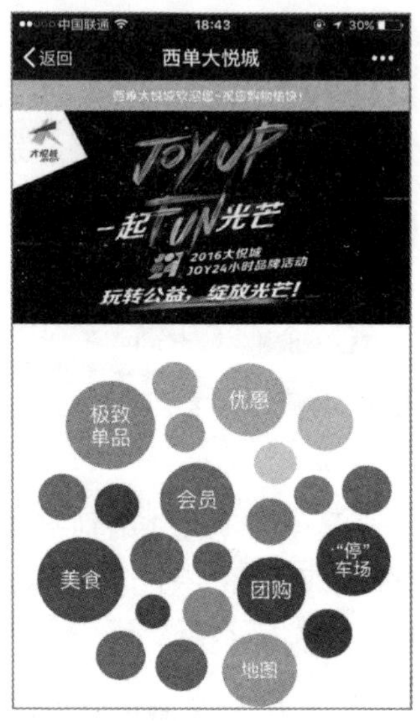

图 5-10

微信公众平台活动的 8 个技巧。

（1）标题要有吸引力，活动标题比文章标题更重要，直接影响效果，可以把活动的最高奖品放到标题中。

（2）概要精华，抓住用户心理，类似“免费”、“大礼”、“100%中奖”等词语会使用户打开微信公众号的“打开率”增高。

（3）配图优美，引导用户点击信息。专业美工设计活动图片，符合手机屏幕的大小（自适应），适合用户使用手机浏览内容。

（4）正文简短，突出对用户有用的信息。主要突出活动目的、活动形式、活动时间、参与流程、中奖公布、奖品发放、客服电话。

（5）适当收转、设置悬念；网址可信，跳转快、缓冲少。活动页面一定不要出现其他企业的广告。

（6）奖品诱人，获取容易。首选电子类产品，苹果手机、iPad 等。科技类新品也可以选择。其次选择公司特有的产品或者合作企业的产品，最后选择现金或者话费充值类的奖品。

（7）有奖活动规则简单，操作容易，让用户的操作最好不要超过 3 个步骤。

（8）精通投放、灵活穿插。实现精准推送，在社群、朋友圈第一时间推送，预算充足，和行业内的“大号”合作，增加曝光率。

5.2.4　运营管理板块详解

1. 用户数据分析

用户来源有以下几个渠道。

（1）公众号搜索。直接通过微信客户端搜索进行关注，如果大量用户来源于此，一定是品牌影响力相对比较大的企业。例如杜蕾斯、逻辑思维、京东商城、沃尔玛、宝马中国等。还有一种可能是通过其他渠道推广公众号名字，笔者的好朋友杜永光在参加各种微商大会时都会推荐他的运营平台，名字是“微友”。现场直接引导用户通过微信搜索，排名第一的就是他的平台，效果非常不错。这也提醒运营者在设定工作平台名称时要大众化，要容易被大家记住，并可以引起用户对其搜索的欲望。如果怕别人也用同样的名字，可以选择注册商标、认证、提高互动率等方式，提高公众号的排名。

同样，在其他渠道宣传微信公众平台 ID，用户通过搜索微信号关注平台，也被列为公众号搜索来源。有一个简单、个性的微信号同样非常重要，京东商城在推广过程中可以直接让用户搜索“jd”两个字母，搜索结果唯一显示的就是京东商城微信公众号。

（2）扫描二维码。在 2014 年时，还有用户来源数据分析这项，当时这项是被分类到“其他”来源。如今这项已经单独作为来源入口，可见二维码营销对企业微信的推广有多么重要，重视微信营销就一定要重视二维码营销。通常这个特点被用作大型活动，尤其是线下活动，由于无法在现场统计扫描二维码的转化用户量，所以只能在后台查看活动当天扫描二维码的用户到底有多少。第三方营销公司有很多线下活动或者地推服务，对他们的结果很难监控，也计算不出投入产出比，而少数服务公司也不会提供精准的数据，只是拍一些现场火的爆扫描二维码的照片，用这个来源同样可以检测所有关于扫描二维码活动的效果。

（3）图文消息的右上角菜单。可能大家都还不习惯从这个入口关注公众号，当我们在阅读文章时，右上角的菜单栏里有“查看公众号”的功能，选择该项后直接到达公众号的主页，然后才能选择关注。笔者查看过几十个公众号，这个用户来源量最低，原因是多数用户通过右上角的菜单都是选择发送给朋友，或者分享到朋友圈的。用户一般不会注意到那个按钮。

（**4**）**图文页内公众号名称**。笔者一直认为是这个功能霸占图文消息的右上角菜单（用户来源），使用后台排版工具的朋友都知道，里面单独有页面引导的关注图标，大量用户在阅读文章的同时，如果有要关注微信公众号的想法，会跟随标题在文章页面直接选择最上方蓝色的微信公众号名称。

（**5**）**名片分享**。直接名片分享，通常是利用口碑传播。一般来说，这个数据占比越高，说明这个微信公众号的质量越好，而这个用户来源最大的营销方式是通过群营销。如果有 10 个精准粉丝群，每个群的人数是 100 人，活跃度能保持在 80%，把公众号名片推送到各个群里，引导的关注人数应该在 500 人以上。这样在后台查看数据，用户的来源就是通过名片分享的方式。

（**6**）**支付后关注**。和支付宝的形式相同，通过微信在实体商家支付的过程中，支付成功页面的下方会有商家公众号的主体名称，有的便会有“关注”这个选项，默认是勾选的。所以当你没有看清楚而直接确认时，就意味着在支付成功后会自动关注商家的公众号。所以开通微信支付的企业服务号时，可以选择设置这个接口，既方便用户支付环节，又能增加精准的成交用户。

（**7**）**其他合计**。自从微信数据分析系统把所有高流量来源分离出来后，在其他合计里面应该就剩下广点通推广系统和朋友圈广告了，已开通广点通广告系统的公众号，选择文章最底部的蓝色链接，会跳转到新的页面。也可以直接通过右下角的“关注”按钮去关注公众号；还可以通过投放朋友圈广告，选择视频或者链接看到公众平台，然后直接可以关注。

除了用户来源，还有用户属性分析，图片是笔者讲课的一个公众号，因为这几年经常去山东，所以大量的用户都是山东人，而工作在北京，剩下的就是北京朋友最多了（图 5-11）。

详细数据

省份	用户数	占比
山东省		23.15%
北京		16.24%
河北省		8.21%
广东省		6.29%
江苏省		5.72%
辽宁省		5.54%
湖北省		5.23%
河南省		5.04%
上海		3.30%
浙江省		3.24%

图 5-11

如果按照用户移动设备的类型来分，使用 Android 系统设备的用户最多，其次是使用苹果系统设备的用户（图 5-12）。

详细数据

终端	用户数	占比
Android		58.99%
IPhone		40.82%
Wp7		0.19%

图 5-12

在关注这个公众号的粉丝中，男性占 57.31%，女性占 42.56%（图 5-13）。这个公众号的定位是为传统企业家服务，所以里面的男性企业家居多。在图文内容的选择方面会偏向选择容易使男性提高关注度的内容。

详细数据

性别	用户数	占比
男		57.31%
女		42.56%
未知		0.12%

图 5-13

2. 图文阅读分析

每次笔者管理微信运营员工时，都要求他们必须把每天的图文分析整理成 Excel 表格并保存，这样做可以更直观地查看公众号运营发展方向和内容迭代。图文阅读分析包含图文页阅读、原文页阅读、分享转发、微信收藏共 4 大类。

阅读来源包括以下几项。

（1）公众号会话。虽然大家目前都不习惯看公众号信息，但是我们要知道，所有在群里和朋友圈里发布的消息，都是你的朋友，或者你朋友的朋友通过公众号会话查看的。公众号想要做大，一定还是要看重公众号会话来源，这就要求文章标题一定做得吸引人，用户看到公众号信息时，第一眼看到的就是标题，也是决定用户是否打开的重要因素。当然，这是在用户没有对公众号产生依赖感的时候。笔者经常关注自媒体人“三表”的图文消息，当他每发一条消息时，笔者还没有细看标题，便能感觉出他文章的排版。“视频+文字”的时候居多，而且文章跟进实时热点，这是因为长时间和平台相处，已经明白了它的调性是什么。另一个需要注意的是文章封面图，用户打开图文的第一眼除了标题和摘要，最容易吸引人们眼球的便是封面图，专业的设计和符合文章内容的视觉美图，一定也是增加公众号会话来源的重要因素。

（2）好友转发。这个来源更多的是针对把公众号发送至群里的情况，用户在群里直接通过链接查看。笔者在做全员营销时，曾经利用这个作为考核标准，当时要求大家做到直接群（自己是群主）10 个，间接群（自己不是群主，行业相关群）50 个。开始没有办法对群的质量进行考核，笔者分不同的图文消息随机安排给员工发送，通过图文内容和好友转发的数据来源考核谁的群质量高。当然，这点只是考核参考，还有很多其他原因会影响结果。

（3）朋友圈。除了公众号会话来源阅读量比较高，排名第二的就是朋友圈的来源阅读。有个别的时候这个来源会是最高的，应该是有“大 V”朋友帮忙转发时。在公众号做运营时，首先要求自己企业的员工一定要转发，然后再做一些抽奖、大转盘、小游戏等活动来引导用户分享到朋友圈。

（4）历史消息。这个就全凭用户对于公众号的认可度了，如果看第一篇文章就有相见恨晚的感觉，那么用户一定会再次查看历史消息。或者发送过“干货帖”，被用户想起，用户也会通过搜索历史消息来查看，这个来源在整个数据来源系统中占比最低。

正常的公众平台运营到一定阶段时会连接二次开发平台，而且通过二次开发平台可以更加精准地查看后台数据，制作出精美有意思的小游戏和 HTML5 场景。现在二次开发平台服务商的后台操作都比较简单，只要选择商家来合作，使用起来问题都不大，费用按照年算的比较多，直接“买断”也可以，一年的费用大约在 8000~12000 元人民币，三四线城市会便宜很多，下面介绍几家市场主流的二次开发平台服务商。

（1）微盟

微盟又称 weimob、微盟 weimob、晖硕微盟，是上海晖硕信息科技有限公司推出的一个针对微信公众账号提供营销推广服务的第三方平台。其主要功能是针对商家的微信公众号提供与众不同的、有针对性的营销推广服务。微盟是目前国内最大的微信开发服务商，微盟基于微信为广大企业提供开发、运营、培训、推广等一体化的解决方案服务。服务范围包括实现线上、线下的互通（O2O）服务、社会化客户关系管理（SCRM）、移动电商（VSHOP）、轻应用（Light App）等综合类业务服务。微盟致力于为行业提供全方位的微信运营解决方案，帮助企业树立行业微信营销标杆形象。是创立时间比较长的二次开发平台服务商，后台功能相对也比较强大，品牌知名度比较高，同时价格也略高。

（2）微信海

微信海是微信解决方案提供商，是国内最早被认可的，最受信赖的微信专业解决方案服务公司，并于 2013 年 3 月被易观国际评为“优质微信解决方案提供商”。被联合国全球中小企业联盟指定为全球唯一指定微信服务商。2014 年 1 月获得新华网颁发的《2013 中国行业信息化年度领军企业奖》。因为对企业移动互联网布局的突出贡献，微信海已经获得了包括中国互联网协会、中国互联网数据中心、易观国际等官方权威行业协会的认可，并已与部分企业达成战略合作伙伴关系。笔者很早就和他们有过深度的合作，它是一家服务非常不错的企业。笔者的朋友，同时也是微信海的合伙人林大亮老师，他也在运营极欧学院，把微信二次开发和线上资源深度整合。

（3）有赞

有赞是一个移动零售服务商，针对各类电商、企业、品牌商以及社交达人分别提供不同的解决方案。为需要在线营销和销售的商家提供了免费的“有赞微商城”，目前有接近 200 万的商家在使用，综合服务的消费者超过三亿人。有赞微商城无缝地结合了微信、微博等无线互联网社区，每秒的订单处理能力为 4 万笔，仅次于淘宝；为需要通过电子商务渠道分销商品的品牌商提供了“有赞供应商”平台，目前有近百万店铺在参与商品的分销。更注重电商交易平台，商家可以直接利用平台流量增加销售额。

（4）点点客

只做移动社交营销，并将微信、微博纳入企业营销的整体体系。点点客率先推出 20 套行业版成熟的解决方案，并总结出微信营销“四步阶梯法”和“CABS 马车法则”。点点客拥有大约 600 人的研发团队，分布在上海、杭州和武汉，在国内设有 20 家分公司及办事处，已经取得 22 项知识产权、37 项技术储备，拥有遍布各行业的数十万家企业客户。

（5）微点慧

微点慧是移动社交自媒体互动营销的领航者，是中国最专业的“微信开发及运营”服务商。从 2010 年的北京雷鑫创想网络科技有限公司发展到今天的北京点慧咨询有限公司，是凭借着丰富的营销经验、运营管理经验，以及全新的产品理念、优质的产品体验和专业的用户产品运营服务。微点彗基于“微信”为企业提供策划、设计、开发、运营、培训、推广等生态化体系的解决方案，轻松便捷地实现企业“互联网+”，企业线上、线下互通（O2O）、社会化客户关系管理（SCRM）、移动电商、轻应用（Light APP）等多个层面的业务开发。目前深入挖掘的行业有美容美发、养身健康、电商、餐饮、汽车、房产、婚庆、商超、快消、银行、证券、影楼等数百个行业，为这些企业提供专业解决方案。“点慧咨询”为每一位客户点亮营销的智慧，让企业营销变得简单。该公司于 2015 年成立，其后台功能非常强大，并且创始人是资深的网络营销操盘人员，不仅能在功能技术上给予支持，还能提供更多、更强大的营销方案。

第 6 章

打造移动推广流量库

6.1 微博营销+QQ 营销的 9 种实用手段

微博营销中的 6 种实用手段，实际上是针对微博不同时期运营的不同策略。

1. 建立微博目的

在第 1 章中提到过定位，实际是企业在建立微博初期要实现的价值。首先要了解企业建立微博的 4 种类别，第一种是官方微博账号。多数以企业名字命名，并加上蓝 V 认证，关注数不要太多，例如@小米公司；第二种是品牌微博账号。品牌和官方微博是分开建立的，因为大多数人接触品牌类会相比公司名称多。比如有个微营销服务平台是微点慧，公司名称为北京点慧咨询有限公司，所以推广平台肯定使用微点慧，而不是点慧咨询；第三种是产品微博平台。根据企业不同产品体系或者核心产品，建立产品微博。还是以小米为例，有@小米手机、@小米手环、@小米净水器、@小米耳机等十余种产品微博。当然，如果企业本身不是大量级，前期就不要运营太多单品账号；第四种是行业微博。想运营此类微博，前提是一定有资深的行业基础，或者找准切入点来运营。比如笔者的朋友生产家电硬件，他在微博申请的是家电硬件评测类微博账号，这是以一个切入点来运营。还有微博账号@中国机器人产业网，主体属于新型机器人，企业本身在行业中非常有影响力，所以可以以行业角度来运营。

不同类别的微博对企业实现的价值也不尽相同，核心是企业官方微博，其他 3 种类别的微博可以作为企业微博营销中方阵的外围圈子。

2. 运营基础布局

以企业官方微博为例，基础运营的第一步是自家“门面”。

封面图最少是 920x300 像素的图片，和企业本身业务相一致，色调尽量和背景相融合。

创业家的微博封面图（图 6-1），突出创业、创新、创富。当然，如果企业想把微博用户引流到其他平台，也可以把二维码放到封面图上，用户通过电脑访问主页时，可以很方便地扫描二维码。

图 6-1

小技巧帮助大家下载其他比较好的微博封面图，供自己学习使用。以微博账号@飞猪侠科技（图 6-2）为例，打开微博账号首页，在“查看源代码”处右击，打开源代码页面，按 Ctrl+F 组合键，弹出搜索框。在搜索框中输入 cover-type（图 6-3），把前面括号里的网址拷贝出来，进行简单地修改，就可以直接进行下载了（图 6-4）。

图 6-2

```
l(http:\/\/ww1.sinaimg.cn\/crop.0.0.920.300\/006mCTgxjw1f4a48dcn4hj30pk08cgni.jpg)\"  cover-type=\"
```

图 6-3

ww1.sinaimg.cn/crop.0.0.920.300/006mCTgxjw1f4a48dcn4hj30pk08cgni.jpg

图 6-4

焦点图进行企业活动宣传、阶段性事件宣传。用户访问主页第一眼就可以看到，在后台可以自行上传最多 5 张图（560x260 像素），轮流播放。微博账号@飞猪侠科技微博活动的宣传焦点图（图 6-5），用户单击图片就可以自动链接到活动页面。

图 6-5

自动回复就是用户关注微博账号，系统自动以私信的方式发出。这样能有效地增加企业和用户的黏性。当然，在设计时也要给用户留有可以互动的机会，比如微博账号@飞猪侠科技里的回复（图 6-6），每天至少会有 10 名用户私信回复，“爱你”、

“过奖”等词语。

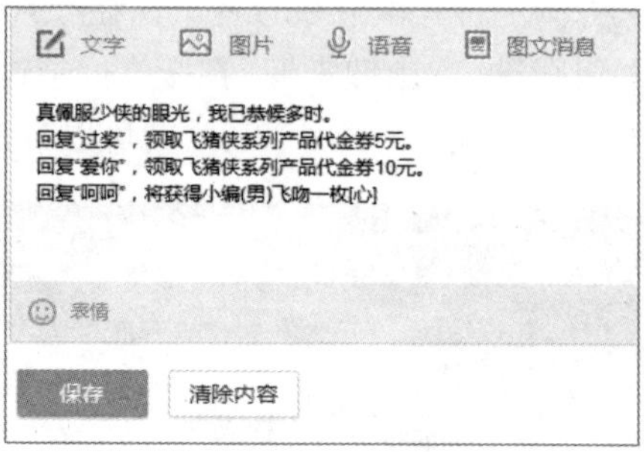
文字
图片
语音
图文消息
真佩服少侠的眼光，我已恭候多时。
回复"过奖"，领取飞猪侠系列产品代金券5元。
回复"爱你"，领取飞猪侠系列产品代金券10元。
回复"呵呵"，将获得小编(男)飞吻一枚[心]
表情
保存
清除内容

图 6-6

3. 粉丝增长点

不同阶段的吸粉方式各不相同，第一阶段是要拥有 0~1000 名粉丝，这个阶段无论是微博关注数量，还是被关注数量都是很少的。而且即使我们经常参与其他微博的互动，对于普通用户公信力相对较低，这个阶段也算是基础建设阶段。所以选择简单易用的工具先把粉丝量运营起来是很重要的。给大家推荐一个微博自带应用“攒粉丝”，用对别人的关注数量来获取粉丝数量；第二阶段是要拥有 1000~10000 名粉丝，有了相对基础的部分粉丝，起码微博账号看起来还是比较顺眼的。当然，里面会有大部分粉丝不是我们的意向用户，这时我们想直接进行产品宣传还是不够的，但是可以通过这基本的 1000 名粉丝的基础来裂变，蓝 V 认证企业微博账号在后台可以选择发起活动，分别是幸运转盘、限时抢、有奖转发、有奖征集、预约抢购、免费试用等 7 种方式（图 6-7）。如果是刚发起的，推荐大家使用有奖转发和幸运转盘两种活动，因为操作简单、裂变速度快。

抢
幸运转盘
限时抢
有奖转发
有奖征集
预约抢购
免费试用

图 6-7

操盘微博账号@飞猪侠科技，在这个阶段先做了有奖转发，共有 350 人参与活动，成本在 200 元左右，阅读量不到 10 万。微博活动一定要趁热打铁，马上开始做第二次活动，幸运转盘（图 6-8）。奖品成本提升至 1000 元左右，提前配置活动和焦点图，上线不到 3 天，微博活动限时抢频道就排名第十，参与人数为 5 万，阅读量为 600 多万。同时设定的话题带动的阅读量从 0 提升至 18 万多，粉丝增长 2 万名。

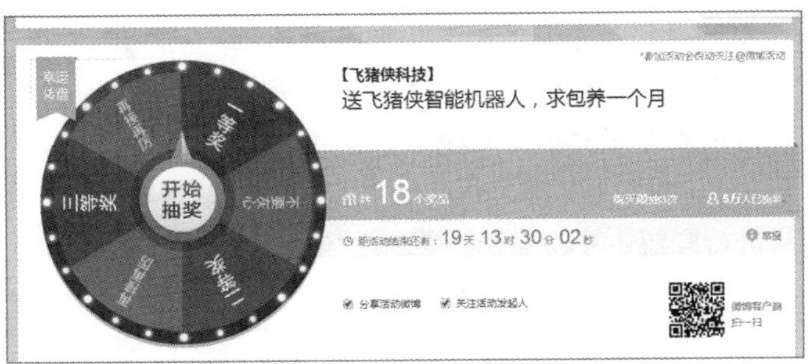

图 6-8

当活动还有 19 天的时候，已经有 5 万人参加了活动。活动全部结束时共计 7.2 万人参加。发起活动的第 19 天，在微博活动平台总体排名第三（图 6-9）。

图 6-9

在做活动的时候应该注意几点，第一点是焦点图一定要有；第二点是奖品特性大众化、科技化、自家产品优先；第三点是一定勾选参与自动关注发起人和参与自动分享两个选项；第四点是最好不勾选只限微博会员参与；第五点是上线第二天开始每天查看活动，活动有可能因缓存问题出现异常；第六点是选择相比重要的活动，找身边的“大号”人脉转发，但不能太频繁；第七点是内部人员一定要参与，类似大转盘活动，只有种子用户发起后才能扩散更多的用户。最直接的种子用户就是自己的员工，在第二次活动的前 3 天，笔者要求公司员的工必须参与，已经纳入工资考核部分。

第三阶段是要拥有超过 1 万名粉丝，无论是通过工具还是活动，当粉丝到达 1 万名时可以考虑两个方向，一个方向是继续不定期发放活动，增加粉丝量。当然之前就提到过，通过活动和工具积攒的粉丝，意向度很低，这需要运营者综合考虑；另一个方向就是内容，可以开始原创优质的内容，当到 1 万量级后，也可以选择一些同量级的微博号进行联盟、互粉互动，不断地依靠联盟体里的粉丝进行进一步增长。

4. 博文发布方法

如果是刚申请的微博账号，还没有博文，这时我们通过刚刚讲的方式增加粉丝，用应用相比还好一点，因为大家都是各有所需，而且我们也不太看重这部分粉丝地转化。对于活动入口的用户，就会观察我们的账号，如果我们的账号表现得像运营了很长时间，那么关注度会高。需要在前期再使用一个微博应用“皮皮时光机”，预设定时发博文的功能，在短时间内系统会自动发布几十至几百条博文，这样再看起来微博的内容会丰富一些（仅限刚申请的账号，如果有粉丝不推荐这种方式）。

当粉丝有一定量以后，发布的博文要注意以下几点，第一点是要原创。如果运营人员很用心地处理每一条博文，粉丝是能感受到的，并且当发布一段时间以后回顾原数据，会发现原创内容的阅读量最高；第二点是发布时间。在合适的时间推送微博会让流量翻倍，上午 7:00~9:00 是上班时间，用户会在地铁或者公交上面看到相关信息；12:00~14:00 是中午休息时间，也会有大部分用户会查看微博；晚上 8:00~10:00 是最重要的时间，适合推送一些企业的活动信息；第三点是发布长微博。长微博兴起的主要起因是微博的 140 字限制。如果企业有新品上市或者重要新闻，可以选择使用长微博来叙述，也可以在新浪博客发布文章，然后同步分享至微博；第四点是可以制作小视频。从 2016 年起，在微博上的小视频越来越流行，很多是秒拍上的视频，大家转发分享，阅读量非常高。企业可以制作短小的视频，通过微博传播。

5. 粉丝服务部署

用户从关注开始，企业微博运营人员就要肩负起服务粉丝的作用。当然，这里有一点是在建设微博时需要做的，那就是自动回复和自定义菜单（图 6-10）。

自动回复和微信公众平台的自动回复功能一样，分为关注自动回复和关键词自动回复。自动回复首先要抓住粉丝的心，可以通过一些绑定式操作不让粉丝取消关注，同时在语气方面尽量偏向好玩、有趣等。避免生硬地使用您好、欢迎关注等词语，如果不知道如何设置，可以多关注一些互联网科技类的企业来学习。

图 6-10

6. 打造微博方阵

通过外围大量账号推动核心账号的方阵模式（图 6-11），通常说的是“1+围绕模式”，核心微博可以是核心产品、核心品牌、核心技术、核心人员。核心人员指创始人或者公司技术人员在行业内有知名度。例如聚美优品官方账号有 512 万名粉丝，而创始人陈欧有 3840 万名粉丝。围绕“圈微博”阵营可以是其他产品系列、普通单品、普通品类、其他品牌等。主打话题是指公司定期举办或主推的话题，比如天猫的“双十一”购物节。

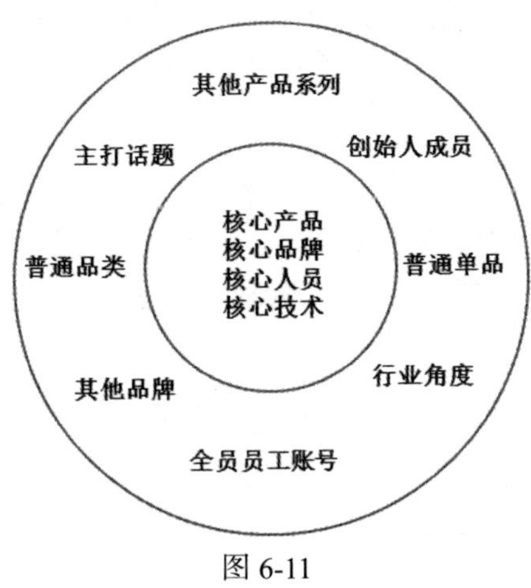

图 6-11

3 个主打微博互推，也称作“ABC 互推模式”（图 6-12），重点打造官方微博、品牌微博、产品微博。这里的产品指核心产品，品牌微博指主推品牌。

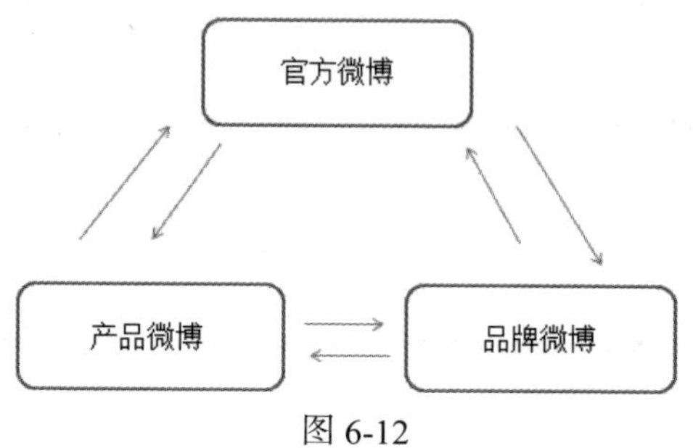

图 6-12

QQ 营销在推广中最大的作用是引流和聚粉丝，利用关键词筛选用户提高用户精准度。

1. QQ 群

在营销推广中，最难把控的是用户精准度，如果把所有预算都花在精准用户群体里，那回报是不可估量的。QQ 群相比其他推广方式，能够把用户缩小到某一个行业或者某一个领域，甚至缩小到共同关注的一个话题。另外，还能大量地获取这些用户，因为每一个关键词几乎都代表着成千上万的群体存在。在进行 QQ 群营销操作时的步骤有以下几个。

（1）寻找目标受众群体，

所有的营销方式都相同相连，在搜索目标群体时需要使用搜索引擎优化关键词部分，利用分析出的关键词树挑选目标 QQ 群。有很多用户有一个误区，用自己行业关键词搜索，那样搜索出的群体大部分是竞争对手，没有实质意义。

（2）加入 QQ 群

在申请加入 QQ 群前还要进行账号部署，认真对待自己的头像、个性签名、联系方式等，这样会增加群管理通过的概率。在申请过程中也要根据搜索人群的特点提交不同的申请语，主要是针对群主和管理员，方便审核通过。

（3）保持活跃

如果成功加入目标 QQ 群，进群以后首先要遵守群规，然后保持一定的活跃度。这时如果没有强制要求修改群昵称，就可以将名字改成自己的品牌或产品宣传词。

（4）争取做群管理

入群保持活跃度，在有段时间内其实是个“累活”，既不能发送产品宣传信息，又要保持活跃度，目的是和群主打好关系，一旦取得信任争取群管理位置。大家都知道现在很多人在入群以后都屏蔽群消息，即使发宣传文案也很难覆盖全部用户，恰好群管理员有“@全部成员”的功能，这样就可以通过此功能提醒到屏蔽群消息的用户了。

（5）隐性宣传

无论是否成为管理员，都要做到宣传广告于无形之中，可以多做一些小活动，或者发送福利引导大家关注，也可以进去就一直使用受众群体马甲，然后提出关于企业相关的问题，进而引导大家了解产品。

2. 兴趣部落

挖掘受众行业多数用户共同感兴趣的事，并通过弱关系将这些人聚集到一起，就可以通过“兴趣部落”来营销了，针对“兴趣部落”其商业价值在于以下几点。

（1）QQ 用户大部分都是 90 后群体，在成长过程中都自带“互联网基因”，而且这类人群对互联网操作相当熟悉。如果企业面对群体整合是 90 后这部分人，可以找到他们的共同兴趣，利用这个特点聚焦数据。

（2）强大的社交互动不只是存在于好朋友之间，也存在于相同兴趣的陌生人，这样很容易和陌生人从认识走向熟悉。同时，整个潮流都开始走向兴趣社交和培养用户的生活方式，因为好的生活方式可以最大限度地带动商品的销售和产出，大大提高用户的品牌忠诚度。

（3）手机 QQ 的“兴趣部落”在两个月的时间内，用户活跃度增长了近 4 倍多，百万级粉丝的“部落”已有近 20 个。

（4）手机 QQ 希望将强互动的时时聊天的群体和弱互动、强沉淀的异步讨论的社区做一个整合，为 90 后用户，甚至所有中国互联网用户提供一整套解决方案，用来满足用户在兴趣社交上的内容生产、寻找和消费。

（5）手机 QQ 的“兴趣部落”也有很多外部合作方，腾讯为它们提供免费流量，希望把“兴趣部落”打造成兴趣社交的商业化出口，让真正有兴趣的爱好者，不仅能在这里招募到自己的“同类”，而且可以依靠他勤奋的管理和运营获得相应的文化和利益。

3. QQ 空间

QQ 空间是被大家忽略的营销手段，因为给予用户习惯是作为强关系交流平台，其实本身有很多可以利用的价值。在 QQ 空间中可以投放广告。QQ 的用户群体相对年轻化，如果企业是服务行业或者大众消费品，可以选择通过空间链接的方式投放广告，用户可在浏览空的间过程中可能会单击广告；在 QQ 空间中分享内容。如果是商务号，可以在 QQ 空间分享关于企业原创的文章，这样可以显示在好友空间页面中，定向增加品牌的知名度；利用 QQ 空间的相册功能。可以时常地把企业相关的图片上传到 QQ 空间中来宣传企业文化等，QQ 空间中的图片可以直达好友的动态页面。

6.2 HTML5 营销趋势特点

有很多朋友问笔者什么是 HTML5？通俗地讲就是更高级的网页表现形式，刚发布时最亮的功能是可以直接使用代码做出动画效果。Adobe 早已在 2012 年就停止了对移动端 Flash 的开发。意味着从手机互联网崛起后，也就有 HTML5 能够“独占天下”了。现在我们看到朋友圈有很多小游戏、邀请函等内容，其实都是通过 HTML5 技术开发出来的，而且平台有很多，几乎都是零基础就可以开发的，介绍几个常见的 HTML5 制作平台。

1. 易企秀

听到最多的当属易企秀，后台有大量成形的模板供用户使用，而且用户通过易企秀无须掌握复杂的编程技术，就能简单、轻松地制作基于 HTML5 的精美手机幻灯片页面。同时，易企秀与主流社会化媒体打通，让用户通过自身的社会化媒体账号就能进行传播、展示业务、收集潜在客户。易企秀提供统计功能，让用户随时了解传播效果，明确营销重点、优化营销策略。提供免费平台，用户“零门槛”就可以使用易企秀进行移动自营销，从而持续积累用户。

2. 初页

可以直接在应用商店下载初页应用，在手机端制作属于企业专属的 HTML5 页面。目前关于初页这类移动端 HTML5 页面的叫法很多，也会称为“翻翻看”、手机微杂志、手机上的 PPT/Keynote、广告页、场景应用或海报（动态海报、指尖海报、掌中海报、动画海报、微画报、微海报）。最为常见的交互形式为滑动翻页（通常是上划），因为滑动的操作非常简单，在手机上操作也非常方便，每个页面的内容都不太多，但同时要保证让用户更多的参与其中，所以有时会适当加入点击、滑动、长按等操作。

3. Epub360 意派

主打口号是“专业级 HTML5 交互设计利器”，相比前两个平台成形模板比较少，但是自由度非常高，也不需要精通编程技术，可以设计制作出 HTML5 宣传页面。这个平台适合设计感强、DIY 能力强的朋友使用，越是发挥创作力，作品受欢迎程度越高。

4. 兔展

兔展的口号是像 PPT 一样制作移动的 HTML5 页面。分为免费版、体验版、VIP 版。相对于其他平台而言，兔展的编辑页面简单、易上手、 DIY 程度较高、动画实现方便。兔展的模板很多，大约有 130 个。同时兔展还提供 HTML5 页面的定制，包括方案策划和新媒体传播。

目前开发出的 HTML5，大部分以微信为载体进行传播，用户基于微信能够产生分享主动性，而产生的原因归结于以下几个方面。

（1）**视觉冲击力**。对文字和图片的审美疲劳，出现“动画+声音”的文案，让每一个用户都眼前一亮，而且不是传统的视频方式，而是通过网页呈现出来的。

（2）**高价值**。同样是一页信息，HTML5 页面包含的内容远远多于一张图片，而且通过载体不同，把原有的“鸡汤类”文章以图文并茂加声音的形式传播，这样用户自发的分享度也有所增加。

（3）**激发用户兴趣**。在 2016 年年初的时候，微信发过一个 2016 年公开课 Pro 版的 HTML5。你可以看到自己是哪一天注册的微信、第一个好友是谁、共有多少个好友，这是一件非常有意思的事情；还有过年期间刷屏的晒结婚证 HTML5，也是一件特别好玩的事情。

（4）**攀比心理**。很多小游戏因为使用微信平台，大家都可以看到玩游戏得分之类的信息，所以会产生一些对比心理，和朋友一同参与进来，导致会扩散到越来越多的朋友身边，这样就产生了裂变。

（5）**情感共鸣**。之前刷遍社交网络的“我只过 1%的生活”这种非常走心的，能够引发用户情感共鸣的内容。

近几年也出现了大量经典的 HTML5 营销案例。

（1）《小时代 4》时代姐妹花

虽然笔者还没有看过《小时代 4》这部电影，单纯从营销和 HTML5 技术层面来说，很真实地模拟了微信聊天页面，小时代的各个主角在使用微信聊天时

（图 6-13），聊天内容都是关于小时代 4 的一些剧情，来吊用户的胃口。然后引导用户去模拟朋友圈看详情，更有意思的是你可以在朋友圈点赞和输入评论。滑到郭敬明的朋友圈时，引导用户查看详情，跳转到免费领取《小时代 4》的电影票页面。可谓巧妙地利用了早前朋友圈广告这个热点接入自家广告。当时火爆朋友圈。使用手机扫描二维码（图 6-14），可以实时体验。

图 6-13

图 6-14

（2）这个陌生来电你敢接吗？

如果没记错，这是第一个电话场景模拟作品。故事讲述的是你收到了一个未知来电，接听后屏幕似乎闻到了杀气，紧接着被“妇联”的人物武器不断破击手机屏幕。“碎屏”的创意表现手法与《复仇者联盟 2》的电影调性完美结合。再通过专业的配音和场景音效来衬托出大片的既视感，巧妙地把用户吸引到“19.9 元购影票”

的营销点上（图 6-15）。使用手机扫描二维码（图 6-16），可以实时体验。

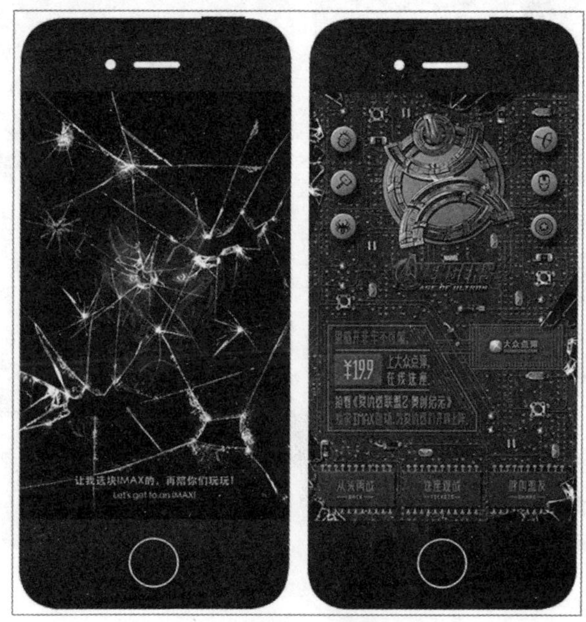

图 6-15

图 6-16

（3）吴亦凡即将入伍

笔者在某天早上打开手机，发现朋友圈已经被刷爆了，各种吴亦凡入伍的链接。当打开链接时是腾讯新闻，在一本正经看新闻的时候，屏幕开始出现抖动特效，吴亦凡直接撕开屏幕的特效着实让人一惊。紧接着开始有模仿吴亦凡打电话的信息界面（图 6-17，这个界面被单独截图发朋友圈的不在少数），然后就是推荐真正的营销源点——《全面突击》这款游戏，应该说这是在 2015 年数一数二的 HTML5 营销经典案例了。从此以后，各大品牌商开始效仿，但后期除了宝马 2 系在宣传中又出现一个经典案例，其他的都不温不火。使用手机扫描二维码（图 6-18），可以实时体验。

图 6-17

图 6-18

6.3 APP 开发模式定位

对于 APP 营销已经过了热潮季，更多的企业开始冷静思考自己是否选择开发，每一件新鲜事物的出现都受到大家的追捧。当在风口慢慢变得平稳时，没有冲出来的平台已成定局，或许个别会选择在小众圈子继续坚持发展。开发自主的 APP 的优势非常多。首先是在智能手机的大环境中，能最大化地满足用户需求，还可以收集用户的精准数据。有句话是这样说的："未来营销一定是在应用软件上"。然而想要做一款被用户认可的 APP，至少需要具备 3 个条件。第一个是资深产品经理。这个岗位是决定用户体验的关键岗位，如果不是经验十足的产品经理，不仅不能留存装载量，还可能导致企业投入的所有推广费打了水漂。对于整体调性、视觉效果、用户操控、实用功能等任何布局都是由产品经理完成的；第二个是高成本的开发费用。如果想简单地开发一款 APP，最低报价也在 5 万元左右，而且开发出来的 APP 的功能十分简单，几乎只能作为企业内部的 APP 来使用。想真正投向市场，想要大众用户都参与的 APP 开发的难度非常大。耗资几十万的产品才只能达到正常使用水平，并且每一个 APP 最低都要开发 Android 和 iOS 两个版本；第三个是推广方法。相比其他平台，APP 应该是属于推广难度较大的，不仅要考虑用户下载安装，更多的是需要用户高频率使用。毕竟智能手机有限，安装类似微信、支付宝、微博、QQ 等十几个主流平台，其他的 APP 如果不是用户日常生活必须使用的 APP，那么用户也不会留存太久。虽然开发自主 APP 要具备这 3 个条件，但是如果企业发展确实需要自主开发 APP，那么前期就一定要规划好自身模式定位。

1. 基于社交+共享+电商+定制化模式于一体

APP 分为多种模式，基于社交平台的包括微信、QQ 空间、人人网、微博等。基于电商平台的包括京东、天猫、当当网、聚美优品、淘宝等。如果单独从这某一个模式切入，与这些主流平台分流量不太现实。所以可以考虑从多模式下手，再加上共享模式，裂变用户。笔者的朋友开发了一款 APP，名字叫作“等你”，就是结合这几种模式于一体的平台。

案例：“等你”是一款基于范社交、实时地理位置的商家资源和用户需求完美匹配的 O2O 平台。可以让商家的闲置资源流通、分享。商家可以根据个人的用户需求提供定制化服务，更好地服务于社会。建立个人精神归属感，打造完美舒心的高品质生活。主要的功能有活动，即浏览附近的个人或商家推出的精彩活动、聚会派对等；分享，即把你参与的约会、参加的活动体验分享给大家，对约会场所、约会对象进行评价；消息，即时聊天工具，同时可以提醒你按时参加你已经确认的活动；附近的人，即查找附近的人，随时和 Ta 打招呼；附近约会，即查找附近的邀约信息，结识新朋友，一起参加活动；附近场所，查找附近的娱乐场所，发觉新的娱乐方式。下载应用的用户不仅可以作为消费者选择商家定制化消费，同时也可以作为参与者，把周边商家介绍给平台，只要介绍的商家在平台上产生交易流水，参与者会根据百分比获得收益。这种共享的方式能够不断地使用户自觉发展其他用户下载平台并产生消费。

2. 实体店 O2O 模式

很多有实体店的企业认为，如果建立 APP 运营会影响线下销售。实际上，这种情况不仅不会影响线下销售，还能和实体店实现线上线下双向消费和服务。当然，这还是需要企业有专业的运营人员，充分利用线下实体店属性与品牌效应和 APP

有效地结合。因为大家的采购习惯在慢慢改变，更多的时候需要打造一款线上比线下还要完善的平台。随着互联网的发展，如果未来都在线上操作，这些实体企业也不至于落伍。并且在运营 APP 过程中拉动线下消费。可口可乐曾经策划一场 O2O 联动活动“Chok”，“Chok”的广告形式很简单，消费者用手机端下载可口可乐“Chok 奖” APP，当电视或电脑视频广告出现可口可乐沙滩广告时就打开该 APP，广告中的特定音效会触发 APP 并让手机震动，这时消费者用力摇晃手机捕捉瓶盖，每次最多可以捕捉 3 个可口可乐瓶盖，每个瓶盖下面都有不同的奖品，当广告结束时，便可以在 APP 中查看摇到的奖品。

3. 针对学生群体特定模式平台

大学生都属于年轻的一代人，非常有活力，而且不排斥新鲜事物。在校园中，尤其是大学生，由于时间非常自由，所以吃饭、逛街就成为了学生们生活的一部分。但是由于平常去餐厅吃饭不方便，而且餐厅有时间限制，而学生们的一些作息时间又不规范。所以订外卖、逛街就成为了一件麻烦事。因此，针对这种情况，企业可以开设关于校园外卖、校园送水果等购物类的 APP。可以让用户随时随地订外卖、买水果。

厦门集美大学有一款“菜园帮” APP，在广大师生之间非常流行。这是一款基于集美大学财经学院周边一体化的社交软件。除了日常的校园信息和系统之外，菜园帮还有预订外卖、水果等各种购物功能。

还有针对学习功能性的 APP 同样受到大家欢迎。

（1）课程格子

新推出的 V3.0 版在交互方面也做了许多优化，折叠菜单的使用拓展了视觉空间，也丰富了内容的展示；动画效果的加入增添了不少活力；详细的个人页面是展示自我的好平台;3 种快速添加课表的方式，更是方便了用户去导入、复制或创建课表。

（2）Keynote

这是一款强大的演示文档应用，通过它你可以轻松地在 iPad 上做出漂亮的 PPT，并进行炫酷的展示。Keynote 作为苹果领先的办公软件之一，它拥有丰富的模版支持，而且演示的效果也十分流畅。可以说 Keynote 的出现，让单一的学习一下子变得有趣起来。

（3）网易公开课

通过网易公开课的 APP，你可以免费观看哈佛、耶鲁、牛津、剑桥等英美顶级名校的精品课程视频。自 2011 年 1 月起，网易加入国际开发课件联盟（OCWC）以来，免费共享了该组织提供的超过 20 种语言环境下的 14000 门课。

6.4　APP 营销的 11 种渠道推广

刚才提到 APP 推广是比较难的事情，但是企业开发出 APP，也不能让其自生自灭。下面介绍几种 APP 营销的渠道推广方式。

1. 通过 APP 平台进行推广

主要是通过开发者平台上传应用，然而平台主要包含硬件开发商（APPStore，Ovi）、软件开发商（Android Market，Windows Mobile Marketplace）、网络运营商（移动 MM、电信天翼空间、联通沃商店）、独立商店（安卓市场、OpenFeint），以及一些 B2C 应用平台（Amazon AndroidAPP Store）等。在国内市场中，主要由硬件开发商、网络运营商、独立商店等支撑着，其中硬件开发商有联想应用商店、智汇于（华为）；网络运营商有移动 MM、电信天翼空间、联通沃商店；独立商店有安卓市场、安智市场、机锋市场、爱米软件商店、优亿市场、掌上应用汇、开齐商店等。

2. 线下预装

这种方式多是选择和线下手机厂商合作，当然需要有一定的资源，或者投入大量的资金。不过随着手机厂商的增加，除了苹果、三星等一线手机品牌不能合作，还是可以选择一些小众品牌进行合作，前提还是要确定自己的 APP 受众人群是不是手机使用人群，这类品牌手机的售价也不会太高，一线城市的用户会比较少。

3. 内容营销

主要是通过网络媒介来增加自己的曝光率，这种方式在选择网络平台还是比较重要的，要选择那些具有权威性、专门评价应用的移动互联网媒体。你的产品在推广时要吸引大众的眼球，那么这时开发商要有一名公关人员，来营销企业形象。通过新浪科技、腾讯科技、DoNews 等这样的平台发布软文，提高用户口碑，增加宣传力度。

4. 网络广告

现在很多网民在网上冲浪时，很容易被广告给吸引住。所以网络广告对于流量具有推动性，同时知名度也在无形之中大大提升。那么网络广告主要包括哪些呢？PC 网络广告，它包括硬广告、富媒体广告、搜索广告等；移动广告，它最早出现在 Google AdWords 的移动版，但是之前一直受限于移动网络的发展.随后 Google 收购 AdMob，从而开始了移动手机网络广告。当然，我们还应该看到的是苹果的 IAD 迅猛的发展。国内做的移动广告平台也很不错，应用可以通过使用形成的网络去进行推广，这样的好处是精准匹配用户群。付费方式可以按照 CPM、CPC、CPA 进行付费。

5. 免费发放应用

主要是对应用产品进行限时营销（免费促销）有效的手段，让开发商在某一特定时段供应无广告、无注册要求或其他附加条件的高级应用，将这些应用无偿地供应给网站访问者，通过在线广告收回成本。

6. 互联网开放平台的应用

这个平台不可小看，将你成熟的 APP 提交到互联网开放平台享受海量用户，如腾讯开放平台、360 开放平台、百度开放平台、开心网开放平台、人人网开放平台等。给你的用户增加不同角度的体验。

7. 开发网络版手机应用

要是条件允许，自己开发一款手机应用软件网络版，这样有利于打开智能手机平台之外的产品销路。将移动互联通和 Web 渠道进行融合。

8. 邮件、短信营销

APP 如果定位为大众用户，可以选择通过邮件和短信这两种方式进行推广。首先这种方法能够针对大批量数据进行营销，然后通过筛选使精准用户能够下载 APP，使用过程就要看依靠 APP 整体操控和视觉是否能够持续地吸引用户高频率地打开 APP。

9. 网络“病毒式”视频营销

在电商行业里，我们比较容易看到凡客、梦芭莎等，他们不间断地在视频网站上投放广告。而且视频传达的信息是文字和图片无法替代的。例如播放一段应用酷炫的展示视频，这样你的品牌很容易被受众群体记住，而且这种制作成本不是很高，同时加上现在微信的二维码，效果会很好。

10. 微博营销

可以通过微博进行内容营销，这样可以近距离地跟海量用户进行沟通，所以微博影响力还是不容小视的。在做微博的时候，要特别留意那些微博上的意见领袖、话题制造者、评测网站之类的账号，尽量和他们取得联系。充分利用这个平台与用户产生互动，增加用户黏性，让你的 APP 更受欢迎。

11. 搜索引擎专题页

在搜索引擎优化的章节提到过，一个用户如果在搜索引擎搜索，前提一定是有需求。而且企业也需要将 PC 端的用户引流到移动端，完全可以通过百度付费方式或者优化方式（专题页不太好做）将确定好的关键词进行投放，用户打开专题页就可以直接扫描二维码进而安装 APP 了，这种流量的来源非常大。

第 7 章

网红经济结构体

体以低门槛、强互动、草根娱乐、大众网络文化的方式，深得年轻人的喜欢。网红的粉丝，都聚集在网络上，如果他们心目中喜欢的网红出现在网剧中，他们一定会去追捧。网剧已经成为大部分年轻人的最爱。一部好的网剧投资往往都要几百万元，如果想请一个有表演能力的网红来演，必定会吸引她 50%以上的粉丝观看，这样的网剧“票房”收入是相当不错的。可以试想一下，一部网剧因为这位网红而产生巨大收益，这位网红的出场片酬和“票房”收入“提点”肯定很高。一般一部网剧的拍摄在三个月左右，每天出镜拍摄的时间肯定也就是几个小时，所以按照性价比来看还是不错的。

8. 拍网红音乐 MV

粉丝最喜欢网红的两样东西，一个是视频，另一个是音乐。结合网红创作内容的特点和粉丝的口味，网红拍出来的 MV 一定受大家的喜欢。无论从拍摄还是到后期制作，一部好的 MV 花的时间并不长；因为做网红的 MV 注重草根娱乐性，比较接地气，不需要像大明星做 MV 那样高标准。音乐是可以拿来卖钱的，这就需要通过播放平台来实现了。只要能创作出好的音乐 MV，通过粉丝来变现，通过流量来转化，也能够让网红在内容创作中赚到钱。

第 8 章

二维码营销成就三网合一

8.1　无中生有——二维码价值及创意制作

8.1.1　定位——二维码能给我们带来什么

1. 扩大营销面，发力移动互联网

对于目前移动互联网环境，大家对于二维码并不陌生，不仅是企业营销转型的有效标志，也是连接线上线下的重要途径。这是企业互联网营销的全新阵地，尤其对于传统企业，有着庞大的线下客户资源，把线下客户引流到线上，才是二维码真正能够带来的价值，这也是传统企业在做二维码前期的一种定位。如果确实是这个定位，那么真正做二维码营销只需要考虑几种情景即可。

第一种是线下会议。只需要给用户打开手机扫码的理由，无论二维码制作有多简单、多丑陋、多隐蔽，都不会影响定位效果，重要的是我们拿什么理由来吸引用户、引导用户、指引用户来扫描我们的二维码。

第二种是线下可以接触用户的实体。这类实体包含很多，例如产品、宣传册、展台、员工、赠品等，只要用户能看到企业的实体东西，这些东西都可以作为载体来传递给用户二维码。当然这时就不仅仅是给出用户扫码的理由，还要把二维码的部署和颜色进行重点设计，毕竟这是个看“颜值”的时代，一定要保证面对用户的视觉效果是非常棒的。

智能手机行业的快速发展，电子商务与手机也结合得越来越融洽，使得“低头族”也开始通过移动设备来访问购物网站。如果是 B2C 模式的电商平台，也很重视网络快捷、便利、碎片化，而且投入成本相对较小的特点，不断在整个行业里面探索。高效融合移动营销的途径，二维码是企业首选，通过这种营销渠道，企业也能扩大自己营销面，让更多的用户知道。

例如天猫作为电商平台，在 2016 年 6 月 18 日推出“粉丝狂欢节”，在其官方网站上推出首页 Banner 广告（图 8-1），右侧搭配二维码，这种不仅是在布局移动互联网，同时也在方便手机用户的浏览。

图 8-1

扫描二维码之后，我们就能进入天猫商城的手机页面（图 8-2）。这个页面和电脑页面相差不大，并且在浏览时比在 PC 端浏览时更便捷。

图 8-2

想利用二维码带来的价值扩大营销面，不仅要做到上面的一点，而且还需要企业作为战略层来思考布局。

（1）线上线下双线循环营销

扩大营销面，需要二维码作为中间纽带，同时在线上和线下投放。线上通过各种网络营销 PC 平台，做双线引流；线下利用传统渠道，可让二维码发挥更大的作用，苏宁易购、国美电器、京东商城等这些电商品牌，其实都在对这个步骤进行演练。我们可以在地铁、公交车上看到这些电商的广告，当然也会看到清晰的二维码。如果用手机扫描二维码，就可以在移动端进行购物了。当然，也可以在家里的电脑上直接登录这些电商的网站，在 PC 端进行购物。为了方便，也可以在网站上扫描二维码，下载这些电商的手机客户端，以便随时随地地“移动”购物。

因此，这样线下线上同步营销的方式，不但可以让客户体验快速的购物渠道，还能有效地扩大企业的营销面。

（2）聚焦移动互联网潜在用户

从传统营销到网络营销，再到移动营销，这是一个和用户黏性越来越大的发展。只有我们和用户的黏性增加了，互动频率才会增加；这样我们能更清楚地了解用户，收集用户行为数据，方便对企业精准用户进行营销。所以，企业要做好客户的细分，把目标人群进行分类处理。同时，企业可以利用二维码进行线下市场调研和信息采集等，以便分析企业在市场环境中下一步的战略方向是否正确，真正地实现扩大营销面。

2. *移动市场品牌营销及推广*

移动互联网营销在慢慢地代替 PC 网络营销，企业也看清了目前的局面，正在根据互联网环境的发展，把重心转到移动互联网，通过移动平台推广宣传自己的品牌。当然，在这个运营过程中，二维码作为重要的工具是不可忽略的，利用二维码宣传和推广自己的品牌是很多企业都运用的模式，例如京东商城、支付宝、脉脉等。这些企业的二维码营销其实就在我们的生活当中，例如我们在乘坐地铁时，就会看见企业的广告（图 8-3 至图 8-5）。

通过线下广告的这些二维码，首先能够把精准用户引流到移动平台上，如果仅仅是为了品牌宣传，用户只是会知道品牌的名字，二维码不仅起到宣传品牌的作用，更能真正地起到“吸”用户的作用。

图 8-3

图 8-4

图 8-5

8.1.2 制作有创意的二维码

笔者每次讲课后都会问一下有谁不会做二维码，每次都有一半的企业家不会操作。一方面是有的企业老板没有关注这点；另一方面是对于互联网行业的从业者来说，这可能是很简单的问题，但是对于其他行业的朋友就是非常难的事情了。当然，制作有创意的二维码不需要花费成本，还能根据自己的需要做出符合自己定位的二维码。

制作二维码可以分为两种方式：一种是如果企业有资深的程序员，可以开发属于自己的二维码的生成程序；另一种就是通过市场上的二维码生成器来制作。第二种方式就非常简单了，只要搜索并下载一个“二维码生成器”就可以了（图 8-6）。

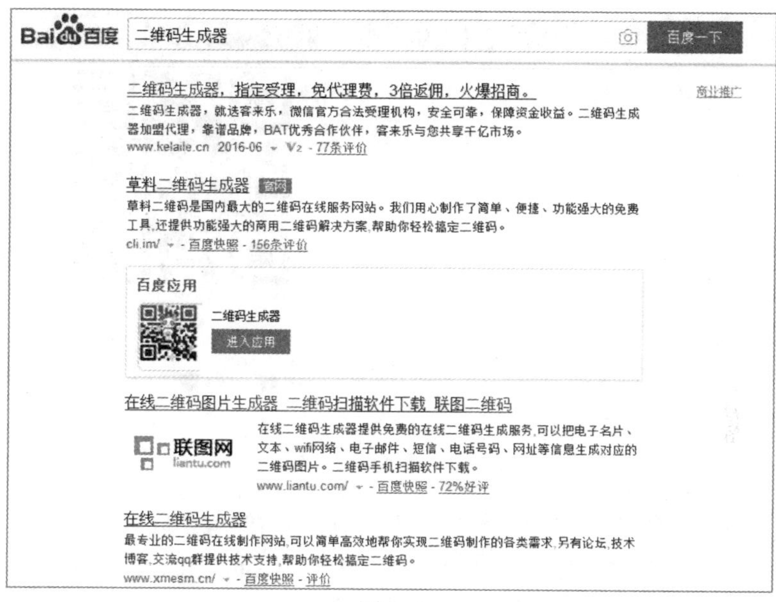

图 8-6

例如我们选择草料二维码生成器来制作二维码（图 8-7）。

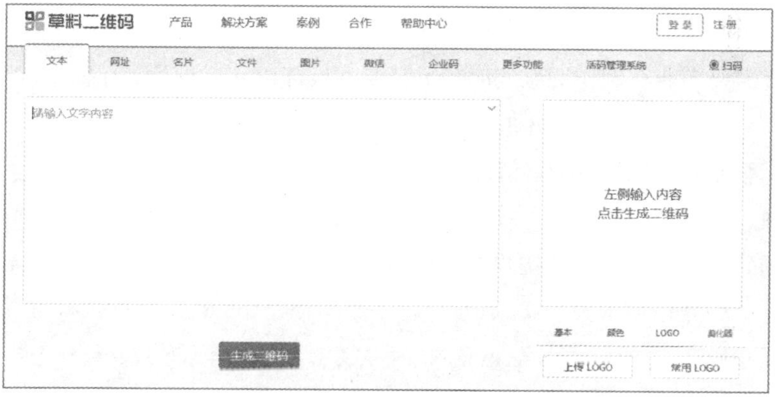

图 8-7

这是在互联网上比较盛行的一个二维码制作网站——草料。其实，与很多在线二维码生成器一样，草料二维码在版面和功能方面做得都比较简洁方便。在二维码内添加网址、图片、文字都可以。除了草料二维码网站，还有很多平台都可以在线制作二维码，而且使用起来也非常简单方便，例如联图网（图 8-8）。

图 8-8

通过在左边空白处添加自己想要表现的内容，右侧就会自动生成包含我们设定内容的二维码。虽然制作起来非常简单，可以通过生成器几分钟就完成，但是现在二维码可谓是遍地都是，用户不可能看到我们的二维码就会立刻扫描；或者有的用户在扫描二维码后，看到内容非常差，就会产生反感，就会对企业产生负面影响。本意是要做好移动互联网平台的营销，却对品牌造成负面效果，一旦发生这样的现象，会给企业带来不良后果。

这就需要企业在制作二维码时，不仅要保证能够正常使用，还需要注意以下两点。

（1）企业 LOGO 镶嵌不要太大

设计二维码的部分企业，喜欢把自己的 LOGO 放到二维码上面。当然，这是比较好的营销特点，能够让用户第一眼看到企业的品牌形象。但是如果 LOGO 过大，不仅会影响扫描结果，还会造成打印时图片虚化，造成负面效果。

企业在设计二维码时，将 LOGO 内嵌其中是一种不错的选择，但要注意其大小。还有就是企业要尽量将 LOGO 放在二维码的中间，这要做是为了以免遮挡了信息的识别。

（2）反复扫描确认，再投向市场

设计出来二维码后，不要为了追求速度和个性，而忽略扫描效果。将刚设计出来的二维码直接投放到市场之前，一定要经过自己的反复测试；这样才不会因为解析度的原因，出现客户扫描时间太久或者识别不出来等现象。

8.2　终成大器——手把手教你使用二维码

1. 碎片化推送打折优惠信息

对于碎片化时间和碎片化场景，企业完全可以通过二维码进行市场投放，采取同步优惠活动吸引用户参与。作为用户，二维码已经被大家熟知，在这个渠道消费，通常可以带来更大的利益。这种两全其美的营销方式，在能够带动更多消费者的情况下，还能提高企业销量。

（1）扫码享优惠，顺便增加 APP 下载量

我们在乘坐高铁、飞机、客车等出行工具时，会看到座位后面贴有企业宣传的二维码，其中送优惠券的活动最多。当然，如果想使用就需要扫描二维码下载官方的 APP，注册以后才可以使用，这种方式的确很受用户喜欢。

企业在 APP 客户端中，可以随时随地发送优惠券或者折扣信息。如此一来，安装了该企业 APP 的客户，就会在手机上看到这些折扣信息，从而享受到手机购物带来的优惠。

有很多企业都运用扫描二维码下载安装 APP 的方式，为客户送上优惠券。这是企业在二维码营销方面的一种实际应用。

（2）简单扫描即送优惠券

除了下载 APP 的这种方式，也可以通过二维码直接设置优惠。很多企业并没有开发自己的 APP，但也可以利用二维码来推出优惠政策。例如当当网的服装频道，无论是在线上还是线下，都经常会看到这样的二维码广告宣传（图 8-9），直接通过扫描二维码就可以享受优惠，在这样的活动政策下，销量会高于平时几倍。

图 8-9

2. 整合相关信息，建立网络数据库营销

二维码作为数据库营销的入口，企业可以通过这个入口收集客户资料，以便通过这些数据资料和客户进行交流和沟通。二维码可以存储大量的信息，并且能够搜集和保存用户的资料，企业可以利用二维码矩阵进行全方位推广。企业通过这个流量入口建立属于自己的用户数据库，将会得到更大的收益。

数据库营销在市场逐渐地被大家认可，而且在第 1 章提到大数据思维时就说过，任何企业如果想做好网络营销，一定要有属于自己的数据引流入口、数据引流渠道、数据留存平台、数据营销后台。二维码在数据库营销中能起到关键的作用。

（1）企业与用户更方便地沟通

如果有了用户数据库，通过数据库可和用户一对一地交流和沟通。衔接纽带如果是二维码，完全可以把用户的资料信息和他在平台的操作行为整合到一起，可以将用户和企业紧紧相连。比如一些电话营销公司，把重要的用户资料全部制作成二维码，每一位用户都会有专属的二维码，以便在方便员工查找用户资料的同时，也能通过二维码和客户增加感情。

（2）“数据库+二维码”让企业营销更方便

当我们在亚马逊网站购物时，每一次交易的过程，企业都会自动记录我们的所有资料信息和购买信息，后期会不断地推送和我们购买过的东西相关的产品，这样使得亚马逊在销量上有很大的提高。现在通过二维码作为入口，如果是自己企业的开发平台，只要用户通过扫描二维码进入平台，在平台里面产生的所有行为都会有记录，这样就可以通过用户浏览的记录来推送相关的产品，增加精准度，提高销售额。

（3）用户专属服务升级

对每一个用户制作专属二维码，让用户更有存在感。尚美纤都美容院 2015 年开始对每一位用户进行资料收集整理，制作用户专属的二维码，只要用户到店扫描二维码，就可以看到自己之前做过的服务项目的详细信息；这样不仅使用户能够更加清楚地知道自己的“美容记录”，企业还能根据以往的服务有效地向用户推送新的服务内容。

3. 让线下媒体效果更好

企业在线下做品牌宣传，利用二维码能够在很大程度上有所创新，并且告别之前的流量品牌模式，走向既有流量品牌又有流量引入的新模式，真正实现传统媒体和新媒体的互通，帮助企业做好 O2O 模式。当然，这种方式不仅仅只是在传统模式上，在电视等媒体上也一样能收到很好的效果。

4. 各种门票二维码

在日常生活中，我们都会去看电影、演唱会，在休息时也会去各地的景区游玩，每次出去时都要拿着纸质票，而且在购买时也会很麻烦。现在可以通过扫描二维码的方式实现这些过程，各大影院现在都推出自动扫描机器，只要在线上平台购买了门票，到店以后凭二维码的扫描便可以进入影院，这种方式对用户而言是非常好的。对于企业也是一样，不失为一种新型的营销手段。

5. 门面二维码营销提高二次消费

越来越多的人选择网购，对线下实体产业造成了一定的冲击；但是线下商场门店也在转型，我们在逛商场时经常会看到“扫码立减”、“关注拿百元代金券”等信息。企业不断地推出扫码活动，无非是想把店面的人流量变成用户数据。如果是产生消费行为的用户，可以继续赠送代金券，用来刺激用户的再次消费，没有产生交易的用户可以引导关注，吸引他们再次来店里消费。有一次笔者在商场里看到一家店面海报写着“扫码终身成会员”，在这样的诱惑下，路过的用户纷纷开始扫描二维码进行关注，方便需要使用时可以立刻使用。

8.3　移山倒海——让用户爱上自己的二维码

1. 把握用户需求，有效宣传

目前二维码营销是企业重要的营销渠道，当我们设定好模式，并且制作出有创意的二维码后，就要投放到市场进行宣传推广。

但是企业一定要做好细节准备，尤其是一线运营人员，应提前把数据系统做好，然后通过系统能够准确、有效地收集二维码的扫描次数、扫描频率、扫描高峰期、扫描次数最多的地点等。这些数据需要一一记录下来，以便下一次宣传推广效果做得更好。

企业在每一次制作有创意的二维码之前，都必须全面充分地了解用户的需求点；根据用户的需求点，企业才能够有准确的动机来传递给用户有价值的体验。无论选择市场上的任何一种平台或推广，都要有目标，也可以通过 KPI 的方式进行考核，这样会更清楚企业在前期定位的用户需求点是否正确。

（1）让用户得到更多优惠

用户对于优惠是没有固定限值的，所有人都希望自己购买的产品越便宜越好，我们正是利用这样的心理来进行二维码营销；因此只有当二维码的方式能够突破用户的想象，用户才会爱上我们的二维码。

逛街时经常会看到店面门口有活动海报，部分店面还会配置音响来播放活动信息。例如有的手机店，每到周末的时候都会推出相应的优惠活动，标出手机降价信息以吸引用户来店里消费，然而这种方式对于我们而言并不陌生。我们基本都知道在周末或者节假日时，商家或企业都会有优惠，这是在客户的想象范围之内的事情。

只有超出用户的想象，用户的下单率才会增加；但是总不能靠用户的砍价来实现，因为用户一旦砍价，总觉得还能再便宜一点。例如刚才提到的手机店，这时制作一个有创意的二维码，然后只要扫描二维码的用户，不仅可以享受店面的降价活动，还能免费获得贴膜一次，并且还有 100 元代金券，方便下次换手机使用。或者可以把朋友介绍过来购买使用，并且和当天的其他活动都不冲突。这样做用户觉得自己占了便宜，购买了除活动以外更优惠的产品。这只是获利的其中一点。此外，这些用户的资料都已经在自己的数据库里了，这样就可以随时和这些用户进行再次沟通，当有新品上市时，第一时间就可以通知这些老客户。

这个简单的事例其实说明，无论企业进行何种推广营销，其客户的心理需求都离不开一点：获得优惠。为了获得优惠，他们可以心甘情愿地去扫描二维码。就在这种“扫码”的热潮中，企业的知名度也会得到提升。

（2）产品信息真实有效，使用户放心购买

2015 年笔者用公众平台发起一份调查问卷，有 200 人参与此次调查。其中 39% 的用户希望通过扫描二维码，不仅能够得到优惠信息，还能清楚地了解产品详情，在购买前放心下单。当然，还有一部分用户不仅需要这些，还想看到关于企业的信息，在了解产品和企业以后，同时在优惠的情况下，能够快速地产生购买欲望。所以，伴随智能手机的普及，通过二维码营销不仅是一个提升销量的过程，同时也极大地增加了企业品牌的曝光度。

（3）抽奖也能吸引很多人扫码

在笔者之前做的调查中，还有一部分人会选择通过扫描二维码的方式进行抽奖，也就是说，无论是否已经产生购买行为，都可以参与“扫码”，然后进行一次抽奖。企业也是通过这种方式在节假日推广相应的活动，例如推出的砸金蛋活动（图 8-10）。

（4）站在用户的角度解决问题

有很多用户希望通过扫描二维码了解更多信息，例如物流信息、产品使用信息、产品后期服务信息等，作为企业就要根据这些需求制作不同的二维码，以解决用户的疑问。

图 8-10

3. 超出用户想象的二维码

例如，《海湾新闻》的营销方式。在迪拜很多上班族都会在清晨去咖啡馆喝杯咖啡，一边喝咖啡，一边看一份早报。这也是每个上班族开始新的一天的一种“仪式”。而迪拜的这家《海湾新闻》就与当地一家咖啡馆合作，创作出了一种全新的营销方式：附有新闻的咖啡杯套。

这家咖啡馆每小时都会在咖啡杯的隔热纸套上印上刚出来的新闻头条。如此一来，客户在喝咖啡的时候，就可以看到最新的新闻了。当然，如果有的客户想要了解更多的新闻资讯，就可以扫描杯套上的二维码来阅读新闻。

调查显示，《海湾新闻》在推出这种二维码活动后，其咖啡杯上二维码的扫描率迅速上升，《海湾新闻》网站浏览量也在短时间内激增，订阅人数也不断上涨。这个案例告诉我们，当使用跨界思维来做二维码营销时，往往是最能超出用户想象的。

4. 在合适的地点，用户会更爱扫码

扫描二维码的重点就是一定要有适合用户扫描二维码的环境，这种环境通常可以分为几种。第一种是产品本身或者地点。笔者在广东给一家风机企业讲课，发现企业将二维码贴在产品内测，这样如果安装以后用户很难扫描。还有一次笔者在济南的酒店，大堂在摆放售卖手表的展台，但是二维码却部署在展台的最下方，用户想扫描二维码很不方便。这些都是不合理的设计。第二种是 Wi-Fi 环境。如果是在信号较弱的地方，再设置二维码营销时一定要自带 Wi-Fi 设备，不然用户想扫描二维码都没有办法。第三种是笔者经常讲的高速广告展示牌（图 8-11），我们很难想象，当用户在高速开车的时候，会开启双闪，然后停到路边下车来扫描二维码。这些关于放置二维码的地方也是需要企业注意的。

图 8-11

8.4 惊喜若狂——小小二维码发挥大作用

1. 二维码就是移动商城

通过传统方式很难将一家店面随时搬到不同的地点，即使是网络营销时代的网站也不能保证 24 小时都能让用户通过电脑来访问，但依靠二维码方式就可以达到这种效果。可以将二维码印刷到任何地方，只要用户有需求，拿出手机扫描二维码就可以查看企业官方商城，并且在商城直接产生交易行为，方便用户在不同的时间都能享受高效、精准的服务。

（1）一对一单品扫码购买

这种方式适合于 B2C 类的企业，而且是大众消费品的企业更容易采取这种方式进行操作，对每一种产品都制作其对应的二维码，然后把二维码投放到大家经常看得到的地方，比如地铁车厢上、公交站牌上、电梯内等位置，用户需要产品就可以直接扫描对应的二维码，直接下单购买。

（2）随时宣传企业的促销信息

这种方式更适合商场和超市。这样商场和超市将告别发传单的方式，可以在经营的区域内布置带有二维码的海报，用户不用再携带超市宣传册，在小区附近也可以通过扫描二维码的方式实时了解超市的打折信息。当然，这种方式也适合针对有区域性产品的企业。

2. 增加互动性

想要在二维码营销中使用户满意，给用户带来的便捷是其中的一个方面，当然还要和用户产生有趣的互动。二维码营销和微信营销是互通互推的过程，想要达到理想互动的效果，需要连接微信。当用户扫描二维码后，会关注企业微信，这样不仅能够更丰富全面地了解企业信息，还能通过后台和企业客服进行一对一的互动。

3. 双线营销整合资源

线下营销通过二维码引流，线上营销通过二维码作为渠道载体，所以可以把二维码定义为“双线营销”，打通用户从 Offline 到 Online 的过程，还能将 Online 平台连接起来。企业正是利用这个优势，全面推广二维码的。

（1）二维码营销提升用户消费频率

无论是用户还是企业，都会有就近消费心理，这样不仅能够节省很多时间，还能节省不必要的开支，这也是二维码营销的关键点。不过要想达到这样的效果，要求企业一定要提前做好充足的资源准备，将二维码的宣传范围做得更广；只有目标用户的身边能看到企业二维码，才能使用户产生就近消费行为。

（2）二维码营销联动 O2O 模式

在这个过程中，无论二维码是起到宣传企业的作用还是让用户购买产品，都起到了联动作用。而企业想要做好 O2O 资源整合，尤其是线下资源的整合，其方式主要有两种：一种是对传统企业而言，主要是对线下分店进行整合；另一种是主要针对新兴的电商企业而言，主要的任务就是要在某个区域做好宣传及线下资源的整合。这就需要用二维码来提高自己的企业形象、拓宽营销路径等。

4. 管理会员和优惠券

会员模式多见于服务行业，比如美容美发、酒店等。为了赢得用户支持，可通过几种不同的方式和策略来进行会员服务。这样就能够带动用户的二次消费，或更多次数的消费，同时又能锁定用户，和周边竞争对手拉开距离。

在传统营销渠道中，使用会员模式和优惠券方式，都会通过线下系统来进行统一管理，而且开发客户多以见面以后转化，载体也都是纸质或者卡片类型，这就会给用户造成一个困扰。每个行业，甚至一个行业里面的不同店面都会有一张卡，携带很麻烦，对企业而言成本也不低。

现在就可以完全依靠用户扫描二维码的方式，将用户所有的信息保存起来，用户也不需要随时携带很多打折券和会员卡，只需要到店扫描二维码后登录就可以了，既方便用户又方便企业。

5. 注意要点解析

想要让二维码发挥最大的作用，需要把握几个营销要点。二维码是一个强大的网络储存器，不但可以储存网址、产品、文字、图片、视频，还能为企业提供更多的功能，如与客户互动、让客户定位位置、锁定产品类别、灵活选择地址等。这些功能不但为客户带来了实实在在的方便，也使企业的营销战略更为人性化。

只有用户真正扫描了二维码，它才能开始起作用。营销用户扫描二维码，除了环境因素，引导语也非常重要。

最常见的引导语有“请打开微信扫一扫”、“扫一扫关注我们”、“扫描有惊喜”等，这些引导语在现在互联网环境下明显是不适用的，因为使用智能手机的人群大部分都已经会操作了。现在更应该引导的是我们能给用户带来什么，或者我们要知道自己企业的受众用户到底需要什么。

比如飞猪侠产品上的二维码引导语是“扫描返现 5 元”、“扫描即可成为终身会员”等。根据产品定位，可以知道对于大部分用户来说以金钱、利益驱动的效果比较好，所以引导语都是站在用户的角度，围绕用户能得到什么而展开的。

还应该注意的要点是要把“二维码”娱乐化，如果仅仅是一个黑色方块，除了视觉效果不好，也没有一点主观互动效果。利用人们的好奇心，可以做一些有个性的二维码。这样做，效果会比仅仅是一个二维码要强得多，而且还把二维码营销娱乐化了，大家不仅能满足好奇心，还能感觉可以有意思地参与进来。

第 9 章

三网闭环流量循环系统

9.1 流量入口最大化

分析企业最大流量入口，整合流量平台，制定“1 个核心，N 点围绕”的策略，在最大化利用核心流量入口的同时，布局散点数据收集。不同企业的最大化流量入口也不同。

1. 线下

2016 年 6 月 20 日，中国最大的自营电商京东和沃尔玛宣布达成一系列深度战略合作，京东以 5%少数股权换取沃尔玛旗下的 1 号店用户流量、主要资产，以及沃尔玛在供应链、门店 O2O、仓储物流等各个方面的全面合作和支持。虽然沃尔玛一直努力经营线上市场，但是大家现在还是很难彻底地改变不逛超市的习惯，所以沃尔玛最大流量入口还是在线下。保证线下流量最大化就需要不断创新，沃尔玛做了 3 点线下创新。

第一点是增加店内医疗服务。美国的医疗服务有两大特点：其一是在没有保险的情况下极为昂贵，其二是药品通常都是在药店购买。沃尔玛的顾客一直都是“穷人”居多。咨询机构 Kantar Retail 的调查显示，在美国，沃尔玛的顾客一般都是 45 岁到 54 岁的白人妇女，年家庭收入大约 53125 美元。事实上，这一年龄段正是“病找人”的阶段。随着美国医药体系 ACA（Affordable Care Act，即“可负担的医疗服务”）走入正轨，越来越多的沃尔玛顾客享受到了医保的服务，那么他们买药的次数也会增加。既然每周都要来沃尔玛买日用品，那么为什么不能来这里买药呢？于是，沃尔玛在 2015 年开始了一项新的测试，就是店内医疗服务。事实上，享受这一服务的不仅是沃尔玛的顾客，还有不少是沃尔玛自己的员工，这些员工可以享受到更低的折扣。

第二点是技术手段解决“结款长龙”。沃尔玛 CEO 道格·麦克米伦说他的同事正在研发一种新技术——“隐形水印”，这个技术可以帮助扫描器从商品包装的任何部位来识别这个商品。沃尔玛未来的目标是将这项技术应用到手推车上，这样顾客只需要将商品放到购物车里，推到结款台就可以直接买单了。

第三点是聚焦小型店扩张。目前沃尔玛关掉了不少中型店铺（平均面积 10000 平方米），在传统的位于郊区的大型店（平均面积约 17000 平方米）的基础上，通过小型店渗透进了人口更为密集的城市区域。在 2010 年 1 季度到 2015 年 3 季度这段时间中，沃尔玛（美国）关闭了 409 个中型店，同时也开了 315 个小型店。

2. 电商

“三只松鼠”主要是以互联网技术为依托，利用 B2C 平台实行线上销售。凭借这种销售模式，“三只松鼠”迅速开创了一个以食品产品的快速、新鲜为目标的新型食品零售模式。这种特有的商业模式缩短了商家与客户的距离，确保让客户享受到新鲜、完美的食品。

“三只松鼠”从成立到现在短短经历了 4 年的时间，市值已超 10 亿元。对于食品品牌纯互联网企业，依据目前情况，电商渠道还是最大的流量入口。为了把这个入口流量最大化，该企业做到了以下 3 点：第一点是口碑营销做到极致。“三只松鼠”创始人章燎原谈到，互联网思维的核心是高度关注消费者。消费者满意，就会通过社交媒体进行评价、分享，成为我们实际上的传播人员，从而影响其他顾客群体的购买决策。以前我们总说最好的营销是口碑营销，做 100 次广告不如一个熟人推荐。但过去传播力度不够，口碑营销很难真正实现。现在互联网和社交媒体让每一位消费者都成了一个传播平台，我们就可以把口碑营销做到极致。第二点是捕捉消费需求。“三只松鼠”有一套基于互联网技术的大数据系统。现在做的用户体验可计数系统，正在试运行。系统每天把顾客的评价用关键词筛选出来，得出一些结论，哪些不好、哪些有待改善，然后传递到相应的部门进行改进。第三点是拼命“卖萌”淘宝开创了“亲”，“三只松鼠”则发明了“主人”。现在淘宝上各类店铺都会称呼卖家为“主人”来赢取卖家好感，但“三只松鼠”无疑是最早开启并贯彻最彻底的。在这里客服部叫“全球主人满意中心”，客服人员是“松鼠星人”，专门为“主人”递送一种叫作“鼠小箱”的包裹，里面附赠的赠品袋叫“鼠小袋”，拍下的产品叫作“领养一只鼠小箱”。他们和买家聊天是这样的——“嘘~主人，快点我！快点我！你想吃的，松鼠家都有哦！”“主人，待我强大给你天下！”

3. APP

在互联网飞速发展的今天，手机支付给人们带来了方便又快捷的体验，支付宝自 2014 年第二季度开始已成为当前全球最大的移动支付厂商。它的最大流量入口是 APP，营销手段也是少不了的，经典营销活动包括“十年账单”和“支付宝集五福”。

（1）十年账单

2014 年是支付宝成立 10 周年，支付宝推出的“十年账单”活动，看似是每个用户自己这 10 年来的账单记录，实际上则是每一个用户的十年回顾。账单承载了用户所有在过去十年中与支付宝发生的故事。比如，买了什么东西、给谁缴了电话费，甚至过去的邮箱账号、过去的密码，过去的很多东西，点点滴滴回忆会浮上心头。洞察人性和简易化操作这两大优势瞬间刷爆朋友圈。

（2）支付宝集五福

2016 新年前夕，支付宝客户端推出“集五福”活动，只要集齐 5 张福卡，就能平分 2 亿元现金；而大多数用户都缺少的“敬业福”，则可以在除夕当天使用新版支付宝中的“咻一咻”“咻”到福卡。活动过后支付宝数据显示，全国人民“咻一咻”的总参与次数达到了 3245 亿次。历时一个多星期的“集五福”活动也终于有了结果，最终有 791405 位用户集齐了五福，平分了 2.15 亿元的大奖，平均每人得到了 271.66 元。

9.2 三网串联力量翻倍

三网串联的体系结构和内容（图 9-1）。

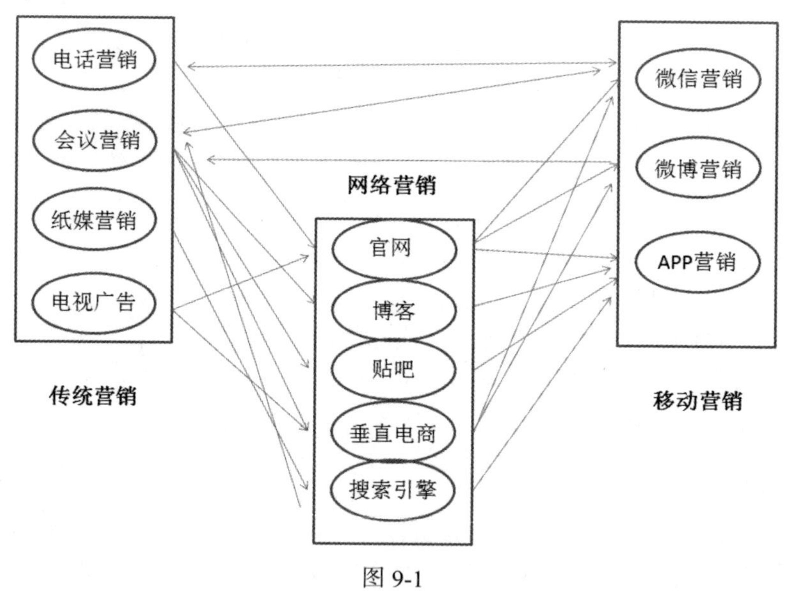

图 9-1

1. 电话营销+官网+微信

三网流量循环系统可细分为不同组合，每个组合的用户入口和流量走向不同。电话营销最大的劣势是没有办法与客户面对面交流，而仅仅通过对话实现快速成单的困难度相比还是很大的。如果把它和官网串联在一起，客户可以通过电话接收操作信息，通过官网能更详细地了解企业和产品。笔者的一位朋友是做茶叶生意的，在 PC 端制作了 3D 网站，当客户打开网站后，呈现在客户面前的是虚拟店面信息。

在这里可以查看不同品种的茶叶，并且有声音导购，每选择一个产品会自动播放产品的相关介绍。他们企业员工每次电话拜访客户，都会主动引导客户到他们网站上实时操作，给客户一种前所未有的既视感。正因如此，销售额直线增长。当然，这种传统渠道和网络渠道的搭配还远远不够，移动互联网时代必须紧跟潮流。例如，可在官网宣传微信二维码和微信名称，引导用户从 PC 端转移到移动端，增加客户黏性。而这样顺序配置下来对于客户是个良性循环流量系统，通过电话引导看官网，在官网引导客户关注微信，然后在微信上的有些服务或营销又通过电话来实现。

2. 会议营销+垂直电商+微博营销

行业深度垂直电商平台的意义在于聚合整个行业的相关用户，这些用户分为商户和客户两种。打造平台 O2O 体系，必然少不了传统营销。会议营销和垂直平台密不可分，而不同的平台会议方式不同。中国玩具和婴童用品协会，主要整合业内资源服务于整个行业，线下多以展会方式居多，包括玩博会、中国授权展、中国婴童展、中国玩具展等。国联资源网，国内一流的行业资讯科技立体服务平台，是链商经营资源整合服务网络，综合性质的第三方 B2B 电子商务服务网站；每年都会举办不同行业链商会议，比如酚醛树脂产业技术交流会、卫生用品行业技术交流会、矿山安全避险行业发展趋势研讨会。亿欧网，是一家新兴的移动 O2O 新媒体和研究机构，运营思路是用移动互联网（Online），助力传统产业（Offline）转型升级；每年都会举办线下会议，不同主题的会议包括“家装+高峰论坛：重新定义下一个巨头”、“医疗+高峰论坛：2016 突破 · 重构”、“文娱体育+高峰论坛：文体生活大爆炸”、“进化 · 2016 年中国互联网+创业创新大会”等。传统行业与 PC 垂直平台相结合只是用户流量循环的第一步，虽然可达到 O2O 用户线上线下的联动效果，但增加流量的有效解决办法是通过品牌传播、口碑传播，再加上移动端微博营销。在上面所说的 3 个例子中，亿欧网每次开完会都会通过微博分享嘉宾观点，这一做法在微博平台备受欢迎。会议营销最大的优势是产生高质量原创内容，而又因为其处于某一个行业或领域中，因此很容易成为意见领袖，而微博平台对此宣传是最优解。

3. 纸媒营销+搜索引擎+APP 营销

互联网广告与传统广告，特别是纸媒广告与互联网之间的关系，并非是此消彼长的竞争关系，而是共生共荣的整合关系。虽然纸媒一直不被大家看好，但是短时间内不会全部消失。纸媒不可替代的部分，首先是传统纸媒拥有强大的人力、物力资源，有强有力的采编团队，有先进的新闻制作设备；其次，纸媒有丰富的新闻生产经验，新闻策划也各具优势，并且有突出的区域优势，刊登很多具有区域特色的新闻和广告。最重要的是，传统纸媒充当了新闻信息的“把关人”和“议程设置”

的角色。因此，只要能创新出纸媒迎合互联网的独特模式，纸媒还是能可持续发展的。例如《人民日报》一个版面只有右上角有一个 vivo 手机 LOGO，和最中心一个非常小的二维码。同样作为宣传渠道，这些纸媒的转型又把大家的视线拉到了传统行业。然而通过《人民日报》的案例可以看出，纸媒和移动互联网用户流量相同最般配,用户可以随时随地在两者之间循环,这是纸媒营销流量循环系统的基础点。更多的时候纸媒作为传播介质，在没有做引流的情况下，90%是品牌宣传和信息扩散，这点优势对知名品牌影响不大；而如果是不知名的品牌，这种介质传递信息又不够，就需要搜索引擎营销搭配。当企业通过纸媒传递给用户新品牌、新产品的同时，用户在不了解产品和品牌的情况下，第一个反应是通过搜索引擎查询。如果企业把搜索引擎表现做到极致，用户转化率会非常高。所以，在纸媒探索转型道路的同时，以这个传统营销为核心点，加上品牌深度宣传的搜索引擎营销和用户数据留存的微信营销，3 个节点可以组成流量控制面。

4. 电视广告+微信营销&电视广告+APP 营销

近年来，“三屏合一”（即将电视、电脑、手机应用整合在一起）的概念被大家熟知，然而电视广告和互联网链接通道最快、最便捷的方式是通过二维码。当二维码出现在电视荧屏上时，其实也可以被看作时代变迁的一个小注脚。通过二维码链接出来最有效的方式无非两个，其中一个便是引导用户关注微信公众平台，增加观看用户数据的同时可以实时互动。央视益智游戏节目《开门大吉》，邀请嘉宾在现场玩试听音乐的猜歌名游戏，而同时就在电视机前，有 21 万名观众正在与嘉宾同步答题，而他们正是利用手机扫描二维码来参与活动的。根据节目方制定的游戏规则，只要在节目揭晓答案之前，观众能够选出正确答案，就可以获得相应积分，并根据游戏积分通过摇号等方式，获得相应的奖品。有一天笔者在看湖南卫视《我是歌手》的节目时，电视屏幕的左下方出现了一个二维码，旁边还写着“扫描我”3 个字，出于好奇就掏出手机扫了一下二维码，通过二维码链接下载了一个叫“呼啦”的 APP。这些电视媒体的转型同样要和新媒体串联形成系统，使观众流量转变成用户流量，通过线上活动引导这些用户在线下观看节目，又转变回观众，以一个企业或平台为核心点形成流量循环。

9.3 三点为面与三面互通

在全网运营大系统里面，传统营销、网络营销、移动营销都能独当一面，对不同企业所产生的价值各不相同。企业如果利用这 3 个中的一个层面为重点，增加另外两个层面的辅助力量，不管是用户流量循环还是品牌效应，都能达到翻倍效果（图 9-2）。

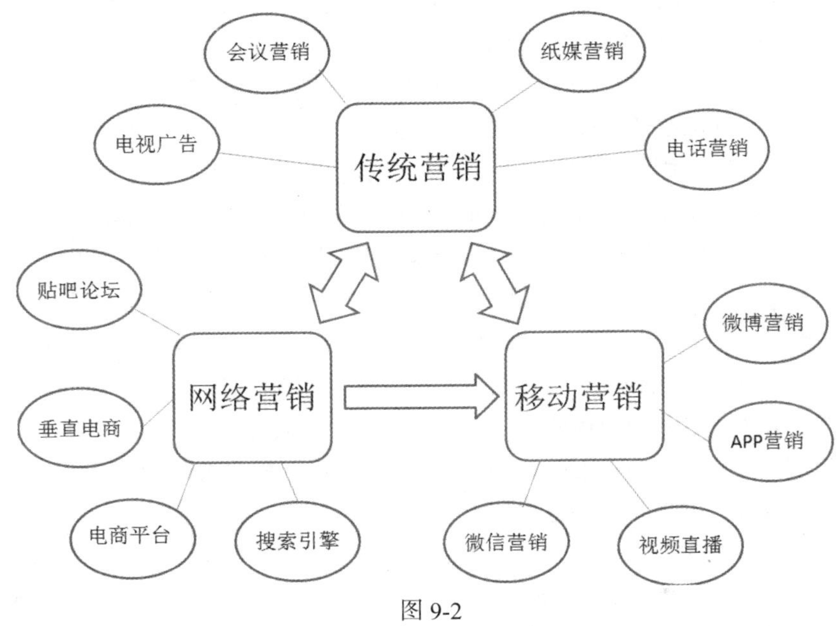

图 9-2

“雕爷牛腩”在注重传统营销的同时，通过互联网这个工具使它的品牌瞬间传到千家万户。在经营传统营销这个层面，“雕爷牛腩”有几点是成功的关键因素。

（1）餐厅定位新名称：轻奢餐

“雕爷牛腩”餐厅，是中国第一家“轻奢餐”餐饮品牌。所谓“轻奢餐”，“雕爷牛腩”是这么解释的：是介于快餐和正餐之间的用餐感受，即比低价位的快餐要美味和优雅，又比豪华正餐节省时间和金钱。“把一种食物，探索到细致入微，雕琢出大巧大拙！”此概念由“雕爷牛腩”首先提出。

（2）产品包装定位：把产品和明星连起来

牛腩是其主打招牌明星产品，其烹饪牛腩的秘方，是向电影《食神》中的原型人物香港食神戴龙以 500 万元购买而得的。戴龙经常为李嘉诚、何鸿燊等港澳名流提供家宴料理，他还是 1997 年香港回归当晚的国宴行政总厨。所以他的代表作，“咖喱牛腩饭”和“金汤牛腩面”成为无数人梦寐以求的舌尖上的巅峰享受。

（3）神秘营销：未开业就制造神秘

“雕爷牛腩餐厅”在开业前进行了半年的“封测期”，京城各界数百位美食达人、影视明星都前来试菜，乃至圈内明星皆以获得雕爷牛腩“封测邀请码”为荣。

“茵曼”以“素雅而简洁、个性而不张扬”的品牌形象风格诞生于互联网，更专注于产品品质与消费者体验的打造，以电商为主要渠道的女装品牌，更多的精力应放在网络营销与运营方面，传统和移动营销可作为未来发展的战略方向，同时也是目前的辅助层。2015 年“茵曼”签约了 200 家实体店，并推出“茵曼+千城万店（O2O）”战略，在网络营销渠道业绩斐然。2014 年曾经举办了“茵曼全球首个云端发布会”，发布会的主题为“向日出 say hi”。以邀请城市女性看日出为契机，在 PC 端和手机端带给消费者一次前所未见的“日出”发布会，传达应该放慢生活脚步的理念。发布会登陆中国最大电商网站“天猫”，以及中国用户最多的手机社交软件“微信”上。在“天猫”通过互动视频的体验，参与者可以在观看过程中进行故事线互动并领取优惠券，边看边选购，感受 360 度的服装细节展示，最终页面导向天猫商城，让消费者最大程度地去感受抢购的乐趣。发布会与销售结合为一体，是本次“茵曼云端发布会”用户体验的最大着力点。而在微信端的体验，应用手机功能属性，定制重力感应及多点触控互动，提升用户体验。用户可以 360 度地全景观看云端发布会场景，并抓拍模特儿抽取优惠券。据悉，本次云端发布会的拍摄一共动用了百台机器，100 多位工作人员，全高清的 360 度实景拍摄结合 CG 三维电脑合成技术，500 分钟的素材精华剪辑成 4 分钟的震撼短片，并在不同的平台实现了各具特色的互动体验。这种网络营销形式打破了传统思路，把发布会“搬”到云端完成。不仅完成了新品发布，助力品牌冲刺销售额，更重要的是深化了茵曼品牌形象，传递了慢生活的品牌主张。

企业一定要根据自身定位来选择不同渠道建设网络体系，飞猪侠定位之初是打造物联网领域儿童智能生活陪伴最优品牌。谈到物联网就一定会和 APP 相关联，所以经营的重点全部在移动端，包括飞猪侠 APP 开发、微信聚粉、微博宣传等。而传统经销商渠道和网络搜索引擎即作为移动层面来辅助流量层，即流量主体并不是从传统渠道和 PC 互联网渠道引入的。

9.4 三网核心链轮

围绕三网核心链轮的阐述分为两个中心，一个是品牌曝光（图 9-3），另一个是产品销售（图 9-4）。品牌曝光链轮包含活动（营销）、搜索引擎营销（搜索引擎）、微信（营销）、事件（营销）、（线下）地推、电视（广告）、微博（营销）。相互联动的同时，每个营销都为一个据点；产品销售包含移动店铺（微店）、实体店（铺）、电视购物、（线下）经销商、（企业自主）APP（营销）、垂直电商（平台）、电商（平台）。

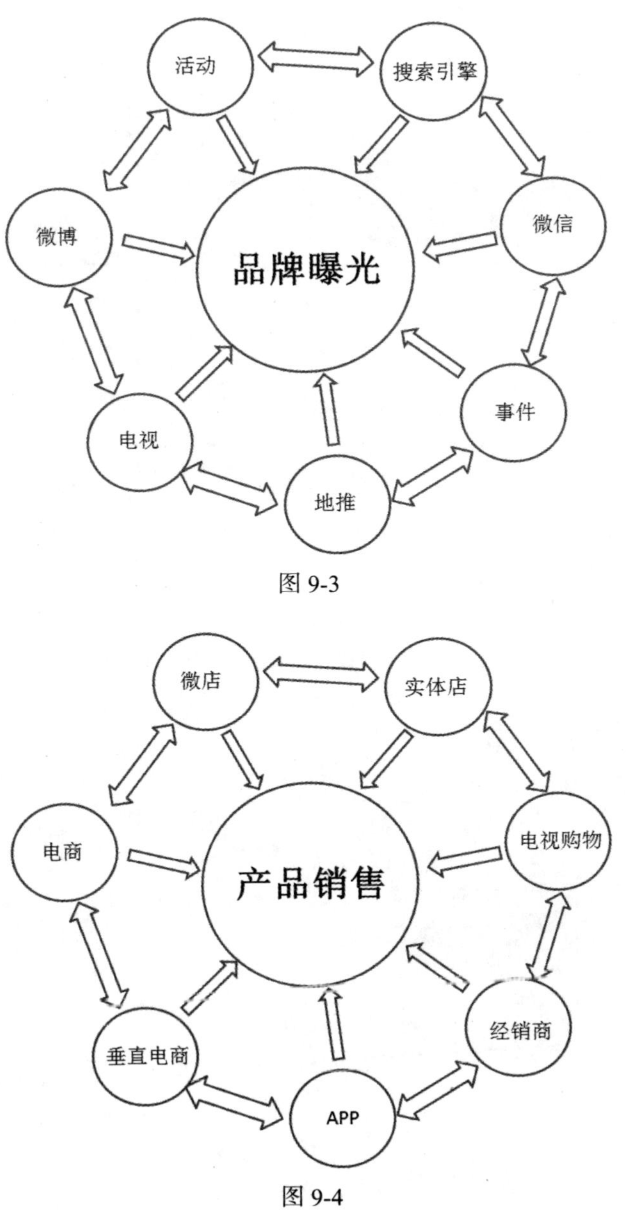

图 9-3

图 9-4

反侵权盗版声明